LA MISSION

du

CURÉ DE PARIS.

PARIS. — TYPOGRAPHIE DE FIRMIN DIDOT FRÈRES, RUE JACOB, 56.

LA MISSION
DU
CURÉ DE PARIS,

OU

LETTRES A UN CURÉ DE PARIS,

SUR LE GOUVERNEMENT SPIRITUEL

DES PAROISSES,

PAR M. L'ABBÉ CRABOT,

ANCIEN DIRECTEUR DES ÉTUDES AU PETIT SÉMINAIRE DE PARIS,
AUMÔNIER DES TUILERIES, VICAIRE DE SAINT-ROCH.

PARIS,

JACQUES LECOFFRE ET Cie, LIBRAIRES,

RUE DU VIEUX-COLOMBIER, 29,

CI-DEVANT RUE DU POT DE FER SAINT-SULPICE, 8.

1849.

AVERTISSEMENT.

Je suis prêtre : je vénère et aime le prêtre : à mes yeux, il est plus qu'un homme. J'ai essayé de montrer dans ces Entretiens, sous une forme de causerie simple et naturelle, quelles sont ses prérogatives, et quelle est sa sublime et ineffable mission : hommes de foi, louez et bénissez Dieu ; hommes à préjugés, comprenez et voyez : *Intelligite et erudimini.*

Je suis dans la disposition de désavouer toute opinion fausse et téméraire, comme toute affirmation peu respectueuse pour les personnes ou les choses de Dieu, qui auraient pu m'échapper, contre mon intention.

LA MISSION
DU
CURÉ DE PARIS.

LETTRE PREMIÈRE.

DU PRÊTRE.

Monsieur,

J'ai vécu dans l'étude idéale de la vie du prêtre pendant les premières années qui suivirent ma promotion au sacerdoce : j'ai beaucoup philosophé *à priori*, et fait beaucoup de théorie sur cette sublime vocation que la foi place, à juste titre, au sommet de toutes les dignités auxquelles l'homme puisse être élevé ici-bas.

Dans les enseignements de la doctrine catholique, vous le savez, Monsieur, le prêtre est le chef-d'œuvre de la grâce et des institutions divines du Sauveur ; mais pour avoir l'intelligence des priviléges incomparables de cet être extraordinaire, il faut, après l'avoir contemplé de la hauteur des idées, descendre dans la région des faits : que j'aime, Monsieur, à le voir de près en action, à m'attacher à l'odeur de ses pas et à suivre sa trace miraculeuse à travers toutes les infirmités et toutes les ruines intellectuelles, morales et sociales du monde! Que j'aime à le voir verser dans l'humanité cette vie toute divine dont il abonde, toucher ce grand malade qu'on appelle le genre humain de sa main toute remplie de miséricorde et d'amour, comme autrefois son maître et son Dieu palpait et guérissait les malheureux lépreux : il porte en lui, et en lui seul, la lumière et les destinées du monde.

Quel spectacle, disait saint Augustin, que celui d'une croix, quand on la contemple des yeux de la foi! Quel spectacle aussi, Monsieur, que celui du prêtre qui la prêche et qui la fait adorer et aimer! N'est-il pas, au milieu des peuples, la plus douce et la plus vivante image du Sauveur régénérant le monde et le conquérant par une charité sans bornes? Combien il est heureux quand, comme vous, Monsieur, il comprend la beauté de sa mission et que son cœur aspire à la bien remplir!

Pour moi, Monsieur, — vous voudrez bien me permettre toujours ces doux épanchements du cœur, — appelé, par un choix tout providentiel, à ce sacerdoce auguste, malgré mon infirmité et mon impuissance, j'ai toujours demandé à Dieu d'élargir mon cœur pour le bien, de donner une pleine satisfaction à son ambition, et à ma vie sacerdotale toute l'expansion de puissance et de charité dont elle pouvait être susceptible. Ces vœux et ces désirs ont été exaucés, et j'ai eu le bonheur de me voir appelé à exercer le saint ministère dans une des paroisses les plus populeuses et les plus centrales de cette grande cité de Paris : je m'en suis beaucoup réjoui, non pas, il me semble, au point de vue de ce misérable amour-propre qui, dans ses calculs étroits et égoïstes, discerne entre une paroisse et une paroisse, une mission et une mission, une population et une population, mais au point de vue des précieux éléments de bien que l'on y trouve. Sur cet immense théâtre des âmes, non loin du temple de la fortune et du palais des plaisirs, tout en y remplissant un rôle secondaire, j'ai pu faire des études dans le domaine spirituel, analyser des faits de toute nuance et de toute nature, les peser, les comparer.

Ce n'est pas tout, Monsieur; le prêtre n'est pas un philosophe superbe qui observe et contemple la scène mobile de ce monde des hauteurs de sa sagesse; c'est un homme d'action et de lutte. Il a un poste à défendre, des âmes à protéger, des ennemis habiles et infatigables à combattre. Il est toujours en face de la conspiration incessante, et de la noire perfidie de mille agents de subversion et de mensonge, conjurés contre l'innocence des âmes qui lui sont plus chères que sa propre vie. Il faut qu'il les surveille, qu'il les signale, qu'il soit toujours sur la brèche, qu'il lutte corps à corps contre leur mauvais génie pour le mal, et qu'il oppose habileté à habileté, tactique à tactique, moyens à moyens. Il bâtit une Jérusalem bien chère à Dieu, et il doit édifier d'une main et combattre de l'autre. Telle a été, Monsieur, l'idée pratique de mes années de paroisse.

C'est de cette philosophie du ministère, des causes qui le font bénir et de celles qui le font échouer que j'ai résolu de m'entretenir avec vous. Je soumettrai à votre jugement et à votre expérience toutes les observations que j'ai recueillies; je me permettrai même, si vous le trouvez bon, d'y joindre mes propres pensées et mes propres impressions. J'aime à penser et à espérer que ces entretiens seront bénis de Celle que le clergé aime à saluer comme sa reine, utiles à la gloire de Dieu, et qu'en cela même ils ne seront pas trop indignes de l'intérêt que vous voulez bien leur accorder.

Je suis, avec un très-profond respect,

Monsieur, ****.

LETTRE II.

DE LA CURE. — DU CURÉ.

Monsieur,

Pour mettre de l'ordre dans nos idées et procéder avec toute la méthode désirable, je crois qu'il est nécessaire de commencer nos entretiens sur le gouvernement pastoral, par nous rendre compte de l'origine de la cure et du sens que l'on doit y attacher. Pour arriver à une solution satisfaisante sur cette question, il faut que nous invoquions nos souvenirs classiques et que nous fassions un petit appel à notre érudition. Si la mienne est en défaut, je vous prie de l'assister de la vôtre, qui est si sûre et si étendue.

Qu'est-ce donc qu'une cure, et qu'est-ce qu'un curé? Il y a eu, sur l'origine de ce mot, plusieurs opinions et plusieurs interprétations variées. Voici, à mon avis, le sens le plus vraisemblable et le plus rationnel qu'on puisse lui donner : la dénomination primitive de cure remonte aux premiers temps de la foi chrétienne. Vous savez, Monsieur, que l'ancienne Rome païenne avait adopté, pour le classement de ses citoyens, le partage de la cité en diverses circonscriptions appelées *curies*, dont chacune était gouvernée par un magistrat qui devenait le chef de la cure ou curie (*curia*). Quand le soleil de la vérité vint à s'élever sur ce vieux monde plongé dans les ténèbres de l'erreur, quand l'Évangile substitua son empire d'amour au culte barbare des idoles, et qu'une société nouvelle, jeune, vigoureuse, pleine d'avenir, vint s'implanter et comme se greffer sur cette vieille société usée, corrompue et en décadence, on vit bientôt fuir les dieux de l'Olympe et tomber tous les autels du mensonge; mais ses premiers fondateurs, les apôtres et leurs successeurs, inspirés d'en haut, conservèrent dans l'organisation sociale existante alors toutes les institutions compatibles avec les idées de la doctrine nouvelle, les adaptèrent et les approprièrent admirablement à l'œuvre divine qu'ils voulaient fonder. C'était, il me semble, Monsieur, un plan de conduite plein de prudence et de sagesse, et qui devait servir de règle pour les conquêtes à venir. De là vint que l'on adopta, pour l'ordre hiérarchique et l'administration spirituelle de la Rome catholique, les divisions déjà existantes pour l'administration civile de la Rome païenne. On conserva jusqu'aux appellations, indifférentes du reste, de curies ou cures (*curiæ*)... Elles sont devenues traditionnelles, et servent encore aujourd'hui à distinguer les pasteurs et les paroisses qu'ils sont chargés de desservir. Cette interprétation pourra rencontrer des contradicteurs. C'est une question susceptible d'être débattue en sens contraire sans inconvénient, mais l'opinion que je me suis permis d'énoncer et d'émettre me paraît la plus probable et la plus facile à justifier. Je ne veux pas, Monsieur, lui donner plus de valeur qu'elle n'en mérite, et laisse à cet égard le champ libre aux discussions.

Voilà donc, Monsieur, l'origine vraisemblable de la cure et celle du nom donné au prêtre, pasteur du peuple ; ce nom, travesti par les uns, blasphémé par les autres ; ce nom béni par le pauvre, que la mère catholique murmure le premier à l'oreille de son enfant, après celui de Dieu, de Jésus et de Marie, et qui expire le dernier sur les lèvres du mourant ; ce nom symbole de bonté, de tendresse, de miséricorde et de toute civilisation. Voilà le curé, cet être-principe sur lequel des esprits forts de carrefour essayent en vain de distiller le poison de la calomnie et le fiel du sarcasme. Il demeure honoré, aimé et respecté, recueille les bénédictions du peuple, dont il est le père et l'ami, et sourit de pitié en voyant ses ennemis passer et s'évanouir dans leurs vains complots.

Voilà ce qu'est le curé, et ce que vous avez le bonheur d'être, Monsieur. Il a dans la société une singularité de position qui étonne la chair et le sang : il est moins qu'un homme ou plus qu'un homme, selon qu'il est compris ou non compris : compris de ceux qui le regardent, l'examinent ou l'étudient ; vu des hauteurs de la foi, c'est un admirable abrégé de toutes les merveilles, et le symbole de toutes les vertus. Il résume en lui la vie du Sauveur, représente la majestueuse autorité de son Église, et devient la personnification vivante de toutes les pensées qui consolent, comme de tous les sentiments qui élèvent et ravissent l'âme : citez une famille où son nom ne soit pas connu et béni, un lieu où son influence salutaire ne pénètre pas! Il préside à tous les événements importants de la vie de ses paroissiens. C'est lui qui les illumine et les régénère spirituellement, à leur entrée dans ce monde, et leur donne, par cette seconde naissance, plus précieuse que la première, le caractère inaliénable de chrétiens, et les droits de citoyens du ciel, où il est chargé de les conduire. Après s'être fait comme le tuteur spirituel de leurs premières années, et les avoir initiés aux premiers éléments de la science sacrée, il les prépare aux luttes de l'adolescence et des passions naissantes par le plus bel acte de la vie, celui de la première communion. S'agit-il pour le jeune homme ou la jeune fille de prendre une résolution de haute portée pour leur avenir, de choisir une vocation, la première inspiration de leur confiance filiale sera de recourir aux sages avis et aux conseils paternels de celui qui est leur guide et leur père. Jusque-là aucune décision définitive ne sera prise : il faut que leur prêtre prononce, et son jugement sera sans appel, comme dicté par la sagesse et la charité, et doué d'une sorte d'infaillibilité. Plus riche en priviléges et en puissance que les Abraham, les Isaac et les Jacob, il bénit les jeunes époux et les unit indissolublement par un sacrement auguste : la science qui vivifie et qui sauve, il en est le seul gardien, le seul dépositaire, et, pour ainsi dire, le seul juge, au nom de ses supérieurs; elle découle de ses lèvres, et il a seul mission de l'annoncer dans l'assemblée des fidèles. C'est lui qui relie, par une admirable économie des choses de Dieu, le dernier et le plus pauvre de ses paroissiens à son évêque, par son évêque au souverain pontife, par ce chef suprême de la hiérarchie catholique à l'Église, et par l'Église au ciel et à Dieu : les cœurs et les consciences, sanctuaires si impénétrables à l'œil humain et aux investigations des juges temporels, n'ont aucun secret, aucun mystère pour lui. Ils se révèlent à lui spontanément, librement, avec un épanchement et une effusion de confiance qui lui causent les plus douces et les plus ineffables émotions. Quand il en devient ainsi le confident le plus intime et le plus miséricordieux, il a le don céleste d'y faire descendre instantanément la lumière, l'innocence et la paix.

Quel rôle que celui du curé catholique, Monsieur ! Il est le protecteur naturel de tout ce qui n'en a pas, de tout ce qui souffre, de tout ce qui est opprimé : il est l'ami de tous, le père de tous, mais particulièrement du pauvre, dont la doctrine évangélique lui a appris toute la dignité et les grandes destinées. Comme la mère de famille aime de prédilection celui de ses enfants qui est le plus affligé et le plus disgracié du côté de la nature, les malheureux sont ses enfants de prédilection, comme ils le sont de leur Père qui est au ciel : il sera heureux d'être l'œil de l'aveugle, l'ouïe du sourd, le bâton du vieillard. Celui-ci en mourant tournera vers lui un regard suppliant, lui tendra sa main déjà défaillante, lui confiera les derniers moments d'une vie qui expire, et le conjurera de bénir sa tombe, comme lui ou son prédécesseur avait béni son berceau. Quel touchant spectacle, Monsieur, et comment ne pas en comprendre toute la beauté et toute la grandeur! Non, non : ce prêtre qui possède des priviléges si augustes n'est pas un homme; il est plus qu'un homme, l'image vivante du Sauveur, et un autre lui-même. C'est le cri des siècles, c'est la voix de l'Église, c'est l'opinion des peuples. En admirant cette merveille, Monsieur, combien de fois je me suis écrié, dans l'effusion de mon âme reconnaissante et étonnée : O prêtre, pasteur du peuple, que tes priviléges sont beaux! que ton rôle est sublime! Les anges eux-mêmes envient ta puissance et ton bonheur! Tous les intérêts les plus sacrés sont entre tes mains, et tu en es comptable devant Dieu; les mondains eux-mêmes, dans leur étonnement, crient à l'usurpation des droits et des pouvoirs qui n'appartiennent qu'à Dieu seul : fais taire leur voix de blasphème, et montre-leur que tu es véritablement l'ambassadeur de Jésus-Christ, en faisant vivre en toi et resplendir aux yeux du monde sa douceur ineffable, son innocence sans tache, sa patience invincible et sa charité infinie.

Ce petit tableau des prérogatives du curé et de ses ineffables priviléges vous touche de près, Monsieur, vous qu'il a plu à Dieu d'honorer de ce sublime ministère, et qui surtout en retracez si bien les aimables vertus. Connaissant toute votre sagesse, votre bonté de cœur et le zèle éclairé de votre tendre charité, j'en bénis Dieu, et le conjure de conserver et de multiplier dans son Église des pasteurs selon son cœur, bons, saints, et animés du même esprit que vous.

Je suis, avec un très-profond respect,

Monsieur, ****

LETTRE III.

QUALITÉS QUI FORMENT LE BON CURÉ.

Monsieur,

En méditant dans le silence de l'admiration sur les ineffables grandeurs du prêtre, les intérêts sacrés qui lui sont confiés, et dont j'ai eu l'honneur de m'entretenir avec vous dans ma dernière lettre, je me suis incliné devant Dieu du plus profond de mon cœur, pour l'en bénir et le prier de susciter dans son Église, et surtout dans cette Église de France, de fidèles et nombreux dispensateurs de ses augustes mystères. Mon émotion était grande, et les larmes de la reconnaissance coulaient de mes yeux; mais en même temps, mon âme était livrée à un violent combat intérieur pour concilier deux choses extrêmes entre elles: la souveraine misère et la souveraine miséricorde. Vous le dirai-je, Monsieur? je me suis surpris à regretter presque qu'une mission aussi belle que celle du sacerdoce ait été donnée à une créature aussi vile, aussi pauvre et aussi misérable que l'homme.

Lorsque, sur cette scène mobile du monde où la tristesse joue un si grand rôle, j'ai le bonheur de rencontrer, au sein d'une heureuse population, un prêtre intelligent de ses devoirs, et dont l'âme pieuse et sacerdotale brûle de la plus pure flamme du zèle et de la charité, comme la vôtre, Monsieur; lorsque j'ai le bonheur d'être le joyeux témoin du concert de bénédictions et de louanges qu'il recueille dans tous les rangs et dans toutes les familles dont il est le père; je m'y associe de grand cœur, et ma vénération comme ma reconnaissance pour lui est sans bornes; mais aussi, Monsieur, je demande à Dieu de détourner de mes regards le lamentable spectacle d'une paroisse livrée à un pasteur dont l'esprit de foi s'est éteint, dont la couronne sacerdotale est tombée, et dont le cœur glacé a cessé d'être le foyer du zèle et de la charité. Les yeux n'ont point assez de larmes à répandre, ni le cœur assez de gémissements à faire entendre, en voyant cette œuvre si imposante du gouvernement des âmes avilie par des mains inhabiles et indignes, et traitée à la façon des œuvres communes et vulgaires.

Quel terrible fléau, Monsieur, qu'un mauvais pasteur! Il entasse souffrance sur souffrance, ruine sur ruine, et accumule ainsi malédiction sur malédiction. Le glaive des persécutions et des tyrans multipliait les héros de la foi, enfantait des légions de saints de tous les âges, de tous les rangs, de toutes les conditions; le sang des martyrs était une semence de chrétiens : mais un pasteur incapable ou indigne, non-seulement ne féconde rien, mais détruit et anéantit jusqu'à la racine et à la possibilité du bien. Il passe comme un torrent dévastateur, qui laisse après lui des traces profondes et des abîmes que le zèle et les efforts de plusieurs années ne peuvent combler. Heureux le pays, Monsieur, heureuse la cité populeuse qui verra se multiplier dans son sein de dignes et excellents pasteurs, pleins de bonté, pleins de miséricorde, et animés du même zèle que vous! De quelque esprit de discorde qu'elle soit tourmentée, quels que soient les éléments de dissolution et de ruines dont elle soit travaillée, cette grande cité peut encore espérer d'heureux jours de paix et de prospérité.

Vous connaissez, Monsieur, la belle parole de saint Philippe de Neri : *Donnez-moi*, disait-il, *douze hommes apôtres, et je me charge de conquérir le monde*. Prions Dieu, conjurons-le de donner à cette immense ville de Paris ces hommes que désirait le saint, et tels que les demandent les temps si difficiles où nous vivons, des hommes généreux, intrépides, intelligents, qui sachent combattre et vaincre, mais surtout persuader et conquérir les âmes par les vertus et les qualités apostoliques que l'on verra briller en eux. Dans quelques-uns de nos entretiens suivants, je prendrai, Monsieur, la respectueuse liberté de traiter devant vous des principales de ces précieuses qualités, et de l'excellence de chacune d'elles en particulier.

Je suis, avec un très-profond respect,

Monsieur, ****.

LETTRE IV.

LA SCIENCE.

Monsieur,

J'éprouve une véritable satisfaction à plaider auprès de vous cette belle cause de la science pastorale. Tout le monde sait combien elle a vos sympathies, et combien vous la défendez et la soutenez par vos exemples et votre savoir. Personne ne l'honore et ne l'apprécie plus que vous.

La première qualité que la religion qui le délègue, et que les populations qui le reçoivent demandent et ont droit de demander au prêtre qui leur est envoyé, revêtu de la grande autorité pastorale, c'est la science; le succès de son ministère est à cette condition; l'honneur de la religion qu'il représente, celui du sanctuaire, sa considération personnelle, les intérêts les plus graves de l'Église et du salut des âmes l'exigent impérieusement.

Quel triste personnage, vous en conviendrez, Monsieur, que celui d'un curé sans lumière, placé sur le chandelier et appelé à éclairer le monde! Si un magistrat chargé des intérêts publics d'une ville ou d'un pays est entaché d'ignorance et d'incapacité, de quelle considération peut-il jouir? quel crédit peut-il avoir? quel bien peut-il faire, en eût-il le plus vif désir? Mais si le prêtre-curé, qui exerce une magistrature bien plus haute et bien plus sacrée dans le domaine des choses spirituelles, est lui-même sans science, sans lumière et sans les connaissances nécessaires, comment pourra-t-il et osera-t-il même exercer sa sainte et sublime mission, dont le premier devoir est d'enseigner et d'instruire? N'est-il pas vrai, Monsieur, qu'il trouvera un écueil à chaque pas, et sera frappé tristement d'impuissance et de nullité? Charles-Quint aimait à répéter à ses ministres que l'homme qui parlait quatre langues valait quatre hommes. Ne peut-on pas dire aussi, Monsieur, que le curé ou pasteur de savoir et d'instruction a une valeur relative double, décuple, centuple même, à raison du degré de science et de lumière qu'il possède. Si cette assertion, toute fondée sur l'observation et l'expérience, est vraie et incontestable dans le commerce ordinaire de la vie et le maniement des affaires humaines, elle l'est, il me semble, à plus forte raison pour le prêtre, l'homme de la science par excellence, et appelé par vocation et par position à traiter au sein des peuples des intérêts d'un ordre si élevé et si difficile. La religion, dont il est l'organe, ne connaît pas d'ennemi plus dangereux que l'absence d'instruction, plus redoutable que le demi-savoir qui enfle et qui aveugle. Que de mal ne fait pas l'ignorance dans le sanctuaire et hors le sanctuaire! Vous le savez mieux que moi, vous, Monsieur, qui avez à dissiper si laborieusement les mille préjugés, les mille préventions et les épaisses ténèbres qu'elle engendre. Peu de philosophie et beaucoup d'ignorance amènent des défections dans le camp de la religion, et éloignent de ses dogmes et de sa morale : beaucoup de science et de philosophie y ramène et multiplie glorieusement ses conquêtes. Elle désire donc que ceux qu'elle choisit pour ses ministres soient, comme vous, Monsieur, les amis dévoués de l'étude et de la science, qu'elle brille sur leur front comme un signe auguste, qu'elle découle de leurs lèvres, qu'elle charme leurs heures de solitude et de loisirs, et qu'elle enchante salutairement les ennuis et les infirmités de leur majestueuse vieillesse. Elle veut qu'elle préside à toute leur vie, à toutes leurs actions, à toutes leurs joies, à tous leurs plaisirs, et à tous les travaux de leur apostolat. Elle doit être pour eux surtout une amie et une compagne inséparable, *nobiscum rusticatur, peregrinatur...* Elle leur ordonne d'enseigner, d'enseigner encore, d'enseigner toujours. Comme le grand prêtre des âges figuratifs, il faut qu'ils projettent des flots de lumière, et les fassent rayonner autour d'eux. Ils sont les organes de la vérité et de la doctrine, non-seulement devant les peuples, mais devant les rois, qui ont ordre de se taire et de les écouter. Ils ont l'immense honneur d'être les maîtres, les docteurs et les précepteurs de tous, sans acception de rangs ni de personnes. Mais tous ces priviléges, toutes ces prérogatives appellent la science, la présupposent, non pas ordinaire, commune, mais solide et profonde.

Le prophète de la Mecque a très-bien parlé de la science.

« Enseignez la science, a dit Mahomet, car celui qui « l'enseigne craint Dieu, et qui la désire l'adore; qui en « parle loue le Seigneur; qui dispute pour elle livre un « combat sacré; qui la répand distribue l'aumône aux « ignorants, et qui la possède devient un objet de véné-« ration et de bienveillance.

« La science sert de sauvegarde contre l'erreur et le « péché : elle éclaire le chemin du paradis, elle est notre « confidente dans le désert, notre compagne dans le « voyage, notre société dans la solitude : elle nous guide « à travers les peines et les plaisirs de la vie, nous sert « de parure auprès de nos amis et de bouclier contre « l'ennemi. L'étude des lettres vaut le jeûne et leur en-« seignement vaut la prière; à un cœur noble elles ins-« pirent des sentiments plus élevés, elles humanisent les « pervers. »

Voilà certainement de belles paroles, et les philosophes de Rome et d'Athènes n'ont pas mieux caractérisé ce que la science a de suave, de fécond et de consolateur. De telles paroles sorties de la bouche du prophète arabe, malgré la contradiction qui existe entre cette pompeuse peinture et la loi du Coran, sont une puissante invitation à l'étude pour les apôtres de la vérité.

La science ajoute singulièrement, Monsieur, au mérite

personnel du curé et à l'agrément de sa vie, mais surtout elle est un puissant auxiliaire de son influence et de son ministère, qu'elle recommande et qu'elle honore. Elle impose silence à la fausse philosophie qui vit de sophismes, à la mauvaise foi qui en impose, et à l'ignorance qui se nourrit de préjugés et de mensonges. Sa science l'accrédite auprès de toutes les classes, auprès de toutes les puissances et de toutes les académies, lui donne une admirable compétence dans tous les débats, dans toutes les discussions et toutes les questions qui surgissent, et dont la religion possède en définitive la dernière racine et comme le dernier mot.

Avec quelle joie, Monsieur, l'Église ne se rappelle-t-elle pas encore les beaux âges de ses illustres docteurs, de ses savants apologistes, de ses pères doublement immortels par leurs écrits et par leurs vertus! Comme elle aime cette belle parole d'un de ses plus grands évêques, de Bossuet, la gloire de notre épiscopat français, qui disait, en montrant les saints livres qu'il feuilletait le jour et la nuit : *In his consenescere, in his mori summa votorum est.* Avec quel orgueil n'oppose-t-elle pas les glorieux souvenirs de tous ces génies et la majesté de leurs noms à ses accusateurs et à ses ennemis! Un clergé instruit, éclairé, savant, sera toujours l'honneur d'un pays et le salut de la religion. L'ignorance, et surtout celle du sanctuaire, est le symptôme le plus certain de l'affaiblissement de la foi, de l'amoindrissement du caractère d'un peuple, et le précurseur le plus terrible de la décadence de ses mœurs. L'histoire et l'expérience sont là pour le prouver.

A mon avis, et le vôtre ne doit pas en différer, Monsieur, la première richesse du curé, comme son premier mérite, c'est la science. Il doit s'efforcer de conserver celle qu'il a acquise et de l'augmenter chaque jour par l'étude. Ce devoir devient plus impérieux encore pour les vénérables curés de Paris, parmi lesquels vous occupez un rang si distingué; de Paris, centre de la civilisation la plus avancée et foyer de toutes les lumières. Appelés à vivre et à exercer une salutaire influence au sein d'une société et d'un monde dont l'éducation est si cultivée, et où le savoir et la science tiennent le sceptre de l'opinion et des affaires, ils doivent redoubler d'émulation et de zèle pour être à la hauteur et comme au niveau de ce milieu social avec lequel ils sont journellement en contact. Malheur et honte à celui qui aurait la témérité inqualifiable de venir présider aux destinées spirituelles et au gouvernement d'une paroisse dans Paris, s'il n'a, préalablement, acquis la science essentielle et relativement indispensable! Quelle pitié, Monsieur, n'inspire pas au peuple lui-même et à tout observateur fidèle et judicieux la vue d'un curé dont l'insuffisance et la pauvreté intellectuelles se trahissent à chaque pas, à chaque occasion et sous toutes les formes! Il siége continuellement dans la tribune sacrée, au saint tribunal, dans les conseils privés, et quelquefois dans les conseils des puissants et des rois, et la lumière et la science n'y siégent pas avec lui! Quel triste organe de la doctrine! Quelle confusion pour lui, et quelle douleur pour tous les amis sincères de la religion!

Je ne veux pas cependant, Monsieur, exagérer les choses et paraître trop exigeant. Sans doute, il n'est pas nécessaire que le prêtre possède une science universelle, étrangère à son état, qu'il embrasse dans ses études toutes les branches de l'instruction; mais il est à désirer qu'indépendamment de la science sacrée, indispensable pour lui, il ait encore certaines connaissances complémentaires que procurent l'étude et un cours d'éducation soignée. Il y a une mesure de savoir qui semble être de convenance pour lui; elle lui donnera plus facilement accès auprès des classes influentes, et le servira merveilleusement dans son ministère.

Je crains, Monsieur, d'avoir trop insisté sur ce don si beau, si précieux, si peu commun de la science; mais indépendamment de ce qu'il ajoute d'influence et de charmes au mérite personnel du curé, il est un moyen nécessaire pour comprendre les grandes obligations de sa charge et les remplir dignement. Je n'aurais d'ailleurs, Monsieur, qu'à invoquer votre propre exemple, et vous présenter comme un témoignage vivant de tout ce que la science donne au pasteur d'amabilité, de valeur, de puissance et d'autorité. Comme elle couronne bien en vous toutes vos éminentes vertus de bon et digne curé! Quel ornement n'ajoute-t-elle pas à votre douceur, à votre simplicité, à votre humilité, et surtout à votre miséricordieuse bonté! Quelle lumière, quel jour ne répand-elle pas sur toutes vos paroles, sur tous vos enseignements et sur tous vos conseils, si sages et si éclairés! Puissent, Monsieur, tous vos collègues vous ressembler, imiter votre exemple, aimer l'étude comme vous, en apprécier les immenses avantages, et être dans le sanctuaire autant de lampes brillantes et ardentes pour éclairer les peuples et les embraser du feu sacré de la charité!

Je suis, avec un très-profond respect,

Monsieur, ****.

LETTRE V.

LE JUGEMENT.

Monsieur,

Si je procédais d'après un ordre logique rigoureux, j'aurais dû commencer l'énumération des qualités du pasteur par celle d'un jugement droit, dont il doit être doué, et qui occupe, à mon avis, le premier rang parmi elles. Il supplée à l'absence de beaucoup de choses, et rien ne saurait le suppléer. On peut, en toute raison et en toute vérité, affirmer du jugement ce que l'orateur grec affirme de l'action, et ce que saint Augustin affirmait de l'humilité, qu'il est la première qualité d'un bon curé, qu'il en est la seconde, qu'il en est la troisième, tant il est vrai qu'il résume, conduit et gouverne toutes les autres.

L'homme sans jugement est un être radicalement incapable de tout gouvernement et de toute participation aux affaires de son pays. Qu'on s'avise de mettre à la tête d'une administration publique un magistrat intègre, d'une probité antique, mais qui a le malheur de manquer d'un jugement droit et d'un esprit juste; toutes ses mesures, tous ses actes, toute son administration, seront dirigés dans une fausse voie, parce que le premier ressort est vicieux, et que l'œil qui devait éclairer tout est obscurci et n'est pas pur. De là malaise public, souffrance générale, et un acheminement lent, mais sensible, vers la désorganisation. Cela est vrai, Monsieur, en matière civile et en matière politique : que de sociétés fortes et vigoureuses se sont écroulées, que d'institutions pleines d'avenir sont tombées, par l'absence de cette précieuse faculté du jugement dans les hommes chargés de les conduire!

Le jugement faux est fatal à tout, perd tout, et rien ne lui résiste. Jean-Jacques Rousseau, dans un de ses rares moments de bon sens, disait qu'il ne craignait rien tant qu'un mauvais principe ; or, un mauvais principe découle d'un jugement faux, ainsi que les mauvaises conséquences que l'on en déduit. Doué, comme vous l'êtes, Monsieur, de l'esprit d'observation à un degré éminent, vous avez sans doute jeté un coup d'œil sur notre société moderne, et cherché à approfondir les causes du mal qui la travaille, de cet inconcevable esprit d'erreur et de vertige qui entraîne la presse et l'opinion publique. Ne dirait-on pas que notre France est atteinte de ce sens réprouvé et faux, symptôme de la prochaine déchéance des peuples, et le signe avant-coureur de leur décadence?

Heureux les peuples qui ont conservé leur bon sens, leur sens droit et dans leurs institutions, et dans leurs écrits, et dans leur gouvernement! mais surtout heureux les peuples qui, dans le domaine des choses saintes, ont à leur tête des guides prudents et sages, des pasteurs doués de cette précieuse faculté, d'un jugement sûr et droit! Appelés par un privilége divin à conduire les nations de la terre à leurs destinées immortelles, à travers les mille écueils et les mille tempêtes de la mer du monde, de quelle fermeté de caractère, de quelle expérience, de quelle sagesse de jugement ne doivent-ils pas être doués pour arriver heureusement au port! Pilotes choisis de Dieu, quelle prévoyance, quelle sûreté de vue et de regard ne leur faut-il pas pour constater les dangers, les signaler et les éviter! Un pasteur de paroisse porte en main les destinées spirituelles de tout un monde; s'il manque de cette sagesse dont il doit être tout rempli, il ira de perturbation en perturbation, de fausse mesure en fausse mesure; il se compromettra et compromettra avec lui toute une population d'âmes qu'il devait conduire à l'heureux rivage de l'éternité.

Pour moi, Monsieur, j'ai toujours regardé comme le plus affreux malheur pour une paroisse, d'avoir à sa tête un prêtre décoloré, dont le front auguste s'est défloré, dont le sel sacerdotal s'est affadi, et qui n'a plus ni odeur ni couleur. L'or pur du sanctuaire s'est changé en un plomb vil. A coup sûr, il ne fut jamais sous les cieux un plus digne sujet de larmes; cependant, je déplore presque comme un égal malheur le gouvernement désastreux d'un curé dont l'esprit manquerait de droiture et de rectitude pratique. Il mêlera tout, confondra tout, désorganisera tout, et finira par tout brouiller : il ira en avant avec d'autant plus d'entraînement et d'ardeur, qu'il sera animé des intentions les plus pures, et prendra pour la vertu du zèle et l'inspiration d'en haut ce qui ne sera qu'une hallucination d'un esprit sans portée et sans jugement. Il commencera, il essayera beaucoup de choses; il ira, il reviendra, il fera toujours fausse route, parce qu'il n'aura rien jugé sainement, mûrement et avec justesse, et qu'au contraire il aura tout vu, tout considéré sous une fausse idée, un faux jour et une fausse couleur. Il posera mal ses prémisses, il en tirera de mauvaises conséquences. La logique est inflexible et impitoyable; les idées mauvaises se traduisent par des faits détestables : la philosophie de l'histoire, en politique, en justice, en religion, est là avec ses grandes et terribles leçons pour nous le dire. Essayez, Monsieur, si vous le pouvez, de faire un bon curé de paroisse avec ce genre d'infirmité de jugement et d'incapacité pratique, vous ne tarderez pas à voir tout tomber en décadence dans l'administration, dans la confession, dans la prédication, dans l'enseignement religieux. En un mot, un homme sans jugement n'est jamais un homme d'ordre, ni organisateur d'institutions fécondes et bien ordonnées, mais essentiellement brouillon et désorganisateur.

Dans ces immenses paroisses de Paris, que d'éléments pour le mal, mais aussi que d'éléments pour le bien,

Monsieur! que d'œuvres à concevoir, à créer, à instituer, à accomplir! quelle fécondité de ressources! quelle abondance de moyens! Il semble, Monsieur, qu'il suffise à un curé influent et notoirement plein de mérite, comme vous, de frapper du pied le sol béni de sa paroisse pour en faire éclore des légions d'auxiliaires à son zèle, et enfanter des merveilles. Que de fils à faire mouvoir, que de ressorts à faire jouer, que d'instruments puissants à manier, que d'agents du bien et de la charité à faire agir! L'âme, la main, la tête de tout cela, c'est le curé; la pensée dirigeante, c'est la sienne; la main qui imprime le mouvement, c'est la sienne; le cœur qui féconde et vivifie tout, c'est le sien. Vous vous souvenez, sans doute, Monsieur, du mot fameux de Frédéric le Grand, témoin d'une des pompes de notre culte catholique. *Je n'ai jamais vu*, dit-il, *un pontife catholique bénir solennellement une immense population sans être jaloux du privilége qui lui est accordé.* Je confesse aussi, Monsieur, que je n'ai jamais pu me défendre, dans un autre ordre d'idées que le monarque philosophe, d'un sentiment de regret de n'avoir ni le mérite ni la position des curés de Paris, en voyant la belle carrière ouverte à leur zèle et à leur ambition apostolique dans leurs paroisses respectives : c'est un théâtre sans limite. Quelle calamité ce serait de voir tant d'éléments de bien s'anéantir dans des mains inhabiles et inertes; un champ si riche couvert de ronces, une mission si belle confiée à un prêtre sans jugement, sans tact, sans ce sens exquis qui distingue admirablement la nuance de chaque chose et de chaque personne, sans cet esprit vaste et complet qui embrasse le tout et la partie, possède l'ensemble et les détails, voit tout et mesure tout de la circonférence au centre et du centre à la circonférence !

O Dieu! me suis-je écrié souvent dans l'effusion de mon âme, détournez de cette belle cité un tel fléau, et donnez à tous ces vénérables pasteurs de votre peuple ce cœur pur et cet esprit droit que demandait votre prophète : *Cor mundum crea in me, Deus, et spiritum rectum innova in visceribus meis.*

Pour vous, Monsieur, dont le jugement égale l'intelligence, dont la sagesse seconde si bien le zèle, continuez la grande œuvre du salut des âmes. Tout Paris vous contemple et vous admire. Priez Dieu pour tous vos collègues, afin qu'il conserve et perfectionne en eux ce sens droit, ce bon sens, en un mot, par lequel se mènent les paroisses, se mènent les sociétés, se mènent les âmes, se mène le monde, comme aimait à le redire le grand Bossuet, notre maître et notre modèle à tous.

Je suis avec un très-profond respect,

Monsieur, ****.

LETTRE VI.

LA BONTE.

Monsieur,

La bonté. L'énoncé de ce seul mot, Monsieur, fait sourire de joie, épanouit le cœur et lui conserve une douce émotion. L'homme qui a reçu de la Providence le don de la bonté est par excellence l'homme de l'humanité, qui ne vit que de bonté. Dieu seul est essentiellement bon par le fond de son être : *Deus de suo bonus;* il est infiniment grand, infiniment puissant, infiniment majestueux ; mais son plus bel attribut, c'est la bonté. C'est le sentiment qu'il a gravé le plus avant dans le cœur de l'homme, qui ne sait jamais séparer l'idée de Dieu de l'idée de bonté, le Dieu bon, le bon Dieu.

Dieu est bon, Monsieur, au delà de tout ce que nous pouvons concevoir. Étendez les limites tant que vous voudrez, vous ne pourrez jamais poser de bornes à sa bonté. Quelque élevées que soient les vertus de l'homme, sa bonté infinie s'élève encore plus haut; quelque profondes que soient ses misères, cette même bonté descend dans les abîmes de sa bassesse pour l'en retirer :

Dieu est un fleuve de bonté qui inonde tout, un océan de bonté sans bords et sans rivages. Il faut que cette bonté se dilate, s'épanche, se donne, et ait son exercice aussi plein que possible. Il n'y a pas d'acception dans les attributs de Dieu, et tous doivent avoir leur manifestation. La justice a pour elle l'éternité : elle s'exerce immuable et inexorable dans ces régions immenses et immobiles où les pécheurs expient leur criminelle rébellion et leur coupable ingratitude. La miséricorde a pour empire ces tabernacles magnifiques, ces palais fortunés où sont couronnées les âmes justes et fidèles; mais quel sera, Monsieur, le royaume de la bonté, cet attribut si beau et inséparable de l'idée de Dieu? Elle n'a pour elle que le temps si court, si limité de ce monde : *Tempus breve est*. La vie de l'homme passe si vite; nous arrivons si vite au but; les heures du pécheur sont si rapides et si fugitives : il faut donc que la bonté se hâte, qu'elle coule par torrents, qu'elle se dilate de toutes parts. Aussi voyez, Monsieur, comme Dieu a besoin de l'exercer, comme il en a soif. Il est tout bonté; et comme il nous a créés à son image et à sa ressemblance, il a mis en nous, dit Bossuet, comme notre trait dominant, caractéristique, ce signe de son ineffable bonté; et il veut que nous l'épanchions au dehors, qu'elle préside à tous nos rapports, et qu'elle soit la reine de ce monde.

Sans l'idée et le sentiment de la bonté, on ne saurait rien concevoir ni rien édifier, ni dans la famille, ni dans les institutions sociales, ni dans les gouvernements des peuples. En dehors d'elle, il n'y a qu'esclavage, asservissement, terreur et tyrannie cruelle; avec elle, descendent du ciel la confiance, la liberté, l'affection, la paternité dans l'autorité, le bonheur.

La bonté est notre patrimoine à tous; nous sommes tous, à des degrés divers, destinés à être les organes de ce bel attribut de notre Dieu; mais celui qui en doit être la plus belle image, l'apôtre le plus zélé, la personnification la plus touchante et la plus parfaite, n'est-ce pas, Monsieur, le prêtre et le pasteur? Indépendamment de ce que la bonté puise d'énergie et d'activité dans le cœur, qui est comme son centre et sa source naturelle, la sienne va se ranimer, se réchauffer, s'alimenter encore à un autre foyer, qui est celui de la charité divine. Tout dans la vie de son maître et de son sauveur est la manifestation la plus ravissante de la tendresse, de la douceur, de la bonté; et il a été choisi pour en être le disciple, le prêtre et l'apôtre dans tout son ministère. Tout, dans la nouvelle loi, images, paraboles, récits attendrissants, histoire et vie divine du Sauveur, respire une miséricorde, une charité, une bonté ineffable; et il en est le gardien, le docteur. Il y a comme une sorte d'identification entre l'Homme-Dieu et lui; son livre, c'est le livre de la bonté. Le code qu'il ne cesse de feuilleter nuit et jour, c'est le code de la bonté. L'image chérie qu'il contemple solitairement, embrasse pieusement chaque jour, ne lui parle que de bonté. La bonté doit couler à pleins bords de son cœur, de ses lèvres, de ses mains, de tous ses actes; elle doit l'accompagner, le précéder et le suivre partout, en chaire, au confessionnal, dans tous ses rapports avec ses paroissiens. Il doit être, comme son maître, tendresse et bonté. C'est lui que le Sauveur a voulu peindre dans ce bon pasteur dont l'Évangile raconte la touchante tendresse pour ses brebis, dans ce père miséricordieux accueillant et serrant dans ses bras son pauvre fils prodigue, et le baignant des larmes de son amour. Les plus attendrissantes allégories de l'Évangile semblent avoir été faites pour lui.

En outre, Monsieur, il n'y a rien de plus fort et de plus puissant que la bonté. C'est le levier qui remue les mondes et les ébranle vers le bien. La bonté du pasteur triomphe de tous les obstacles, renverse toutes les barrières, et voit tomber à ses pieds, désarmés et vaincus, les hommes jusque-là les plus rebelles et les plus indomptables : c'est elle qui a le privilége de changer en douceur la fureur des loups, et en timides agneaux les tigres les plus cruels. Rien ne saurait prévaloir contre elle ni lui résister; ni les préjugés, ni les sophismes, ni les calomnies, ni la ruse de l'impiété, ni le glaive des tyrans.

Le fameux et célèbre professeur Andrieux, que vous avez sans doute connu, Monsieur, et qui aurait pu être l'enfant de la joie de la religion, au lieu d'être l'enfant de sa douleur, prit un jour la main d'un savant docteur en médecine, et la portant sur son cœur : *Docteur*, lui dit-il, *voudriez-vous me dire pourquoi tout ce que j'ai le mieux conçu, le mieux composé, pourquoi tout ce que j'ai le mieux écrit, le mieux dit, est ce qui est parti de là ? — Monsieur*, répondit le docteur, *c'est que toute véritable inspiration part du cœur*. Il avait raison, Monsieur; et on pourrait en dire autant des curés de paroisse, et invoquer à l'appui de cette assertion le témoignage de l'autorité et de l'expérience. Les meilleures œuvres d'un bon pasteur, ses meilleures prédications, ses meilleures confessions, ses meilleures administrations, ne sont-elles pas celles où le cœur et la bonté auront eu le plus de part? Vos souvenirs personnels, Monsieur, vos impressions, votre vie tout entière me répondent en ce moment. Quand cette bonté est devenue populaire, comme la vôtre, dans la sphère où le pasteur est placé, il a la clef de tous les cœurs et de toutes les consciences : on ne lui refusera rien. On lui donnera quelque chose de plus beau que l'or et l'argent : on lui prodiguera les marques et les témoignages de l'affection universelle, et, ce qui est mieux encore, tout ce que l'homme a de plus délicat, de plus intime, une confiance sans bornes. Tous les cœurs, surtout les plus malheureux et les plus tourmentés par le trouble et le remords, s'épancheront dans le sien comme dans le cœur d'un père. Tous l'aimeront, tous le vénéreront, tous le béniront, parce qu'il est bon, *quoniam bonus*... Il fera aimer et bénir avec lui la religion dont il est le ministre, honorer le sanctuaire et le sacerdoce, convaincra les incrédules sans controverse ni raisonnement, désarmera l'impiété sans coup férir, en étendant sur tous indistinctement le sceptre de son amour, de sa tendresse et de sa miséricordieuse bonté. Quelle jouissance pour lui, Monsieur, d'aimer ainsi ses paroissiens et d'en être aimé comme un père! *Mon plus fort rempart*, disait Henri IV, *c'est le cœur de mes sujets*. Vous savez, Monsieur, combien ses faiblesses furent grandes, et cependant combien il fut aimé, à cause de sa bonté proverbiale. Plaise à Dieu que tous les curés de cette grande capitale fassent de l'apostolat comme Henri IV faisait de la politique, et alors eux aussi ils seront forts et invincibles par le cœur même de leurs fidèles, où ils commanderont en pères. Alors il n'y aura plus qu'un concert d'éloges, d'affection et de bénédictions pour eux.

Je dois vous l'avouer, Monsieur, dans toute la simplicité de mon âme et toute mon entière confiance en vous, comme je me le suis avoué souvent à moi-même dans l'intimité de ma conscience, je n'ai jamais compris qu'on pût être pasteur de nombreux fidèles sans en être le père, sans être incliné naturellement à les aimer, et sans éprouver le besoin instinctif et irrésistible de leur prodiguer des marques continuelles de bonté. Qu'il ne s'ingère pas dans ce beau ministère, celui-là qui ne se sentirait pas les entrailles et le cœur d'un père, et dont la nature insensible, peu compatissante, n'aurait reçu du ciel aucune disposition à la pitié et à la miséricorde, et, de plus, serait hérissée de formes brusques, dures et antipathiques à l'aménité, à la douceur et aux traits inimitables de l'admirable bonté. Qu'il s'éloigne ; il ne serait pas aimé, et partant il manquerait de la première condition pour faire le bien.

Tout homme qui aspire, par une noble et sainte ambition apostolique, à la grande mission de gouverner une paroisse, doit préalablement sonder son cœur pour savoir s'il est riche en tendresse et en miséricorde, et faire de sa nature et de ses membres autant de signes et d'instruments au service de cette précieuse bonté. Ce n'est pas tout : ce n'est pas assez d'être bon, il faut le paraître. La brusquerie, la singularité de caractère et d'humeur, l'irritabilité, la violence, ne conviennent à personne, dans aucun ordre d'idées, mais disconviennent essentiellement au prêtre-curé, qui doit être toujours et partout le roi de l'opinion et de la saine popularité par une constante et inaltérable bonté.

Au reste, Monsieur, l'expérience et l'histoire nous révèlent assez tout ce que l'on fait et tout ce que l'on peut faire de bien avec beaucoup de jugement, mais surtout avec beaucoup de bonté. L'élite de nos pasteurs les plus illustres, les grandes figures passées et contemporaines parmi eux, ont enfanté des prodiges de conversion et de charité par le seul ascendant et la seule influence de leurs sentiments et de leurs exemples d'une bonté sans bornes. Qui pourrait résister, Monsieur, à un saint François de Sales embrassant avec la plus grande effusion de tendresse les pécheurs les plus intraitables ?

La glace de leur endurcissement se fondait sous le feu de sa charité ardente. Quoi de plus touchant que le retour de saint Augustin à la grâce et à la vérité? Ce fils de Monique, qui avait tant pleuré ses égarements et ses illusions, fut rendu à sa pauvre mère par le grand saint Ambroise, qu'il commença à aimer, non pas tant à cause de sa science qu'à cause de sa touchante bonté; *Cœpi amare eum non tanquam doctorem, sed tanquam virum bonum...* Qui pourrait lire, en effet, Monsieur, sans en être attendri, ce qui est raconté du cœur de ce saint pontife, accueillant les pécheurs et pleurant avec eux? Que vous dirais-je de notre aimable Fénelon, dont la bonté et le gracieux accueil enchantaient et persuadaient les hérétiques eux-mêmes, avant toute discussion, témoin la conversion du célèbre Rampsai, l'auteur d'une vie de Turenne?

Que de noms plus doux les uns que les autres n'aurais-je pas à vous citer! mais je sens, Monsieur, qu'il faut me réduire, et que j'en ai dit assez sur cette précieuse qualité, ce don ineffable de la bonté du pasteur. Je serais porté à continuer ce sujet avec d'autant plus de plaisir que je m'adresse à un pasteur justement vénéré pour sa sagesse, mais surtout mille fois cher à son troupeau à cause de sa précieuse bonté.

Je conclurai donc, Monsieur, en disant que la bonté est un des plus beaux attributs de Dieu et un des plus beaux dons qu'il ait pu accorder à l'homme et au prêtre-curé, son image vivante parmi les peuples.

Cette aimable bonté n'est pas une magnifique abstraction : elle doit, par voie de conséquence, le rendre accessible à tous et presque à toutes les heures du jour et de la nuit, abordable et presque caressant pour tous, affable pour tous indistinctement, simple avec les grands et les puissants, plein de suavité avec les petits et les pauvres, qu'il doit recevoir, écouter et consoler avec une patience inaltérable, sans jamais froncer le sourcil ni laisser entrevoir une ombre d'impatience, d'ennui, d'importunité. La bonté oblige : il comprimera avec soin tout mouvement naturel, évitera les variations fâcheuses d'humeur et de caractère, et fera refléter la bonté dans son regard, dans les traits de sa physionomie, dans sa démarche, dans ses gestes et jusque dans le son de sa voix. Rien de tout cela, Monsieur, n'est indifférent : il aura avec tout le monde, non pas une familiarité inhabile, mal comprise, compromettante et vulgaire, qui ne tend qu'à diminuer le respect et la confiance, mais cette familiarité de bon aloi, pleine de convenance, de dignité, inspirée par le cœur et par une affectueuse tendresse et une confiance réciproque. Il sera familier avec ses paroissiens comme Dieu l'est avec nous et comme nous le sommes avec Dieu, comme la mère l'est avec son enfant, comme l'ami l'est avec son ami : celle-là sera la sienne, parce qu'au lieu de compromettre, elle embellit toutes les relations, rapproche les cœurs par la confiance et les plus purs épanchements, parce qu'elle plaît souverainement à Dieu dans ses créatures qui le prient et implorent sa clémence, qu'elle remue profondément tout le cœur d'une mère, quand elle la retrouve dans les innocentes caresses de ses enfants, et qu'elle caractérise la vraie et sincère amitié.

Loin du sanctuaire et de la conduite des peuples, ces hommes qui s'imaginent follement se grandir en se tenant à l'écart, en se rendant invisibles et inaccessibles aux fidèles, en se manifestant rarement à eux, et quand ils le font, c'est avec une gêne, une froideur, un faux air de dignité qui blesse et produit une pénible impression ! Dieu préserve les paroisses d'avoir à leur tête de ces hommes fétiches qui sont toujours préoccupés d'eux, de leur dignité, comme s'il y avait de la dignité sans la bonté, et qui, sous prétexte de la sauvegarder, s'isolent du peuple profane, s'enferment dans leur presbytère, demeurent muets, et s'aliènent les esprits et les cœurs des populations qui leur sont confiées !

Ah ! Monsieur, soyons bons, tellement bons, que nous soyons disposés à vaincre le mal par le bien, et si quelqu'un nous arrachait un œil, à le regarder encore de l'autre avec amour et bonté. Chaque jour, Monsieur, nous devons demander à Dieu ce don ineffable de la bonté, qui seule couronne et féconde l'apostolat, et lui dire, du fond de notre cœur : O Dieu miséricordieux et bon, dont cet univers raconte la bonté par mille voix et mille échos; ô divin Sauveur, vous dont toute la vie, tous les enseignements, toutes les paroles ont été bonté et miséricorde, donnez à vos ministres et à vos pasteurs quelque chose de ce don ineffable de votre cœur sacré, afin qu'ils soient, par le fond de leurs entrailles, les pères et non les maîtres de ceux que vous leur avez donnés à gouverner et qui sont à vous.

Je suis avec un très-profond respect,

Monsieur, ****.

LETTRE VII.

LA PIÉTÉ.

Monsieur,

J'arrive à la quatrième qualité qui forme le bon curé, la piété : elle doit être comme son élément naturel. Je voudrais, Monsieur, dans cette question, donner à mes paroles et à mes idées toute la clarté possible, et j'ai besoin d'entrer avec vous dans quelques explications qui me conduiront à ce but, j'en ai la confiance, sans oser m'en flatter.

La charité est la fin suprême de tout; de la morale, du sacerdoce, de l'incarnation, des sacrements, de la divine eucharistie, qui les couronne et qui est comme le terme de l'amour. Ils sont destinés à la conserver et à l'augmenter en nous et à nous transfigurer dès cette vie. Mais cette charité a deux phases, deux puissances, selon qu'elle agit simultanément sur l'âme et la nature, ou sur chacune séparément et d'une manière disjointe. Dans ce dernier cas, c'est un amour d'appréciation, un amour de Dieu de préférence à tout.

Cet amour, que l'on appelle effectif, est beau, généreux,

et le seul nécessaire. Cependant, Monsieur, il laisse à désirer. Il n'est ni plein, ni complet, ni parfait dans tous les sens du mot. Il règne sur la raison, la volonté, la partie intime de l'âme à l'état dominant, mais il n'a pas encore affectivement conquis le cœur, il ne l'a pas encore enchaîné et subjugué à l'état sensible. Il faut qu'après l'avoir purifié, il l'illumine et l'embrase. Il devient alors amour affectif et sentimental. Dans cet état, qui est comme la béatitude anticipée et en raccourci, l'âme est toute transportée. Dieu se montre à elle dans sa beauté. Il lui fait sentir d'une manière ineffable le goût des choses spirituelles, lui fait savourer les plaisirs et les jouissances inséparables de son union avec lui. Ce bonheur elle le goûtera partout, dans la prière, dans l'oraison, dans la communion, dans les chants sacrés. Elle en est tout altérée. C'est une âme ravie par ce beau don de l'Esprit-Saint connu sous le nom de don de piété, qui fait, comme s'exprime le catéchisme élémentaire de la doctrine catholique, trouver du plaisir dans ce qui est du service de Dieu.

Cet amour sentimental, qui est tout de privilége et n'est pas nécessaire, repose tout entier sur l'amour effectif, dont il n'est que la seconde puissance, et ne doit jamais se confondre avec ces vagues rêveries de l'imagination surexcitée, ou ces sentiments fantastiques d'une poésie insaisissable et incertaine dans sa cause comme dans ses effets. L'amour de Dieu, par le don de piété, passant à l'état de sentiment, se mêle au fonds de sensibilité qui est en nous, dans notre nature, s'en empare, l'élève, l'absorbe, nous transforme, et forme cette alliance divine de la nature et de la grâce, des sens et de l'esprit; alliance ineffable qui doit être pleine, complète et définitive pour les élus dans l'éternité.

Ces principes posés, Monsieur, avec toute la lucidité dont j'ai été capable, veuillez examiner toute la puissance du sentiment pieux qui semble être, comme dit l'Imitation, le privilége de l'âme simple et humble. Il a une force et un besoin d'expansibilité que rien ne saurait comprimer. On essayerait en vain de le contenir et de l'emprisonner dans une étroite poitrine : il faut qu'il s'épanche et se dilate. Qu'y a-t-il de plus expansif que le sentiment d'une mère qui aime tendrement son fils? Essayez de l'étouffer, de le comprimer, il se fera jour par mille issues; témoin l'histoire si touchante de Monique et d'Augustin, qu'on aime toujours à citer. On peut en dire autant du sentiment de la pure et noble amitié. Le sentiment pieux est incompréhensible et indisciplinable, comme ces fleuves majestueux qui débordent de toutes parts et portent partout la fertilité. Ce sentiment a des plaisirs et des jouissances que l'on ne peut ni traduire ni raconter. Voyez saint Paul dans les fers, Madeleine aux pieds du Sauveur, sainte Thérèse aux pieds de son crucifix, saint François-Xavier sur les plages indiennes. Comme ils sont heureux et surabondent de joie! L'âme pieuse aspire à voir Dieu, à le prier, à lui parler, comme la poitrine aspire à jouir de l'air vital, comme l'enfant aspire à voir sa mère. Elle en est toute haletante. Ce sentiment s'échappe de toutes parts d'un cœur qui en est rempli, par les larmes, par les paroles, par les gestes, par toute la physionomie. Sous la main pieusement industrieuse de l'artiste chrétien, il prend un corps, une forme, une vie sensible, sur le marbre, sur le bois, sur la toile. Le poëte lui consacre ses chants et les plus belles inspirations de son génie; la mort même lui est un gain, une victoire, parce qu'elle l'affranchit, brise ses chaînes, lui rend la liberté et lui permet de se dilater et de s'épancher pour toujours dans les immenses régions de l'éternité. Une âme pieuse est comme une flamme qui brûle toujours et s'exhale sans cesse par de séraphiques élans dans la prière, dans la méditation, dans la communion. Tout est pour elle organe pour louer Dieu et le bénir, tout lui sert d'échelon pour s'élever vers lui. Rien de plus exquis que ses attentions délicates pour lui témoigner tout ce qu'elle sent de reconnaissance et d'amour. Indépendamment des grands actes, des grands moyens indiqués par la doctrine catholique pour participer à la vie divine et communiquer avec son Dieu, elle aura l'admirable génie qui lui sera donné d'en haut de se créer tout un arsenal spirituel, où elle trouvera des armes puissantes pour se défendre et comme un réservoir de ces eaux délicieuses et jaillissantes où elle ira souvent s'abreuver et se désaltérer. Elle aura à son service mille pratiques plus délicates les unes que les autres. Pour cela elle fera un appel à tous les souvenirs, à tous les exemples; elle mettra à contribution tous les infiniment petits et tous les infiniment grands.

Quel don, Monsieur, que ce don de piété! Il donne au cœur, à la voix, à tout ce que l'on fait, à tout ce que l'on touche, à tout ce que l'on dit, à tout ce que l'on écrit une onction divine. C'est l'amour de Dieu dans son expression la plus douce, la plus tendre, la plus attrayante, la plus aimable et la plus populaire. C'est le Cénacle, c'est le Thabor de l'âme fidèle. Que les philosophes, les esprits abstraits, réfléchis, se vantent de se créer au plus profond de leur âme un sanctuaire mystérieux d'où ils communiquent immédiatement et directement avec Dieu, et lui adressent des hommages tout rationnels et tout métaphysiques, qu'ils répètent sur tous les tons que leur amour plus subtil est plus digne de Dieu, plus philosophique, plus quintessencié; le peuple, tout profane qu'il est, donne un démenti formel à leur prétention et proteste contre leur système desséchant. Son amour est plus naturel et plus vrai. Dieu, qui se communique tout entier aux simples et aux petits, *parvulis*, lui révèle l'art et le secret de l'aimer. Il lui donne la jouissance de l'amour en lui donnant presque toujours le don de piété. Aussi, Monsieur, quand le peuple aime sincèrement Dieu, il le sent, il le manifeste toujours par des élans et des signes de piété franche et loyale, et quand chez lui ces signes et ces marques de dévotion n'apparaissent pas, il est à craindre que le froid de l'indifférence et de la mort n'ait gagné son cœur.

Partant de ces données sur les dispositions du cœur humain et surtout des masses populaires par rapport à la piété, que penser, Monsieur, des pasteurs qui leur sont donnés, s'ils ne savent ni comprendre ni mouvoir ce ressort mystérieux, exciter cette flamme sacrée, cette précieuse étincelle, et allumer ainsi un vaste incendie de charité dans toutes les âmes? Le premier besoin du peuple, à mon avis, c'est la piété. Le premier procédé à suivre pour lui faire aimer Dieu, c'est la piété. Il faut commencer par elle et finir par elle. Si les intelligences élevées, les génies entrent dans la charité par la vérité, ordinairement le peuple entre dans la vérité par la charité et la piété sensible : *Non intratur in veritatem nisi per charitatem.* Dans sa droiture de cœur et sa simplicité d'esprit, il possède le secret si précieux de toucher le cœur de son Dieu, de lui parler. Dieu, en échange, lui donne sa grâce et se révèle à lui à cause de sa piété humble, enfantine, d'une profonde et sublime naïveté. Qu'ils sont touchants, Monsieur, les rapports de l'homme du peuple avec son Dieu! Il est avec lui comme l'enfant est avec sa mère, tendre, affectueux, démonstratif. Celui-ci aime à répéter à sa mère qu'il l'aime, à lui en prodiguer les marques les plus affectueuses, à l'embrasser souvent avec une respectueuse tendresse. C'est un besoin de cœur pour lui, c'est l'instinct de toute sa nature de fils, c'est l'entraînement de tous ses sentiments. Quel est l'homme assez aveugle, assez barbare et assez

4.

endurci de cœur pour ne pas approuver, aimer et admirer ces aimables procédés de la piété filiale?

Voilà le peuple, cet enfant plein de tendresse vis-à-vis de son Dieu : voilà son trait dominant, et l'art de le conduire, de le gouverner, de le sanctifier et de le sauver, c'est de faire mouvoir le ressort de la piété, de lui en présenter de nobles et touchantes images, de le ravir par le majestueux spectacle du culte et des cérémonies sacrées. Pour lui surtout on peut dire que ses sens sont les portes de son intelligence. La vérité pure, métaphysique, n'arrive à lui que par les symboles, les images, les figures. Pour arriver à son cœur, à sa volonté, à son intelligence, il faut de toute nécessité parler et parler beaucoup à ses sens, à son imagination. Il faut lui présenter comme un abrégé de tout ce qu'il y a de plus doux, de plus aimable, de plus naïf même dans la divine sagesse des choses de Dieu. En retour, sans oscillation dans sa foi, dont il possédera les principes solides et la pure doctrine, il traduira au dehors, à sa manière touchante et naïve, les pieux mouvements de son cœur. Dans les grands actes de la vie chrétienne, dans les grands exercices de la piété et la participation aux augustes mystères, on le verra suivre avec un profond respect les règles tracées par l'Église, mais il aura une allure caractéristique, une façon d'agir qui lui sera propre. Il démontrera le bonheur qu'il sent, qu'il éprouve, non pas comme les philosophes ni comme les savants, mais par des traits, par des signes, et une ingénuité de manières que le cœur seul peut concevoir et inspirer. Il aura des inventions à lui. Il n'aura pas toujours l'art de converser avec Dieu qui s'apprend, mais il aura celui de toucher son cœur qui ne s'apprend pas, mais qui se donne.

Voilà quelque chose, Monsieur, de la physionomie religieuse du peuple, le trait dominant qui le caractérise et le distingue, le secret précieux de l'art divin de le conduire, de le gouverner, de le persuader et de le convertir. Généralement, avec quelques variations et quelques modifications de nations et de climats, il est le même partout et aime tout ce qui parle à son imagination et à ses sens, tout ce qui est spectacle. Combien de fois, Monsieur, ne ne vous est-il pas arrivé, comme à moi, de le voir accourir tout haletant et tout avide à la porte des théâtres du monde ou à nos fêtes publiques! Quel empressement et quelle impatience! Il s'y porte par flot et par torrent. Il suffit même de lui en prononcer le nom. Les Romains demandant du pain et des spectacles revivront toujours parmi nous, *panem et circenses*. Il faut donc donner satisfaction à ce besoin, à cet entraînement, à cette passion; il faut y correspondre et lui présenter un aliment sain. Est-ce que la religion n'a pas aussi ses spectacles, ses joies, ses pompes, ses fêtes? Est-ce que ces scènes pieuses le cèdent en intérêt et en charmes aux scènes toujours suivies de remords des fêtes mondaines? Donnez-lui souvent les scènes si touchantes, si instructives, de la piété. Donnez-lui toujours les beaux et magnifiques spectacles de la religion, que rien ne saurait égaler dans toute la pompe des fêtes mondaines. Il y viendra, il y accourra avec la même avidité, avec la même ardeur qu'aux scènes des faux plaisirs. Il y sera heureux, il y sera content. Il y trouvera plus de douceur, plus de joie pure, plus de repos d'âme, et en même temps son esprit s'éclairera et son cœur s'élèvera, par une aspiration continuellement alimentée, vers ses grandes destinées et le souverain bien.

Je vous paraîtrai bien absolu, peut-être, Monsieur, bien hardi, bien tranchant dans ces affirmations; mais j'obéis à ma conviction qui est aussi forte que possible sur ce point, et qui a d'ailleurs pour elle l'autorité des faits et de l'expérience. Le peuple, surtout le peuple parisien, nous tous sans exception, nous vivons plus d'émotions et d'impressions que d'idées et de théories métaphysiques. Malheur aux chefs des États; malheur à ceux qui gouvernent s'ils ne le comprennent pas! Malheur au pasteur s'il ne fait pas, dans le domaine des choses saintes et dans la direction de sa paroisse, une large part à cette piété sentimentale, tendre et expansive du peuple! Malheur à lui, s'il ne s'applique pas à l'alimenter, à la développer, à en être l'âme, le mouvement et la vie! Il faut que ce grand corps, qui est sa paroisse, s'émeuve, se remue et palpite sous sa main jusqu'à ses dernières fibres; il faut qu'il y fasse circuler cette chaleur vitale de la piété dont il doit être tout embrasé lui-même; qu'il lui présente souvent la religion avec le cortége de ses grandes vérités qui saisissent si profondément l'âme et la terrassent, mais plus souvent encore, qu'il la présente avec toutes ses images pleines de douceur, de beauté et de majesté ; qu'il la présente et la personnifie dans ses héros, dans ses martyrs et dans ses saints. Que chaque enseignement, chaque idée, chaque point de sa doctrine ait son commentaire animé, vivant, dans quelque récit, quelque citation, quelque trait bien choisi, plein de sel, d'à-propos et de bon goût. Qu'il introduise dans sa paroisse, avec toute la mesure et la prudence nécessaires, qu'il recommande toutes les dévotions approuvées et consacrées par l'Église ; qu'il fasse une infatigable concurrence aux scènes si dangereuses des plaisirs de la grande cité, en multipliant et en assaisonnant d'un piquant et salutaire intérêt les scènes si douces de la dévotion et de l'Église ; qu'il en varie l'économie et en distribue le temps et les moments de la manière la plus commode et la plus convenable pour les fidèles. Vous connaissez, Monsieur, la belle parole de Fontenelle en mourant : *Je meurs*, disait-il, *avec la consolation de n'avoir jamais jeté le plus petit ridicule sur la plus petite dévotion au peuple.* Ah ! heureux, mille fois heureux le bon curé auquel il sera donné de goûter, à son lit de mort, la consolation plus grande encore d'avoir édifié, soutenu, respecté et alimenté la plus petite dévotion populaire de sa paroisse !

A part toutes les questions de superstitions et de préjugés dont il faut toujours le corriger prudemment, adroitement et graduellement, de peur qu'en arrachant l'ivraie on n'arrache aussi le bon grain, le peuple est presque toujours inspiré et comme illuminé d'en haut, dans les petites pratiques et dévotions qu'il adopte et consacre spontanément. Beaucoup de celles qui sont aujourd'hui si renommées et si recommandées dans le monde catholique tout entier, ont pris naissance dans quelque famille, peut-être dans quelque âme ignorée des classes les plus obscures, et n'ont reçu la grande sanction de l'autorité qu'après avoir été fécondées par le génie de la piété populaire. Que tous les pasteurs vous imitent, Monsieur, et donnent aux fidèles les vrais principes de la foi et de la doctrine, mais qu'ils laissent à leurs cœurs et à leurs sentiments une grande liberté d'expansibilité; ils ne s'égareront jamais.

Je viens, Monsieur, d'avoir l'honneur de vous présenter un petit tableau des dispositions du peuple par rapport à la piété. Quelle sera l'âme de cette piété si généreuse, si extensible, si ce n'est le pasteur lui-même qui doit la guider? Si l'on a pu dire : Le style c'est l'homme, on peut dire aussi : La paroisse c'est le curé : elle est ordinairement à son image et à sa ressemblance. Un auteur se peint dans ses livres, un artiste dans ses œuvres, un bon curé doit se peindre dans sa paroisse, y reproduire et y faire vivre tous ses sentiments, tous ses traits, toutes ses émotions, toute son âme. Quelle sera la copie, si l'original n'a ni mouvement, ni animation, ni couleur, ni vie?... Quel sera le livre, si l'auteur est sans conception et surtout sans onction, sans chaleur et sans flamme? Quel sera le tableau, si l'artiste est froid, glacé et sans inspiration? Quelle sera la paroisse, si celui qui est chargé de l'émouvoir, de l'édifier, de l'échauffer, de la nourrir de la plus tendre piété, est lui-même froid, glacé, indifférent? Il est lui-même atteint de cette cruelle maladie de la tiédeur, d'une sorte d'allanguissement dans les choses de Dieu, d'une atonie spirituelle qui est le précurseur et le pronostic alarmant du dépérissement de la piété dans un cœur. Comment communiquera-t-il le feu sacré autour de lui? Ce n'est plus qu'une ombre du prêtre, et comme un cadavre glacé : il sera, négativement, je le veux bien, homicide de toute une population dont il aura étouffé ou laissé s'éteindre toutes les ferventes aspirations vers Dieu. Les générations suivantes, au lieu de le bénir, maudiront son passage et sa mémoire. Sa lamentable histoire sera celle de la ruine des âmes. Il n'aura parmi les pasteurs qu'un rang de honte et d'ignominie. On montrera sa paroisse comme on montre le champ du paresseux, qui n'a rien produit parce qu'on n'y a rien semé.

Un curé dans sa paroisse, vous le savez mieux que moi, Monsieur, doit être animé d'une piété plus qu'ordinaire : il doit être tout de feu dans son amour pour Dieu, pour en embraser tout ce qu'il touche, tout ce qu'il anime, tout ce qu'il inspire. Il doit être comme brûlant de charité et du zèle d'allumer le même feu divin dans les autres; *Ignem veni mittere in terram, et quid volo nisi ut accendatur.*

Un pasteur plein d'une piété vivement sentie et fervente exercera sur sa paroisse une influence de vie. Sa présence répandra autour de lui une odeur salutaire qui pénétrera partout et attirera à lui, à son église, à son Dieu, tous les cœurs et toutes les âmes. La vie ira du centre à la circonférence, et de la circonférence reviendra au centre; et ce mouvement qui constitue la vie, parce qu'il est celui du cœur vivifiant les membres, sera celui du sentiment de ferveur qui régnera dans sa paroisse. S'il m'était permis, Monsieur, de vous citer ici quelques églises de cette immense capitale devenues justement célèbres par le mouvement de piété qui s'y opère chaque jour, par les flots pressés de nombreux fidèles qui se précipitent, qui accourent au pied des autels de Marie et de son divin Fils, que n'aurais-je pas à dire sur l'intelligence, le zèle, la piété et la ferveur des heureux pasteurs qui ont obtenu ces étonnants résultats, comme créé ces merveilles et imprimé cet admirable élan aux pieux instincts de leurs paroissiens et du peuple de Paris tout entier! Leurs noms bénis sont dans toutes les bouches, et leurs louanges sur toutes les lèvres. Leurs paroisses si édifiantes, si confortables pour la piété, qu'on me permette ce mot d'importation étrangère, contrastent tristement avec plusieurs autres sans mouvement, sans flamme, sans piété, où règnent le froid du cœur et le silence de la mort. Pourquoi tant de bénédictions d'un côté et un affreux désert de l'autre? C'est qu'il manque aux dernières un élan qui doit venir d'en haut; il leur manque le ressort principal qui met tout en mouvement, un organe inspirateur. Il leur manque un homme et plus qu'un homme, un pasteur, un père, un apôtre qui aime Dieu de tout son cœur et qui brûle du désir de le faire aimer.

Il ne suffit même pas, Monsieur, qu'un curé soit régulier dans ses mœurs, dans sa vie, dans ses habitudes; il ne suffit pas, pour entretenir et faire germer la piété dans sa paroisse, qu'il soit instruit, éclairé, prudent : il faut de plus qu'il ait reçu du ciel ce beau don de la piété, et qu'il en soit l'inspirateur universel. Ce n'est qu'à cette condition qu'il pourra réussir dans son ministère, faire du prosélytisme qui dure, féconder la vigne du Seigneur, lui faire porter les fruits les plus beaux et les plus abondants, vivre en vrai pasteur des cœurs, et mourir heureux et béni de la génération dont il aura fait la consolation et la joie.

Oh! Monsieur, pénétrés l'un et l'autre de ce grand besoin de piété pour les pasteurs des âmes, demandons-la au prince des pasteurs, à celui de qui vient tout don parfait : « O Jésus! modèle des pasteurs, que j'aime à vous voir au milieu des populations de la Judée! Subjuguées par la douceur et la suavité de votre parole tout enflammée de charité, elles oubliaient tout, jusqu'aux besoins les plus pressants de la vie, pour suivre vos pas dans le désert. Donnez à ceux qui sont vos successeurs et vos disciples ce feu de la charité, cette ferveur de piété, cette flamme conquérante, afin qu'ils en soient tout embrasés, et qu'ils embrasent tous ces peuples qui sont les vôtres et que vous leur avez confiés. » Puissent, Monsieur, ces vœux ardents de votre cœur et du mien être entendus et exaucés !

Je suis, avec un très-profond respect,

Monsieur, ★★★★.

LETTRE VIII.

BONNE RÉPUTATION.

Monsieur,

Il me reste à vous parler d'une dernière qualité d'un bon curé, et que je regarde comme la clef de voûte de toutes les autres. C'est une réputation sans tache, récompense d'une bonne vie. C'est bien à lui qu'il faut dire et redire, à chaque heure, à chaque démarche, à chaque pas : *Curam habe de bono nomine*.

Ce n'est pas assez, Monsieur, de posséder les vertus sacerdotales, il faut de plus les couronner par une réputation parfaitement intègre et à l'abri de toute atteinte et de tout soupçon. Une ombre d'altération, le plus petit atome de poussière qui en ternirait l'éclat serait un malheur presque irréparable.

Le curé d'une paroisse est un homme essentiellement public, ne s'appartient plus et ne saurait s'isoler. Sa vie n'a pas de mystère si profond que l'œil du peuple n'y pénètre. Tous les regards plongent dans ses habitudes les plus intimes, avec une secrète et maligne curiosité. Le monde, si indulgent pour lui et pour les autres, est sévère jusqu'à l'injustice pour le prêtre. L'inquisition de la malignité va fouiller dans le sanctuaire même de sa pensée et de son cœur pour tout dénaturer. Il est en spectacle à Dieu de qui sa conscience relève et qui le jugera, aux anges qui le protégent, à l'enfer qui frémit de rage contre lui et ne cesse de lui livrer la guerre, aux hommes qui tous ont les yeux fixés sur lui, les bons pour l'imiter, les méchants pour le censurer et le calomnier. A quelles laborieuses investigations ne se livrent pas les ennemis de la religion pour découvrir en lui une faiblesse, une imperfection même! Il n'y a pas d'homme, même parmi ceux qui président aux destinées des sociétés temporelles, dont les actes, dont le gouvernement, soient plus discutés, critiqués, et souvent injustement censurés, dont la vie soit plus contrôlée que la sienne. Il a le singulier privilége d'être le justiciable de tout le monde, et tout le monde a le privilége plus singulier encore d'être son juge. Pourquoi ce phénomène, Monsieur? C'est qu'il personnifie un principe suprême, et comme une doctrine tout entière contre laquelle s'ameuteront toujours tous les mauvais instincts, tous les penchants vicieux et toute la cohue des mauvaises passions. Il en est le gardien, l'apôtre, et comme le vaillant champion. Ce sont deux camps en présence l'un de l'autre, et deux étendards destinés à rallier deux armées ennemies. C'est la lutte du bien et du mal, du bon et du mauvais esprit, de la lumière et des ténèbres. Il n'y a ni paix, ni trêve, ni transaction, ni conciliation possible.

On ne cessera de s'armer et de conspirer contre lui. On dénaturera ses paroles, ses actes ; on défigurera jusqu'à ses propres vertus pour combattre son influence, que l'on essayera de détruire à tout prix. Tous les moyens seront bons, pourvu qu'on atteigne le but : tout sera louable et même méritoire quand il s'agira de le perdre dans l'opinion, qui mène le monde et en est la reine. On emploiera la satire, le mensonge, la calomnie, et jusqu'aux plus ignobles emblèmes pour la fausser et la pervertir.

Si, en dépit de tous les stratagèmes, le digne pasteur parvient à conquérir les faveurs du jugement populaire, que de peine il aura à les conserver! Que de sacrifices n'aura-t-il pas à s'imposer pour cela? L'opinion même favorable sera pour lui d'une rigueur extrême, d'une susceptibilité incompréhensible, ombrageuse, irritable, tyrannique. Ne nous plaignons pas, Monsieur, et bénissons Dieu qu'il en soit ainsi. C'est une heureuse persécution, une consolante et bien salutaire tyrannie pour le prêtre que celle de l'opinion. Notre-Seigneur a voulu que la contradiction fût le partage et le cachet de son Église, de ses ministres et de sa doctrine. Il y a engagé sa parole et sa véracité. Indépendamment de cette haute raison, il y a là toute une admirable économie de la prévoyance, de la sagesse et de la miséricorde du divin Maître. Il connaissait toute la fragilité de l'homme. Il savait qu'elle a besoin d'être étayée, appuyée sur tous les théâtres du monde et jusque dans les fonctions les plus saintes et les plus augustes.

Le bon curé trouve dans cette inquisition continuelle et injuste de sa vie un admirable préservatif contre les chutes auxquelles le prêtre lui-même est exposé. Cette comparution quotidienne devant le tribunal de l'opinion, cette mise en prévention permanente, cette comptabilité de chaque acte de sa vie devant elle exerce singulièrement sa vigilance, son attention, sa prudence; elle exerce sur toute sa vie privée et publique une salutaire influence. C'est un moniteur sévère qui l'avertit, le conseille, le retient, le rappelle toujours à son devoir. C'est un témoin permanent, un juge qui siége toujours et partout pour le condamner ou l'absoudre; un juge dont, bon gré, mal gré, il ne peut décliner la compétence, et dont les arrêts sont si redoutables et si terribles. Saint Bernard a dit, et cette parole est pleine de sens et de vérité, que *la soutane est comme le second ange gardien du prêtre.* Elle lui rappelle sans cesse ce qu'il est et ce qu'il doit être, son caractère, sa dignité, et lui commande un profond respect pour lui-même. L'*habit*, a dit un homme célèbre, *ne fait pas l'homme, mais il le gouverne.* L'opinion remplit la même fonction à l'égard du prêtre, et surtout du curé. Elle l'avertit, elle le retient, elle lui commande en reine, et le gouverne. Plus elle va fouiller, et comme flairer dans les prétendus mystères de sa vie, plus elle scrute jusqu'à ses pensées et ses intentions, plus elle le sert, plus elle le préserve, plus elle l'épure, plus elle le perfectionne.

Cette sorte de censure et de persécution même est

heureuse et salutaire. Il y a là le cachet de l'œuvre d'un Dieu et de sa sagesse infinie. Car enfin, Monsieur, pourquoi le vrai pasteur serait-il le seul en butte à ce genre de contradiction, qui n'est ni naturel ni ordinaire? Au moment où je vous communique ces considérations, j'habite l'Angleterre, et vis au milieu d'une population protestante, et partant pleine d'ignorance en matière religieuse : j'observe attentivement tous les phénomènes dont je suis témoin, surtout les faits religieux qui se passent autour de moi : je vous dirai, Monsieur, que le protestantisme, et surtout l'anglicanisme, a toujours été pour moi un système religieux absurde, inacceptable, indiscutable même, au point de vue théologique, historique et logique : en le voyant de près, en action, dans les faits, en le touchant, en décomposant tout son échafaudage, je le trouve plus absurde, plus insoutenable encore. Je vois d'un côté un peuple qui ne manque ni de lumières, ni de bonnes qualités, atteint d'une sorte de cécité, d'aveuglement, frappé d'un sens faux à l'endroit de la vérité religieuse, vivre dans une étonnante quiétude, dans l'erreur ; de l'autre, une armée de soi-disant pasteurs, espèce de bourgeois communs, d'une allure assez grotesque, s'érigeant en professeurs et officiers du culte et de la morale : rien ne prête plus au ridicule, à la satire, à la censure, à la réprobation, que tout cela. Leur titre de pasteur, leur mission, leurs personnes même assez souvent, leur rôle, leurs vertus pastorales surtout, ne supportent pas l'ombre d'une discussion et d'un examen sérieux; et cependant, ils vivent tranquilles et heureux, à l'abri de l'ignorance du peuple qu'ils entretiennent, jouissent d'une paix parfaite, se complaisant dans leur précieux confort et leurs riches revenus, peu préoccupés du reste de la sollicitude pastorale et des intérêts spirituels du troupeau. Cependant, la critique ne s'exerce pas à leur égard. La satire qu'ils alimenteraient si bien, passe et les respecte, ou du moins ne s'en occupe pas. L'opinion, à leur endroit, demeure silencieuse et indifférente; et des hommes de lettres, des poëtes, des philosophes, des parlements tout entiers, les acceptent, ou s'en font les complices, et leur donnent une sorte d'inviolabilité, en dépit de la raison, de la logique et du bon sens le plus vulgaire! Pourquoi, Monsieur, l'opinion est-elle si impitoyable d'une part, si tolérante et si muette de l'autre? C'est que le prêtre, le pasteur catholique, est l'homme de Dieu, qu'il fait l'œuvre de Dieu, et que tout naturellement le démon ne peut pas laisser en repos celui qui travaille à détruire son règne, au lieu que, dans le dernier cas, ces soi-disant pasteurs agissent pour lui, font son œuvre, et qu'il ne peut troubler ni leur bonheur ni leur repos, autrement il serait divisé contre lui-même. Il n'y a en cela, Monsieur, rien de nouveau, rien qui n'ait été prédit, annoncé et promis par Notre-Seigneur pour l'Évangile, et l'Église en général, et pour ses ministres en particulier. Voilà pourquoi cette différence entre le ministre de l'erreur, quel qu'il soit et à quelque secte qu'il appartienne, et le prêtre catholique, lui que tout recommande au respect, à la vénération, lui dont les titres sont si sacrés, dont le dévouement est si parfait, dont les annales sont si glorieuses, dont toute la vie devrait être inviolable, et les rares faiblesses couvertes d'un manteau royal.

Cette irritabilité, cette disposition providentielle et surhumaine de l'opinion pour l'apôtre de paroisse, il faut qu'il la prenne en grande considération, qu'il la tourne à son profit, qu'il l'interroge souvent, et qu'il lui impose silence et respect par l'ascendant de ses vertus et la parfaite régularité de sa vie. Elle demande à n'être jamais bravée. Il faut donc qu'il soit lui-même d'une grande susceptibilité, et tout ombrageux à l'endroit de son crédit personnel et de sa réputation. Qu'il ne la joue et ne l'expose jamais témérairement à la plus légère atteinte : il doit être prêtre aux yeux de Dieu, de qui il relève, et aux yeux des hommes, avec lesquels et pour lesquels il vit. Il doit figurer partout comme prêtre, et que tout ce qui est de l'homme disparaisse. Ce qui est licite pour les autres n'est pas toujours expédient pour lui. Tout doit prêcher et parler en lui, tout doit impressionner salutairement en lui. Tout son air, toute sa manière d'être, de parler, de faire, sont étudiés du peuple, et reçoivent une interprétation plus ou moins favorable, plus ou moins impartiale. Combien il est à désirer surtout, Monsieur, qu'il ait ce sentiment délicat et exquis des convenances sacerdotales

5.

qui ne sont pas tout à fait celles du monde; de ce qui est à propos, et de ce qui ne l'est pas; de ce qui est expédient, et de ce qui ne l'est pas! Que le tact le plus parfait préside à sa tenue, à ses démarches, à sa mise, à ce qu'il dira, et à la manière dont il le dira. Cette science, je le sais, est de celles que la nature donne et qui ne s'apprennent pas. Cependant, l'observation et l'étude, et surtout le secours de la grâce, peuvent y suppléer beaucoup.

Je voudrais encore à l'homme de Dieu, pardonnez-moi, Monsieur, toutes mes exigences, la ruse du serpent et la simplicité de la colombe, et je lui souhaiterais d'être un pasteur complet dans l'esprit et dans la forme. N'avez-vous pas rencontré quelquefois de ces vaillants soldats de nos armées qui, à force d'exercices et d'études, ont tellement pris le moule et contracté la forme militaire, qu'ils ne peuvent plus la perdre, et la conservent même sous les déguisements les plus propres à la dissimuler. Cela montre le caractère martial du héros, le distingue et l'honore. Pourquoi, Monsieur, n'en serait-il pas de même du pasteur, et ne prendrait-il pas la forme sacerdotale, de telle sorte qu'elle s'identifie avec sa propre nature? Pourquoi ne serait-il pas façonné, stylé sacerdotalement des pieds à la tête? Quiconque a l'honneur d'être l'ami et le conseiller intime d'un pasteur, doit lui recommander de se surveiller et de se vaincre sans cesse, d'être toujours égal à lui-même, et de se dépouiller et s'affranchir de ces mille misères humaines de caractère, d'humeur, auxquelles notre pauvre nature échappe rarement, de ces excentricités qui ne sont pas des fautes, mais qui entravent et compromettent singulièrement le ministère du prêtre. Il doit se rendre tellement maître de lui-même, qu'il gouverne toutes ses émotions, impressions, mouvements et saillies au gré de la raison et de la sagesse : il agira selon les règles de la prudence en calculant toutes ses démarches, et en ne s'ingérant jamais dans aucune affaire purement humaine ou d'intérêt terrestre, et en éloignant de lui tout soupçon de partialité ou d'acception de personnes. Il agira saintement surtout en se donnant à tous, aux riches, aux pauvres, aux malades, aux infirmes, sans jamais caresser et flatter les uns, ni contrister ou humilier les autres.

Permettez-moi, Monsieur, de terminer cet entretien déjà trop long, je le crains du moins, en vous adressant une question. Vous est-il arrivé quelquefois d'avoir la douleur de rencontrer le long des rues de notre grande cité, un homme du sanctuaire, tout déformé, ayant perdu le pli sacerdotal, et déjà systématiquement façonné aux allures citoyennes, bourgeoises? N'est-il pas vrai qu'un prêtre ainsi déformé, inodore, terne, n'est plus qu'un fantôme et une ombre vide de la plus belle réalité? Quand la forme sacerdotale s'en va ainsi, Monsieur, il est bien à craindre que l'esprit ne soit déjà parti, et que, dans cette déroute générale, il ne reste plus qu'un nom menteur inscrit fatalement sur un sépulcre et un tombeau.

Ah! Monsieur, unissons encore ici nos prières et nos vœux : faisons une sainte violence au cœur de notre Dieu ; supplions-le dans ces temps si orageux et si difficiles, où notre pauvre patrie est lancée sur l'océan des tempêtes et des révolutions, de donner à cette capitale des pasteurs revêtus des qualités et des vertus dont nous venons de nous entretenir, c'est-à-dire, éclairés, sages, bons, pieux, irréprochables. Alors les peuples les honoreront comme leurs juges, les suivront comme leurs guides, et les aimeront comme leurs bienfaiteurs et leurs pères.

Je suis, avec un très-profond respect,

Monsieur, ****.

LETTRE IX.

GOUVERNEMENT PASTORAL. — ORGANISATION MATÉRIELLE.

Monsieur,

Après ces diverses considérations sur le curé et ses qualités personnelles, que vous avez bien voulu accueillir avec une bienveillance dont j'ai été profondément touché, oserai-je prendre un nouvel essor, et aborder un sujet dont la grandeur devrait déconcerter ma faiblesse? A quel titre, Monsieur, me sied-il de parler du gouvernement pastoral, de son organisation, de son personnel, de l'idée qui doit présider à sa direction? Ne devrais-je pas abandonner cette grande question aux vétérans du sacerdoce les plus vénérables par leur sagesse, par leur expérience et par leur mérite? Mais j'ai pris conseil de la pureté de mes intentions, de la bonté de Dieu; j'ai beaucoup compté sur votre indulgence et vos encouragements, et j'ai dû laisser de côté toutes les hésitations, pour suivre les inspirations de mon cœur et de ma conscience.

Le gouvernement d'une paroisse se compose de trois éléments qui concourent à sa solidité, à son unité et à sa puissance : l'élément matériel, l'élément personnel, l'élément spirituel. De là, trois choses à y organiser, et c'est, Monsieur, l'organisation de chacune d'elles qui va fournir le thème et la matière des entretiens un peu sérieux, un peu philosophiques même, que je me propose d'avoir encore avec vous : votre bonté et votre douceur y répandront leurs charmes accoutumés. Je commence par la première, qui est l'organisation matérielle, et je tâcherai surtout de faire ressortir l'idée qui doit y présider.

Quand Dieu voulut manifester à l'homme certaines vérités, il lui fallut un élément matériel, un moyen révélateur; il ne put le faire autrement que par la parole et une forme sensible. L'homme est composé d'esprit et de sens; il fallait, pour lui parler, s'adapter à sa nature et se servir de sons, autrement on n'en aurait pas été compris. Autre est la manière de se manifester à un esprit pur, autre est celle de se manifester à une intelligence servie par des organes, ou à un être composé de deux substances : voilà pourquoi la religion divine, chargée de parler au monde ou à l'homme collectif, s'adapte elle-même admirablement aux conditions de sa double nature; voilà pourquoi elle se révèle, se communique sous une forme sensible; voilà pourquoi aussi elle a un gouvernement visible, des organes, des temples, des pasteurs, des autels.

La religion de la nature, en général vague, rêveuse, sans dogmes, sans morale positifs, sans culte et sans temples visibles, est une absurdité et une absence de jugement. Elle ne tarderait pas à plonger le monde dans un affreux chaos. Il faut à l'humanité, qui ne vit pas de poésie, de fictions, mais de vérité, de foi, de charité; il faut des principes et une doctrine, des sanctuaires, des temples où elle puisse venir se recueillir, prier, s'instruire, adorer. Il faut à sa foi une forme sensible, un culte organisé. C'est une conséquence rigoureuse de la doctrine révélée. Ce culte ne peut pas être tout abstrait, tout métaphysique, ni tout intérieur, attendu que nous sommes composés de deux substances, et qu'il doit y être adapté. Aussi, voyez, Monsieur, comme l'Église catholique, admirable en tout, satisfait à ces deux besoins de notre nature, comme elle couvre le monde entier de ses augustes sanctuaires et basiliques destinés à cette double fin. Que de merveilles s'y accomplissent chaque jour! Un sanctuaire catholique est quelque chose de plus beau que les tentes patriarcales d'Abraham et de Jacob, que les tabernacles des Moïse et des David, que le temple si magnifique de Salomon. Il est, Monsieur, le centre de tout, le foyer de toute lumière et de toute charité. Tout gravite autour de cette maison sainte, l'enfance et la vieillesse, le riche et le pauvre. Tout le mouvement moral, intellectuel, part de là. C'est dans son enceinte que s'agitent, s'enseignent et se décident les grandes destinées de l'âme, se célèbrent les plus augustes mystères, et s'accomplissent les plus grands prodiges : tout doit y être harmonisé avec les besoins de l'âme : rien ne doit y être muet et silencieux pour elle. Un sanctuaire doit être un livre plein d'idées, plein de sentiments, plein d'impressions, où elle puisse toujours lire et comprendre. Les pierres elles-mêmes doivent parler : *Lapides clamabunt...* Voilà pourquoi un temple catholique doit être, moins la magnificence de l'art que la magnificence de l'idée et du sentiment.

Il est rapporté d'un grand peintre, que toutes les fois qu'il avait à composer un sujet religieux, il s'enfermait quelques jours dans la retraite. Il priait Dieu d'illuminer son âme et de la remplir tout entière de la beauté des choses célestes. Puis il revenait à ses pinceaux, et reproduisait sur la toile les plus pures inspirations du génie chrétien. Quand un artiste quelconque, Monsieur, est convié aussi à concourir à l'édification d'un temple catholique, il devrait imiter ce grand peintre et se bien convaincre qu'il s'agit bien moins, dans cette œuvre, des règles de l'art et des formes géométriques que de celles du génie de la foi catholique. Dans un architecte, il faut qu'il y ait toujours du poëte et du chrétien, j'allais presque dire du saint. Il faut que tout contribue au recueillement de la pensée et du cœur dans la forme d'architecture, dans la distribution de la lumière et du jour, dans la couleur, dans le mode de décoration, dans toutes les dispositions matérielles. Tout doit y aider et comme convier au recueillement, à la méditation, à la prière. Tout doit saisir religieusement les organes, impressionner salutairement les sens, émouvoir l'imagination, et préparer et faciliter ainsi les nobles aspirations de l'âme vers sa fin suprême et son Dieu. Rien, dans une église, ni les richesses, ni la magnificence, ni les vastes proportions, ni la sculpture rare, ni l'élégance, ne suppléerait à cette condition. L'absence de l'inspiration religieuse dans l'architecture et la distribution est un malheur pour une église, un non-sens, et entraîne avec elle les plus fâcheuses conséquences. Elle n'a pas, si je puis m'exprimer ainsi, d'écho ni de sonorité pour l'âme : il faut alors des efforts de zèle inouïs pour empêcher la désertion ; et si un digne pasteur, à force d'industries pieuses, parvient à la remplir de fidèles, cette négation de convenances catholiques et pieuses sera toujours une difficulté, un obstacle, une calamité pour lui.

L'homme est ainsi fait, et le peuple aussi. Son intelligence est servie par des organes. Si l'on veut avoir de l'influence sur lui, l'entraîner, il faut parler à ces organes, les flatter, les toucher et comme les inspirer par le spectacle des choses sensibles. Le génie du mal a bien compris, Monsieur, cette disposition naturelle au peuple : aussi, voyez avec quelle habileté meurtrière il l'exploite à son profit; voyez, dans nos théâtres, comme il sait ménager à propos les effets d'optique, de lumière, de couleur, pour flatter pernicieusement les sens et éblouir l'imagination. Voyez même, dans la grande question d'intérêt matériel, comme cette science ne fait pas défaut aux industriels et aux agents de commerce. Nos grands magasins, où l'art de l'étalage est si perfectionné, nous serviraient de modèle à cet égard. Ayons pour nos églises et le salut des âmes le génie des choses spirituelles, des moyens d'y attirer les fidèles, comme le monde a le génie des intérêts matériels et des scènes de plaisir.

Je me bornerai pour cette fois, si vous le voulez bien, Monsieur, à ces réflexions générales sur l'organisation matérielle dans le gouvernement d'une paroisse. Dans nos entretiens suivants nous l'étudierons en détail et dans chacune de ses branches, et nous reconnaîtrons sans peine qu'il n'y a rien de si matériel en apparence dans l'Église que l'on ne puisse transformer et spiritualiser au profit des âmes et de la gloire de Dieu.

Je suis, avec un très-profond respect,

Monsieur, ****.

LETTRE X.

LES FINANCES.

Monsieur,

Une église, sous le rapport matériel, est un pupille dont les intérêts temporels sont gérés par un conseil d'administration, et dont le curé est le tuteur naturel. Ce serait faire preuve de mauvaise logique, sans aucun doute, que de conclure de l'état matériel d'une paroisse dont l'église est le centre à son état spirituel, et réciproquement. Le niveau des finances n'est pas en raison du niveau spirituel, ni le niveau spirituel en raison du niveau matériel : il n'y a pas entre ces deux choses une corrélation absolue. Cependant, Monsieur, dans l'état actuel des choses et des conditions sociales où la religion fait son œuvre divine, ces deux états ont de fait une grande liaison et une sorte de connexité réelle. Cette question d'argent que l'on voudrait bannir de toute institution religieuse, et de la dispensation des dons de Dieu essentiellement gratuite, joue accidentellement un grand rôle dans le mouvement spirituel d'une paroisse, et exerce une immense influence sur le ministère d'un bon curé, dont elle devient un puissant auxiliaire. Elle élargit étonnamment les voies à l'œuvre spirituelle; rend la religion plus recommandable aux yeux du peuple, si accessible aux préjugés, en lui donnant une grande indépendance; laisse un libre essor au zèle du pasteur, soumis, sans cette ressource matérielle, à des obstacles insurmontables; ouvre une longue carrière à toutes les bonnes œuvres et à toutes les institutions; permet, dans tout l'ensemble du culte et des cérémonies, un plus grand déploiement de pompe extérieure et un appareil plus propre par sa magnificence à parler aux organes et aux sens des pieux fidèles, et devient ainsi un puissant et presque indispensable moyen d'action pour un curé intelligent et actif. Il a donc de graves raisons pour ne pas négliger cette importante gestion des fonds de sa paroisse et de son église, et aviser aux moyens de les faire prospérer par une sage et vigilante administration.

Vous n'attendez pas de moi, Monsieur, que je discute ce sujet des finances comme un ministre d'État : je n'en ai ni l'habileté, ni la capacité, ni l'expérience. Aussi, en raisonnant sur les finances si modestes de nos églises, je n'invoquerai que les règles du bon sens. Le premier principe, suivant moi, d'une bonne gestion, c'est de conserver; et le second, c'est de féconder : conserver et féconder, voilà tout le grand problème financier; pour conserver, il faut de l'ordre. Combien de fois nos tribunes politiques n'ont-elles pas retenti, à tort ou à raison, de cette parole : *De l'ordre dans les finances!* Le désordre, en cette matière, mène au gaspillage, à la dissipation, à la ruine; et quand les ressources matérielles de l'Église seront détruites, quand elle ne possédera plus rien, que deviendra la vie intérieure, le mouvement apostolique? Il sera comme arrêté, embarrassé par cette gêne et cette souffrance financières. La première condition pour bien gérer les finances est donc de les conserver par l'ordre.

La seconde condition c'est de les féconder : c'est un capital destiné, non pas comme autrefois, au rachat des captifs et des esclaves chrétiens, mais au rachat des âmes esclaves du démon, à ouvrir de nouvelles voies à l'Évangile, à décupler, centupler, multiplier à l'infini les conquêtes spirituelles. Cet argent, cet or, bien réduit d'ailleurs de nos jours, par un procédé céleste, une alchimie divine, se transforme, se métamorphose, et devient charité, zèle, propagation, apostolat. Ce que l'on a si bien dit du sol apostolique, peut se dire de tous les deniers de l'Église. Il faut donc les féconder; et comment, Monsieur? Par une économie judicieuse, intelligente et non étroite et minutieuse, une comptabilité parfaitement régulière, une grande prévoyance, un contrôle sévère de la fidélité de tous les agents du trésor, et une solution exacte des dettes, en évitant de les laisser s'accumuler : ne pas dissiper, c'est recueillir. Il n'est pas défendu non plus au bon curé, zélé pour les intérêts de son pupille sacré, de les faire fructifier et produire par des moyens licites et avouables au point de vue de la morale et de la conscience. Placé intendant dans la maison de Dieu, comme Joseph à la cour de Pharaon, il doit la faire prospérer, et abonder par une sage et féconde administration. Mais qu'il n'oublie pas qu'il est aussi intendant des intérêts spirituels de la grande famille, et qu'il ne doit pas être l'homme du fisc pour le fisc, mais l'homme du fisc pour les âmes dont le salut est la fin dernière de tout, et doit prévaloir surtout et partout. D'ailleurs, l'expérience nous apprend que si le mouvement spirituel trouve une grande impulsion dans les ressources matérielles de la paroisse, il ne laisse pas aussi que d'agir et d'influer à son tour sur l'état prospère de celles-ci : « *Faites de bonne politique*, a dit un des plus habiles financiers de notre époque, *et vous aurez de bonnes finances*. Je dirai aussi, en changeant la phrase, à MM. les curés de Paris : *Faites de l'apostolat, et vous aurez des finances*. » Dans l'Église, la richesse spirituelle et la richesse temporelle sont, comme l'âme et le corps, liées par un mystérieux anneau. Si les sacrements sont établis pour les hommes et pour leur salut, les deniers de l'Église ont la même destination. Un curé ne doit jamais les enfouir ni les détenir au détriment des besoins spirituels du peuple, mais les y faire servir et les y consacrer généreusement. Cet argent, inhabilement employé et d'une manière inféconde et improductive pour l'œuvre de l'apostolat, protesterait secrètement contre l'usage que l'on en ferait, au lieu que, spiritualisé, sous la main d'un intendant intelligent et spirituel lui-même, après des transformations plus admirables les unes que les autres, il produirait au centuple d'abondantes bénédictions et conversions en ce monde, et des trésors impérissables dans l'autre.

On ne saurait exprimer la profonde tristesse que le peuple ressent quand il a sous les yeux le spectacle d'un pasteur trop préoccupé des intérêts matériels, même pour le bien de son église; quand il y met trop d'âpreté et un esprit de parcimonie étroite; son ministère et son crédit personnels en souffrent notablement, et on en conclut que c'est un esprit resserré, sans générosité et sans élévation. Le plus mauvais esprit qui puisse s'introduire dans une église, dans une sacristie, c'est l'esprit de fiscalité, l'esprit de comptoir. Un curé intelligent doit l'écarter de sa paroisse avec vigilance, ne pas en tolérer le plus léger symptôme ni dans les choses ni dans les personnes. Il n'y a rien de plus détestable ni de plus fatal que cette tendance. Le ministère le plus beau, le plus spirituel, le plus sacré, ne devient plus alors en réalité qu'une question de tarif, et le hideux fantôme de l'avarice est substitué à la miséricordieuse image du Dieu de l'Évangile.

J'ai toujours plaint du fond de mon cœur, Monsieur, les ecclésiastiques obligés, d'après le système pratiqué dans les paroisses, de mêler leurs mains sacerdotales à l'or et à l'argent, et de débattre des intérêts d'un ordre si inférieur par des règles de calculs et de chiffres.

Vis-à-vis de qui? vis-à-vis des fidèles eux-mêmes, dont ils traitent les intérêts spirituels et éternels. J'ai entendu des confrères vénérables regretter de voir le prêtre engagé dans cette sphère matérielle, asservi à cette pénible tâche, et gémir de ce que l'on ne cherchait pas le moyen d'en donner l'intendance à un laïque, tout en sauvegardant les droits et les intérêts du clergé et de l'Église. Il y a, d'après leurs sentiments, une sorte d'incompatibilité entre les fonctions spirituelles et toutes divines du prêtre, et ces fonctions matérielles et toutes mercenaires. Je ne partage pas leur opinion, et ne reconnais pas cette incompatibilité d'une manière absolue. J'en donnerai les raisons, Monsieur, quand viendra la question des convois et des mariages; mais je déclare, avec eux, qu'au moins il serait à désirer que ceux à qui elles sont confiées les remplissent avec toute la délicatesse, toute la prudence, tout le désintéressement possible; qu'ils en écartassent tout air d'exaction et d'âpreté; qu'ils n'y apportassent pas la dureté ni l'inflexibilité d'un nombre ou de la lettre, mais la douceur et toute la miséricorde de l'Évangile, dont ils sont les organes; qu'ils rachetassent ainsi par les formes les plus aimables, les plus suaves, ce que ces fonctions ont de pénible et d'odieux en elles-mêmes.

Telle est, Monsieur, ma manière d'entendre l'administration des deniers de l'Église; telles sont mes idées sur l'art de les conserver et de les féconder, et surtout sur le but et la destination de leur gestion, qui doit être tout apostolique et toute spirituelle. J'aime à penser, Monsieur, que vous les partagez vous-même, et que nous n'avons sur ce point qu'un même et commun sentiment.

Je suis, avec un très-profond respect,

Monsieur, ★★★★.

LETTRE XI.

PLACEMENT DES FIDÈLES.

Monsieur,

Vous allez vous étonner sans doute de l'énoncé même du sujet que je choisis pour notre entretien de ce jour, le placement des fidèles dans l'église. Quelle question! direz-vous; à quoi bon s'en occuper? Quel rapport peut-elle avoir avec les intérêts spirituels d'une paroisse? Il est bien vrai, Monsieur, qu'à ne considérer cette question qu'à sa surface et d'une manière superficielle, elle n'a aucune valeur ni aucun prix, et semble mériter la grande indifférence qu'on lui a malheureusement trop souvent accordée jusqu'ici. Cependant, Monsieur, ne préjugeons pas : examinons mûrement ensemble les liens d'affinité que cette question du placement a avec le spirituel, et la profonde attention qu'elle demande : vous ne tarderez pas à reconnaître que l'intérêt des âmes y est impliqué, et que ce n'est pas sans raison que les pasteurs les plus sages et les plus saints y ont attaché une grande importance. Je vous en fais juge, et je compte sur votre excellent jugement, qui ne vous fait jamais défaut.

Je dis donc, Monsieur, que la seconde branche de l'organisation matérielle d'une église de paroisse, c'est le placement des fidèles et le mode à adopter dans ce placement. Il y a eu sur ce sujet, sous le rapport des convenances, sous le rapport vulgaire et humain et non sous le rapport spirituel, beaucoup de discussions, beaucoup de critiques, beaucoup de réclamations même, plus ou moins justes, plus ou moins fondées, au point que la sollicitude de l'autorité diocésaine a été éveillée et s'en est préoccupée sérieusement. Il ne m'appartient pas de me prononcer trop affirmativement sur ces divers systèmes, mais je crois pouvoir poser en principe que dans une assemblée chrétienne, composée de fidèles, de frères, de riches, de pauvres, d'enfants, de vieillards, il est fortement à désirer que tous y aient accès et soient assis, non-seulement d'une manière quelconque, mais convenablement et commodément. Il y a en cela de très-grands avantages que je ne veux pas énumérer tous ici. Je me bornerai à citer les plus frappants et les plus remarquables.

Le premier avantage d'un placement général, commode et convenable, est de donner à l'assemblée une belle surface, et de flatter l'œil par la belle ordonnance d'ensemble qui préside à tous les mouvements et à la forme. L'aspect d'une grande réunion populaire, parfaitement compacte, sans pression extérieure, parfaitement disposée, et où chacun est à sa place et ne gêne personne, fait toujours plaisir par son harmonie.

Le second avantage qui résulte de notre système, c'est qu'il lui donne une physionomie de famille et le vrai caractère chrétien, cet ineffable *cor unum et anima una* des temps primitifs. Nous souffrons beaucoup des contrastes, et nous sommes malheureux des comparaisons et des rapprochements. La misère d'autrui, le spectacle de la détresse du prochain influe toujours plus ou moins sur le bonheur du riche, et y répand ordinairement une sorte de tristesse et de mélancolie involontaire. Le malheureux éprouve la même impression en sens inverse. Or, Monsieur, dans une combinaison de placements dans le lieu saint, où les uns seraient confortablement assis avec tout l'étalage du luxe et de la richesse, et où les autres, déjà fatigués par des travaux pénibles et des privations quotidiennes, seraient condamnés à rester debout et traités comme des parias et des interdits, le contraste existerait avec ses caractères les plus odieux, et les circonstances du lieu le rendraient plus pénible encore pour tout cœur chrétien et sensible. La pensée évangélique, si aimable et si fraternelle, serait comme blessée, méconnue et complétement désavouée dans une telle disposition; mais elle protesterait dans tous les cœurs, dans tous les esprits et dans toutes les bouches, contre cette violation qui serait faite à sa touchante loi d'amour et de prédilection pour les pauvres et les petits.

Le troisième avantage, Monsieur, du placement populaire, c'est de concourir dans une immense proportion au bien-être spirituel des âmes, et d'être un puissant moyen d'attraction pour les fidèles. Qui ne sait, Monsieur, combien l'âme est gênée et souffre dans ses exercices, quand le corps, qui est son instrument et son serviteur, est lui-même gêné et souffrant? Rien n'arrête tant le mouvement de sa pensée, ne trouble tant son mystérieux recueillement et ne comprime tant l'essor de ses brûlants désirs, que les tiraillements des petites gênes et les incommodités agaçantes dont le corps a à gémir et à se plaindre. Un double malaise en résulte, dont la conséquence fatale amènerait bientôt l'abandon de l'église et la désertion de ses pieuses solennités.

Le peuple est comme un enfant, et les causes les plus accidentelles, les plus futiles, l'éloignent quelquefois des pratiques saintes pendant de longues années, quelquefois pour toujours. Plusieurs années d'expérience et de direction des consciences m'ont appris que la perte ou le salut d'un grand nombre d'âmes tient souvent à un grain de sable, à un atome, à de simples accidents dont la grâce ou le démon profite. Dans les paroisses, Monsieur, combien ne voit-on pas naître, tantôt dans les choses, tantôt dans les personnes, de ces accidents que j'appellerai fatals! Un écueil malheureux surtout, — permettez-moi, Monsieur, de le dire en passant, — pour la piété des fidèles, est la perception des chaises. La taxe la plus réduite et la plus minime, pendant toute une année religieuse, est pour les familles pauvres un impôt trop onéreux et relativement exorbitant. Devant cette insuffisance de leurs moyens, elles sont placées entre deux extrémités également odieuses. La première serait une abstention complète de tout office payant, et ce serait le plus affreux malheur; la seconde serait d'y assister, mais à genoux ou debout. Or, Monsieur, ce système si dur, si inhumain dans son principe, est impraticable dans son application, à cause des conséquences fâcheuses qui en résulteraient; il blesserait toutes les convenances sociales, économiques, morales. Que de familles dont la misère et la détresse sont renfermées dans le sanctuaire domestique et comme voilées! elles cachent leur pauvreté au public, comme on cacherait le vice même; elles mettent même à la dissimuler tout l'art et toute l'industrie dont elles sont capables. Pourquoi, Monsieur? pour sauver l'honneur d'un nom, d'une famille, peut-être les débris d'une fortune ou d'une position qui tombe, se ménager des relations, conserver une clientèle. Or, les familles les plus pauvres, surtout industrielles, ouvrières, sont toutes dans ces conditions délicates; comment concilier ces intérêts réels et décisifs avec l'assistance aux offices au milieu des pauvres, sans chaise et sans une place convenable? N'est-ce pas afficher sa pauvreté que l'on voulait tenir secrète, et la donner en spectacle? En mettant de côté toutes les questions d'amour-propre, que l'on doit encore respecter dans ce cas, qui oserait exiger de ces familles ces sacrifices héroïques, ceux de leurs dernières ressources? En outre, Monsieur, il y a là de hautes convenances, des convenances morales à sauvegarder, pour les familles même notoirement pauvres. Ne serait-ce pas une chose déplorable que de laisser pêle-mêle, au milieu de la foule des curieux, de jeunes enfants pieux, des jeunes filles délicates et vertueuses dont le cœur est honnête, riche de candeur et d'innocence? Cependant, si vous leur fermez les barrières des enceintes réservées, où iront-elles? que deviendront-elles? De quel triste spectacle n'est-on pas témoin, à cet égard, au sein de nos grandes paroisses de Paris? Que de jeunes ouvrières, enfants si intéressantes et si courageuses, ne voit-on pas entendre la messe agenouillées sur la dale froide et humide, après une semaine de veilles et de labeur, parce que les besoins urgents de la famille ont absorbé tout le salaire et le produit de leur travail! Que de jeunes filles de magasins et souvent de famille on a la douleur de voir dans la foule, froissées, poussées, pressées, et exposées à toutes les inconvenances! Est-ce qu'il n'y a là rien à faire, à modifier, à réformer? Qui oserait le nier, Monsieur? Malheur au pasteur qui demeurerait indifférent à ce triste spectacle! c'est à lui à concilier toutes les exigences des positions, des convenances et des intérêts de tous, avec les intérêts de la religion, de l'Église et des âmes. Ce sont de ces problèmes de l'ordre le plus élevé qui, comme tant d'autres dans le ministère pastoral, se résolvent, non pas par des raisonnements ou des opérations arithmétiques, mais par les opérations plus sûres du tact, de la bonté et de la charité du cœur. Toute politique, tout gouvernement doit tendre à un but moral; mais la pensée dominante, la pensée unique du gouvernement pastoral doit être de sauver les âmes et de tout subordonner à cette fin : *salus populi suprema lex*. Voilà la loi suprême pour un curé : c'est là le but final de son sacerdoce, de sa charge, de ses œuvres, de l'Église et de Notre-Seigneur. Il doit donc écarter tout ce qui, directement ou indirectement, s'y opposerait, renverser les barrières, faire fléchir toujours les intérêts matériels devant les intérêts spirituels, les questions de personnes devant les questions de choses et de devoirs, dans les cas de conflit qui peuvent se rencontrer. Il doit élargir au peuple la voie de Dieu, favoriser et exciter même tous ses instincts religieux et tout son élan vers la piété, et ne pas lui susciter maladroitement des difficultés fiscales, mille fois regrettables dans l'œuvre de Dieu.

Je le sais, Monsieur, on ne peut pas, dans l'église elle-même, renoncer en principe aux produits de la recette annuelle, ni négliger entièrement la question d'argent. Je reconnais même son importance et sa grande nécessité, comme il me semble l'avoir assez montré dans les raisons que j'ai données en faveur de la bonne administration des finances dans une paroisse bien organisée : mais, ce principe admis et accepté, il s'agit d'en faire l'application, et de discerner les circonstances où il faut en presser l'exécution, celles où il faut le modifier, l'adoucir, l'interpréter selon l'esprit, et celles enfin où il s'efface complétement. Qui fera ce discernement?

Qui sera chargé de commenter en détail cette loi du trésor (je regrette de me servir de ce mot, devenu bien impropre pour nos églises depuis longtemps), si scabreuse, si féconde en bons ou en mauvais résultats, selon la manière dont elle est appliquée. J'ajouterai que le principe de la non-gratuité des chaises est une nécessité résultant de l'état actuel des choses. Le tarif fixé par l'autorité ne peut être supprimé, ce serait tarir toutes les sources de vie de la paroisse et du culte. Il ne pourrait être aboli qu'à la charge par l'État d'y suppléer par une indemnité proportionnelle et convenable; mais le chiffre de ce tarif ne peut-il pas être abaissé et réduit à son minimum? Les ressources des paroisses ne le permettent-elles pas? N'en a-t-on pas des exemples dans certaines paroisses florissantes?

De plus, est-il bien démontré, Monsieur, que ce serait causer un grand préjudice aux finances que de réduire le prix des chaises à son minimum? Ne serait-ce pas au contraire un moyen excellent d'élever leur niveau, en décuplant, en centuplant peut-être le nombre des locations par cette mesure conciliatrice, qui aurait l'immense avantage de satisfaire en même temps aux intérêts éternels des fidèles? N'y aurait-il pas dans le nombre une compensation abondante et surabondante à ce que l'on pourrait perdre dans l'abaissement de la taxe? Pour moi, Monsieur, c'est mon opinion, et je n'hésite pas à l'affirmer. De plus, que de ressources un curé industrieux n'a-t-il pas entre les mains pour procurer des places gratuites dans son église! Est-ce qu'il ne trouverait pas dans les inventions de son zèle et les industries de sa charité le moyen de procurer une chaise gratis à tous les pauvres reconnus ou cachés de sa paroisse, chaque dimanche et les jours de fêtes? Croyez-moi, Monsieur, cela vaudrait mieux pour eux que la poule au pot que Henri IV souhaitait, chaque dimanche, à tous les paysans de son royaume. Pardon de mêler cette citation qui m'échappe dans un sujet si sérieux.

Quant au mode de perception à suivre, que de considérations n'aurai-je pas à présenter sur ce sujet! Je regarde comme une chose de la plus haute importance de ne confier la gestion des chaises qu'à une personne notoirement vertueuse, et par conséquent probe et honnête, intelligente et capable, mais surtout douée de discernement et du tact le plus délicat. Je voudrais voir en elle l'esprit, la charité, la douceur et la discrétion du curé, et seulement la main d'un percepteur. Une personne aux manières rudes, aux procédés brusques, âpre dans ses fonctions, absolue dans ses droits, ayant vis-à-vis des fidèles les allures d'un impitoyable officier du fisc, est une plaie et une calamité dans l'église; à elle seule, dans les détails de sa charge, elle aliénerait à la longue tous les paroissiens de l'église, et finirait par la faire déserter. Voilà pourquoi cette nature d'emploi va mieux à la douceur et à la politesse d'une femme sage et notoirement respectable, qu'à un homme, ordinairement plus violent. Un bon pasteur doit donc choisir son percepteur de chaises entre mille, et ne l'accepter qu'après des renseignements positifs sur sa personne et ses antécédents.

Je borne là, Monsieur, ces considérations sur cette question du placement des fidèles. Je ne sais pas si j'ai atteint mon but, et si elles sont de votre goût : veuillez, Monsieur, dans vos moments libres, les examiner, les peser, et me communiquer votre appréciation, qui a tant de valeur et de poids à mes yeux.

Je suis, avec un très-profond respect,

Monsieur, ****.

LETTRE XII.

ORNEMENTATION DE L'ÉGLISE.

Monsieur,

Cet entretien va rouler encore sur un sujet qui, au premier aspect, semble étranger à l'ordre des choses spirituelles, ou n'y avoir qu'un rapport bien éloigné. Est-il vrai que l'art d'orner et de décorer nos sanctuaires catholiques implique de graves intérêts spirituels, et qu'un pasteur ne saurait être indifférent sur les règles à suivre et le genre à adopter? Est-il vrai que l'art chrétien doit refléter partout la pensée et le sentiment catholiques, et les faire entrer dans les intelligences et dans les cœurs par les yeux et par les impressions des sens? C'est encore, Monsieur, une de ces questions importantes que nous allons essayer de résoudre ensemble, si vous le voulez bien : mais, auparavant, je veux protester et m'élever hautement contre l'opinion étrange d'hommes plus étranges encore, qui demandaient que nos églises et nos temples catholiques demeurassent dépouillés et nus de tout ornement intérieur, par respect et par amour pour les règles de l'art, qui doit se manifester seul, et être livré à l'admiration dans toute sa pureté de forme, et sans que l'œil soit distrait ou empêché par aucun corps étranger. Je respecte, Monsieur, toute la susceptibilité jalouse des artistes, et m'incline devant leur autorité; mais, comme chrétien et comme prêtre, je repousse et réprouve ce système sans sentiment, sans inspiration, sans idée, et partant ennemi de l'art chrétien, dont le terme et la fin sont de parler aux sens, et de leur révéler quelque chose des beautés de la foi et de la religion. Ce système, qui n'est autre chose que le matérialisme de l'art, ne tendrait à rien moins qu'à faire de nos églises des monuments d'athéisme et la négation de toute idée religieuse. Il leur communiquerait fatalement ce froid glacial qui tue le cœur et la piété, ce silence de la mort et de l'indifférence qui nous serre le cœur et nous oppresse la poitrine quand nous entrons dans les temples de l'erreur et de l'hérésie. Qu'un philosophe puisse communiquer directement avec Dieu sans aide, sans intermédiaire, sans le concours des organes, par la seule force de son génie; que, par sa puissance d'abstraction, il ait le don d'atteindre les plus hautes vérités métaphysiques, cela peut être : mais tout le monde n'est pas philosophe, Monsieur; l'humanité n'est pas philosophe; le peuple, les enfants, les femmes, les vieillards, tout cela n'est pas philosophe, et tout cela est né pour connaître Dieu, l'aimer et le servir; tout cela a besoin de lui demander le pain qui nourrit le corps et celui qui nourrit l'âme, de le prier et de s'élever vers lui. Il faut donc à l'humanité tout entière des moyens intermédiaires, un véhicule pour la mettre en rapport avec les vérités surnaturelles et le souverain bien.

Que les poëtes, à leur tour, à imagination vagabonde, aient le privilége de communiquer avec Dieu sur les montagnes, au sein des forêts, sur le rivage des mers; que leur âme y reçoive des illuminations et des impressions que l'on ne saurait traduire, je le veux bien encore : mais le peuple, lui qui est un profane, et par conséquent ne connaît ni le culte des forêts, ni le culte des montagnes, ni le culte des mers, où ira-t-il recevoir les illuminations et les impressions dont il a besoin, parce qu'il doit vivre aussi du pain de la vérité? Enlevez-lui son église, qui est le centre de tous ses souvenirs, de toutes ses affections, de toutes ses traditions; enlevez-lui ce qui y révèle à son cœur et à sa foi les vérités les plus pures et les plus sublimes, ce qui est son livre, tous les symboles, figures, ornements pieux, images, et vous aurez bientôt le triste plaisir de le voir marcher vers l'abrutissement et le matérialisme le plus épouvantable.

Que les artistes, préoccupés de leur art et de leur passion, se complaisent dans la régularité des lignes, dans l'élégante proportion des formes, dans la vaste conception des plans, dans leur hardiesse et dans leur parfaite exécution, je le comprends; mais l'enfant du peuple, qui n'a jamais cultivé les arts, qui ne va pas à l'église pour les étudier, n'est guère disposé à en admirer les œuvres, les chefs-d'œuvre même et les beautés jusqu'à la contemplation. Il a un autre but plus grave, plus important et plus élevé en venant dans nos églises : elles sont pour lui la maison de Dieu, et il y vient épancher son cœur dans de ferventes prières, y apprendre la science des vérités révélées et l'art de vivre, non pas en vue du temps, mais en vue de l'éternité.

C'est donc, Monsieur, une pensée raisonnable, éminemment chrétienne, sainte et apostolique d'orner l'enceinte de nos temples d'objets pieux, symboliques, de leur donner une physionomie animée, vivante, et où tout élève, parle, transporte et inspire l'âme. Aussi, voyez avec quelle magnificence l'Italie, cette patrie des arts et le centre du catholicisme, orne ses majestueuses basiliques; comme tous les chefs-d'œuvre semblent s'y être donné rendez-vous pour pénétrer l'âme pieuse des plus douces émotions; comme tout y est disposé pour parler aux sens, et par les sens à l'esprit et au cœur. Là le philosophe oublie qu'il est philosophe, l'hérétique qu'il est hérétique, le poëte qu'il est poëte, pour se retrouver tous spontanément, et par la magique impression du lieu, chrétiens et catholiques. Au contraire, parcourez, Monsieur, les froides régions protestantes de l'Allemagne et de l'Angleterre; quelle différence! Visitez cette superbe cathédrale protestante de Londres, Saint-Paul; comme c'est beau, mais comme c'est vide pour l'esprit et pour le cœur! Il y a là le génie du fameux Wren, mais aussi le lugubre génie de l'hérésie, le silence et la mort. Rien n'y parle de Dieu, rien n'élève, rien ne console. L'âme y éprouve une tristesse mortelle. La pensée de Dieu en est bannie, et le fantôme hideux de l'athéisme y apparaît de toutes parts. Les protestants eux-mêmes nous rendent une éclatante justice, et reconnaissent que nos églises catholiques, comme toutes nos cérémonies, ont une supériorité incontestable sous ce rapport, un caractère plus populaire, plus sentimental, plus vrai. Que de conquêtes journalières faites dans les rangs de l'hérésie par les seules émotions reçues dans nos églises, et les touchantes impressions senties et éprouvées à l'aspect de nos saintes cérémonies ! N'a-t-on pas vu une fière reine protestante du Nord, Christine de Suède, abjurer l'hérésie et embrasser la religion catholique, après quelques visites pleines d'émotion à Saint-Pierre de Rome, cette merveille des arts et de la foi ? Ces exemples se reproduisent chaque jour et se renouvellent sous nos yeux.

Ah ! Monsieur, combien la vue d'un objet pieux remue profondément l'âme chrétienne ! Que j'aime à voir, dans un des sanctuaires augustes de la catholique Espagne, sainte Thérèse, agenouillée au pied de l'image de son Dieu crucifié, et se relever tout inondée de consolations et transportée d'amour. Un disciple de Luther nous rapporte à ce sujet un trait bien touchant, et qui dénote à lui seul ce que peut sur les âmes le spectacle des images pieuses. Je vous demanderai la permission de vous le citer ici ; il résume à lui seul toute ma théorie sur l'art d'orner nos églises. « Je visitais, dit-il, un jour un monastère de l'Allemagne, peuplé des religieux disciples de saint François d'Assise. En parcourant les galeries d'un cloître obscur, je rencontrai au fond d'un sanctuaire qui y était placé un religieux agenouillé au pied d'une croix. Sa physionomie, pleine de douceur, portait des traits angéliques et une expression toute céleste. Son âme tout entière était ravie par la contemplation de cette divine image ; des larmes abondantes coulaient de ses yeux et inondaient son visage. Je m'approchai respectueusement de lui, et, le touchant doucement à l'épaule : *Mon frère,* lui dis-je en lui montrant l'objet béni qui tenait son âme comme suspendue, *cette image est bien belle. — Oh! oui,* me répondit le saint religieux, *cette image est bien belle, mais l'original vaut mieux encore,* en me montrant le ciel. » Le disciple de Luther se retira profondément ému de ce spectacle, et en conserva le souvenir toute sa vie. On a, Monsieur, dans cette scène attendrissante, un petit tableau de l'humanité tout entière surprise dans son expansibilité naturelle. C'est un admirable abrégé de toutes les dispositions du cœur humain et du merveilleux empire qu'ont sur lui les vérités et les sentiments religieux traduits à ses regards par des images, des tableaux, et comme mises en scène devant lui. Il y est irrésistiblement attiré, et en reçoit toujours une impression salutaire et durable. Cela est incontestable pour quiconque en a tant soit peu étudié les phénomènes intérieurs. Confiez aux yeux du peuple ce que vous voudrez faire arriver à son cœur, et vous aurez toujours le secret de le toucher et de l'émouvoir. C'est un principe tellement évident, tellement admis par le sens commun, que je regrette d'y avoir insisté si longtemps.

Au-dessous du principe, Monsieur, il y a la question d'application. Autre est l'art d'orner un monument destiné à des fêtes profanes et mondaines, à des solennités purement civiles et patriotiques, autre l'art d'orner une église, où tout doit être saint et conduire à la sainteté. Un pasteur zélé, mais sans goût et sans la haute intelligence des convenances religieuses, pourra enrichir son église d'ornements précieux, la décorer magnifiquement, y faire briller l'or et l'argent, y accumuler les plus merveilleux produits des deux mondes, y entasser somptuosité sur somptuosité, si tout cela n'a pas un caractère catholique, est muet pour l'âme et pour le cœur, ne provoque aucun mouvement intérieur ni aspiration vers les grandes destinées, n'invite pas mystérieusement au recueillement et au repos de la prière, mais au contraire éblouit, distrait et dissipe l'imagination, il n'a rien fait, ou plutôt il a fait acte de mauvais goût et d'inintelligence du génie apostolique. L'art de bien orner une église doit réunir toutes les convenances locales, être approprié à sa destination. Tout le mérite de l'artiste catholique ne consiste pas dans le plus ou le moins de perfection de l'exécution ou de la forme matérielle, mais dans la beauté de l'idée et du sentiment qu'il en fait jaillir. Il faut qu'une vertu sorte de chacune de ses œuvres. Il doit faire converger toutes choses vers un seul centre, qui est la connaissance et l'amour du Dieu résidant dans la sainte Eucharistie. Il doit faire concourir chaque ornement, chaque tableau, chaque image, chaque mise en scène, à cette fin dernière de tout. Si dans les théâtres du monde le système de décors et d'ornementation est une conspiration vivante et animée pour corrompre l'âme par les sens, le système de décors et d'ornementation dans l'église, habilement dirigé et combiné, doit être une conspiration permanente et systématique pour la glorifier, la spiritualiser et la sauver par les sens. Tous les murs de son enceinte, tous ses autels, ses diverses chapelles, ses tableaux, ses statues, tout doit être une prédication sensible et éloquente pour les fidèles. Il y a dans Paris, Monsieur, un grand nombre d'églises ornées avec tout le goût, la piété, l'intelligence et même le génie apostoliques. Aussi comme l'âme y trouve les douceurs de la paix et du repos, comme elle y goûte d'ineffables consolations! Comme chaque enfant du peuple se dit à lui-même du fond du cœur : *Il fait bon demeurer ici : oh! c'est bien ici la maison de Dieu, et comme le vestibule du ciel!* Il y en a d'autres aussi où la richesse abonde, mais une richesse tout humaine, une magnificence d'ornementation, de décors, de dorure, toute matérielle, toute profane, et où rien ne cause à l'œil, à l'imagination, au cœur du chrétien ces émotions si douces, si onctueuses, si délicieuses, d'une piété sensiblement attendrie par le spectacle des représentations saintes.

Je me hâte de finir cet entretien, Monsieur; mais, auparavant, je veux ajouter un seul mot sur les fêtes accidentelles ou périodiques qu'amène le cours de l'année. Dans ces jours, il est tout naturel que l'Église revête ses habits de joie, et reçoive quelques ornements plus pompeux. On fait, à cette fin, un appel à la libéralité et au concours des fidèles, mais, plus souvent encore, surtout pour les réunions de catéchismes, d'associations, d'œuvres secondaires, on a recours aux magasins du tapissier. Celui-ci, qui défraye les fêtes profanes comme les fêtes religieuses, de la ville comme de la campagne, se met à l'œuvre avec empressement. Mais, hélas! trop souvent les tentures et les broderies dont il tapisse le lieu saint ont servi la veille à des fêtes profanes, mondaines et quelquefois scandaleuses. En les examinant de près, on y découvrirait encore les traces de leur odieux usage : c'est là, à mes yeux, Monsieur, une chose bien regrettable, et pas aussi rare dans nos paroisses qu'on le pense. Un curé sage et intelligent n'oubliera pas d'y porter son attention, et de veiller à ce que les chapelles, les autels ou les images de son église ne soient pas ornés de draperies, de festons, de guirlandes qui ont peut-être servi, la veille, à des scènes de barrière. J'aime mille fois mieux une pieuse simplicité, une sorte de pauvreté même, que ces vils ornements que l'on devrait toujours fouler aux pieds.

Je finis ces considérations sur cette question si importante de l'art d'orner nos églises : je l'ai traitée bien imparfaitement, bien incomplétement même; mais votre pénétration et votre jugement, Monsieur, sauront y suppléer, j'en suis sûr ; c'est ce qui me console et m'encourage à reprendre encore bientôt nos graves entretiens.

Je suis, avec un très-profond respect,

Monsieur, ****.

LETTRE XIII.

SERVICE DES OFFICES ET DES DIVERSES ADMINISTRATIONS DE LA PAROISSE. — PRÊTRE DE GARDE.

Monsieur,

Poursuivons la carrière dans laquelle nous nous sommes engagés, et continuons le cours de nos explorations à travers ce vaste champ du gouvernement pastoral : j'espère que nous aurons eu le plaisir d'y faire quelques bonnes découvertes, et d'y recueillir quelques faits importants. Au moins, Monsieur, si nos efforts ne sont pas récompensés par le résultat, nos bonnes intentions le seront devant Dieu. Je continue donc, et je termine le chapitre de l'organisation matérielle par l'examen du service des offices et diverses autres parties de l'administration. Cet objet est multiple; mais ses parties, matériellement distinctes et diverses, ont un lien commun et constituent un tout moral.

La première base, Monsieur, sur laquelle tout doit rouler, c'est l'ordre : l'ordre conduit à Dieu. Il n'y a pas de gouvernement possible sans ordre. Le désordre est ennemi du bien : il le trouble, l'arrête et le détruit en religion comme en toute autre chose. Le peuple aime l'ordre et l'admire partout, mais particulièrement dans les hommes et dans les choses de Dieu. Une paroisse où préside un ordre parfait, où aucun service ne souffre, et de laquelle tous les abus sont bannis, sera toujours une paroisse florissante. J'insiste d'autant plus volontiers sur ce point, que vous n'ignorez pas que le clergé est généralement, mais à tort, accusé de manquer d'ordre et de capacité en administration. Cet esprit d'ordre et d'exactitude, j'allais dire de ponctualité, doit se répandre sur les diverses branches du service, comme les messes, les offices et les autres parties diverses de l'administration.

La première branche des services généraux de l'église qui devrait attirer notre attention est, sans contredit, la sacristie, d'où tout part et où tout revient ; centre de tout mouvement, de toute communication, de toute l'administration elle-même. Que de choses, Monsieur, n'aurai-je pas, non pas à vous apprendre ni à vous révéler, mais à vous rappeler, sur les abus, sur l'esprit et la direction des sacristies. Je ne le ferai pas, cependant, aujourd'hui, et je me réserve de vous en parler quand se présentera la question du personnel et de son choix. Je le ferai plus explicitement alors ; mais, ici, je ne veux considérer les choses que sous leur rapport matériel et administratif, sans les envisager directement à leur point de vue spirituel. Ces réserves faites, j'arrive en droite ligne aux autres diverses parties du service général.

Le premier service à organiser et à régler pour le bon gouvernement d'une paroisse est celui du culte, des offices et des messes. Il faut tout ordonner et y mettre de l'harmonie, de l'exactitude et de la régularité. Ce n'est pas assez : il faut que cette ordonnance, cette harmonie dans le temps, dans les heures, ne soient pas purement mathématiques, mais selon la science, selon Dieu et selon les véritables besoins des fidèles. Si l'on fixe, pour les offices ou tout autre service de l'administration, un temps qui soit en sens inverse des convenances et de la commodité du peuple, l'ordre alors, quelque parfait qu'il fût, serait inintelligent, infructueux, et équivaudrait au plus affreux désordre. Il est donc nécessaire, Monsieur, que le temps des offices et des messes soit fixé d'après les besoins généraux des fidèles, de la masse du peuple, et que le même principe préside à la direction de toutes les autres parties de l'administration. La raison en est saillante, et ce n'est pas un pasteur aussi distingué et aussi vertueux que vous qui la contestera. Le curé est pour les fidèles, *pro hominibus constituitur;* les offices, les prédications, les administrations sont pour les fidèles : la conclusion logique est donc que le temps, les heures, doivent être accommodés aux convenances et aux diverses exigences des fidèles. La fin, c'est le peuple ; les moyens et les facilités doivent être pour lui. Les convenances personnelles, les convenances particulières ne doivent jamais être invoquées en pareil cas. Je ne dirai pas, comme le plus fameux capitaine des temps modernes, que les minutes sont tout et que les hommes ne sont rien; mais je dirai que les hommes doivent être toujours sacrifiés aux grandes choses d'intérêt religieux et public. C'est au pasteur à se faire tout à tous, au peuple, aux pauvres, aux ouvriers, au prix de sa santé et de sa vie même, pour les sauver et les gagner à Dieu. C'est là le droit inviolable des fidèles! malheur à quiconque le méconnaît et le nie! Il y a sans doute des égards, des déférences à avoir, des hommages à rendre pour des cas rares et exceptionnels; je suis loin de le méconnaître, Monsieur, et d'insinuer même d'y manquer : je recommanderais même une grande bienveillance et les ménagements de la plus délicate attention sur ce point; mais l'intérêt particulier et les questions de priviléges, même justes, doivent toujours céder devant l'intérêt général.

Avant donc de fixer les heures des messes, des offices, des prédications, il me semble qu'il conviendrait que le pasteur s'appliquât à faire préalablement sur sa paroisse, sur les éléments qui la composent, des études approfondies, afin d'avoir une statistique exacte de ses besoins, de ses habitudes, de ses convenances. Il serait bon de consulter les hommes sages et éclairés, de voir le peuple lui-même, d'analyser sa vie de travail, de famille, de tenir note et compte de tous ces renseignements, et de ne procéder que sur des données certaines pour régler les heures et les moments les plus favorables pour les offices et les prédications. Ne serait-ce pas, Monsieur, un contre-sens inqualifiable et antiapostolique que de les placer à une heure incompatible avec les autres devoirs impérieux des fidèles ? Serait-ce là un zèle intelligent, éclairé? S'il est difficile, peut-être même impossible, de concilier toutes les classes, dont les habitudes et les convenances sont différentes, il faut alors que le prêtre se dépense et se prodigue, comme dit l'apôtre, qu'il se multiplie et multiplie les offices, s'il en a la possibilité, mais à la condition de faire, dans toute hypothèse, une large part au peuple, à la partie du troupeau, ou mieux de la famille, qui porte le poids de la chaleur et du jour, qui souffre et qui travaille. Tous les égards, toutes les condescendances, tous les priviléges, s'il y en a, doivent être pour lui. Il faut aller à sa rencontre, et comme aider sa bonne volonté; il faut l'accueillir avec honneur au foyer de la vraie famille chrétienne, l'aimer et lui ouvrir la voie, et alors il bénira le pasteur, il bénira son ministère.

Un autre genre de service, Monsieur, qui est comme un supplément et un appendice à celui que je viens d'examiner, c'est la garde spirituelle du jour et de la nuit dans les paroisses de Paris. Elle se fait toujours par un prêtre responsable, vulgairement appelé le *prêtre de garde*, obligé consciencieusement de répondre à tous les cas de ministère échéants, comme les baptêmes, les administrations des malades... Il doit être à la disposition de l'église et des fidèles, pour des cas urgents, à toute heure du jour et de la nuit. Il ne saurait, sous aucun prétexte, se soustraire à la responsabilité qui pèse sur lui sans violer ses devoirs les plus sacrés, et encourir le blâme le plus mérité. C'est une question de justice pour lui, puisqu'il reçoit un honoraire pour cela; c'est surtout une obligation sacrée, puisqu'elle touche au salut des âmes. Il doit se considérer, dans cette fonction, comme une sentinelle spirituelle chargée de veiller sur la famille et la maison du Seigneur, et être comme à l'affût de ce qui se passe, de ce qui se dit, de ce qui arrive et de ce qui se fait. S'il est enflammé du zèle des intérêts des âmes, il sera fidèle à sa consigne sainte et à son poste d'honneur, et rien ne souffrira de ce qui relève de lui et se rapporte à ses obligations. Il aura des ailes pour voler auprès des malades et des mourants qui l'appelleront pour les administrer, pour les consoler. Il se multipliera, si les besoins se multiplient autour de lui. On le verra tour à tour aux fonts baptismaux pour y régénérer les petits enfants qu'il aura le bonheur d'introduire dans le sein de l'Église et d'enrôler parmi les citoyens du ciel, et au confessionnal pour y recevoir les confidences des consciences oppressées par le remords, et consoler les cœurs affligés. Le jour de garde sera son jour le plus beau, parce qu'il sera celui de son zèle, de sa charité, et partant celui de sa gloire et de ses mérites. Il se regardera comme le représentant du pasteur, dans ce jour et dans ces moments. Il aura, comme j'ai eu l'honneur de vous le dire plus haut, sa consigne sacrée, et elle sera inviolable pour lui. Il repoussera loin de lui la pensée vulgaire de recourir à de misérables stratagèmes pour se soustraire à son devoir, ou l'alléger par de vains prétextes d'absence ou de retard. Ce ne sera pas une corvée qu'il subira, mais une tâche belle et sacerdotale qu'il tiendra à honneur de remplir dignement et saintement. Le bon sens et l'amour du prochain le guideront en tout, et il ne lui arrivera jamais de témoigner le plus petit mécontentement, ou une marque de contrariété quelconque, quand il sera demandé, dérangé même, pour une administration ou un autre service peut-être un peu pénible ; mais, au contraire, il s'efforcera de refouler les mouvements de la nature, et se mettra à la disposition des personnes avec tous les égards désirables et l'empressement le plus édifiant. Il se rappellera qu'il est le prêtre du Seigneur qui se donne, et non un mercenaire à la tâche qui calcule et regimbe.

Voilà, Monsieur, un petit tableau peut-être un peu idéal et de complaisance du prêtre de garde de nos paroisses : j'ai moins voulu vous dire ce qu'il est que ce qu'il doit être, car je ne puis pas vous dissimuler que ce service laisse beaucoup à désirer. Que de tiraillements n'y remarque-t-on pas ! Que de misères n'a-t-on pas à déplorer ! Que d'accidents malheureux et à jamais regrettables qui arrivent dans la sphère spirituelle par la négligence du prêtre du jour ou de semaine! Que de lenteurs fatales pour des malades à l'extrémité! Quel scandale, ou du moins quelles impressions pénibles pour les familles! Que de plaintes ne recueillent pas, à cet égard, les pasteurs des paroisses les plus populeuses! Que d'accusations trop souvent fondées n'élève-t-on pas contre l'Église et le clergé! De plus, Monsieur, indépendamment des faits déplorables résultant des lenteurs, des absences non motivées, que de maladresses souvent dans la forme, dans les procédés, dans les paroles vis-à-vis des familles, vis-à-vis des pauvres malades qui demandent tant d'égards, tant de douceur, tant de charité! Quelle précipitation inconvenante, quel empressement malencontreux dans les visites des malades et l'administration des sacrements! C'est une tâche pénible que l'on a l'air de remplir, et non un devoir sacerdotal et de cœur; on est tout haletant, on a hâte d'en finir et d'abandonner le lit de la douleur et souvent de la pauvreté, sans y avoir abaissé un œil de pitié et laissé tomber une parole de consolation et de charité. Il arrive aussi souvent, et les pasteurs vigilants ne doivent pas le tolérer, que le prêtre de garde borne sa tâche à la visite officielle du jour, et abandonne le lendemain, dans un cas de survivance et de prolongation de maladie ou de convalescence, les malades qu'il a été appelé éventuellement à visiter et à administrer le jour où il était de service. Ces malades ne lui sont-ils pas naturellement acquis et ne prennent-ils pas place, et une place privilégiée, dans les rangs de sa clientèle spirituelle? Ne se doit-il pas à eux tout entier?

Toutes les considérations que je viens d'énoncer, Monsieur, et ce petit récit quasi historique de nos églises, prouvent que l'œil du pasteur doit se porter partout, comme celui qui est, finalement, chargé de tout, et dont l'honneur, la conscience et la responsabilité sont toujours en jeu, dans les actes de son clergé et de ses intermédiaires. Rien de plus important pour lui que la manière dont cette garde de la paroisse est faite. Malheur à lui s'il n'y intervient pas et s'il ne s'en fait pas rendre un compte journalier : c'est un poste qui devrait toujours être occupé par un homme capable, digne, adroit, exercé. Il est appelé souvent, d'une manière imprévue, auprès de malades difficiles, prévenus, mal entourés, pleins de préjugés, et dont les affaires spirituelles sont fort compliquées, et demandent à être traitées avec le plus grand tact, la plus grande sagesse et la plus grande habileté. Il arrive journellement qu'il a à résoudre des cas très-épineux, imprévus, et qu'il faut décider instantanément et sans hésitation. *Est periculum in morâ.* Ah! Monsieur, [le salut des âmes n'est pas, sans doute, en raison du choix de la personne; mais on est obligé de convenir que le choix du prêtre n'y est pas indifférent, et influe en bien ou en mal sur les dernières dispositions des mourants. Des défauts accessoires et accidentels dans tel prêtre compromettent le succès de son ministère, et des qualités accidentelles et accessoires dans tel autre lui donnent une pleine réussite. Prions donc, Monsieur, pour que nous travaillions tous à nous dépouiller de toutes nos faiblesses, à nous débarrasser de ces mille défauts inhérents à notre nature, afin que nous soyons acceptables aux yeux même les plus difficiles, et que nous ne devenions jamais, même accidentellement, même involontairement, une occasion de ruine pour personne.

Je suis, avec un très-profond respect,

Monsieur, ✶✶✶✶.

LETTRE XIV.

ADMINISTRATION DES CONVOIS.

Monsieur,

Il nous reste à compléter nos considérations sur cette première partie du gouvernement général de la paroisse par l'examen de deux importantes administrations, celle des convois et celle des mariages. Le curé y pourvoit quelquefois par lui-même en s'en chargeant personnellement, ou délègue à cet effet deux des prêtres les plus capables et les plus recommandables de son clergé, qui sont ordinairement les deux vicaires de la paroisse. A ces deux grandes fonctions se rattachent des intérêts de toute nature qui demandent à être traités avec zèle et science, tact et convenance. Ces deux messieurs ont en main les deux grands ressorts du mouvement de la paroisse : la tenue des registres, l'ordre et la convenance dans la rédaction des actes, le maniement des fonds et la comptabilité ; les rapports souvent les plus intimes et les plus délicats avec les familles, par suite de leurs fonctions, leur commandent beaucoup d'exactitude, beaucoup de conscience, une grande délicatesse de sentiments et de procédés. Permettez-moi, Monsieur, d'examiner succinctement avec vous les divers côtés de chacune de ces fonctions; nous les étudierons sérieusement et séparément dans les deux entretiens qui vont suivre, en commençant par les convois. Vous connaissez mieux que moi toute la gravité de ces hautes fonctions et tout l'intérêt qui s'y rattache.

Le caractère que revêt partout l'administration des convois est un caractère de douleur, de tristesse et de deuil; tout y pleure, pour ainsi dire; c'est un moment solennel pour une famille tout entière qui perd un de ses membres, et même pour l'Église, qui voit mourir un de ses enfants. Tous les souvenirs qui s'y rattachent, les circonstances qui auront précédé, suivi et accompagné le décès, ne s'effaceront jamais. Chaque chose, chaque personne aura un rôle dans ce triste tableau. Dans cette scène de douleur, le prêtre qui aura concouru à régler les derniers honneurs à rendre au mort y figurera. Son souvenir, sa personne, ses procédés, rien n'y sera oublié. Il importe donc qu'il inspire de lui une opinion favorable et qu'il produise une impression heureuse; il faut qu'il s'identifie avec la peine et les sentiments de la famille, et qu'il soit là véritablement l'homme de Dieu. Il le doit à la religion qu'il représente, au défunt lui-même, dont la dépouille doit être sacrée pour lui, à cause de sa glorieuse destinée. Cependant, comme l'or-

8.

dre est la première condition de toute bonne administration, il faut qu'il en mette dans celle-ci : c'est le moyen indispensable pour s'en acquitter dignement. Il doit donc faire de son temps un emploi méthodique, et prélever une grande partie des heures de sa journée qu'il consacrera à la direction des convois dont il est chargé. Il est à désirer, et même nécessaire, que, pendant ces heures déterminées par les besoins de l'administration, il soit à la disposition des fidèles, et qu'il leur appartienne tout entier. Les lenteurs, les retards, les alibi seraient regrettables en toute circonstance, mais surtout dans celles-ci, qui sont si graves et si douloureuses pour les familles. L'assiduité, la régularité et l'exactitude sont un devoir sacré pendant le temps prescrit pour ces sortes d'audiences. Il y a en cela un assujettissement pénible, des gênes, des inconvénients, des sacrifices, je le veux bien, et je le sens; mais il faut savoir les subir, et surtout les sanctifier. Celui qui ne sait pas se gêner en ce monde est peu propre aux affaires, et il doit y renoncer : il faut être avant tout des hommes de devoir et de conscience. Nous ne saurions trop le répéter, Monsieur, nous sommes pour le peuple, et non le peuple pour nous. C'est, du reste, une question de justice, et l'on ne s'en préoccupe pas assez. Il y a des honoraires affectés à cette charge; il faut les mériter... *Qui sentit commodum, debet sentire et onus.* Un homme sans ordre, sans régularité, sans exactitude, qui est à tout et qui n'est à rien, qui est partout et qui n'est nulle part, qui s'occupe de tout et ne s'occupe de rien, qui éparpille son esprit, son temps sur mille objets étrangers, et ne sait pas se renfermer et se concentrer dans la question du devoir, est un pauvre homme, à mon avis, un homme qui entrave tout, paralyse tout, et fait tout souffrir autour de lui. Si j'avais l'honneur et la charge d'être pasteur d'une grande paroisse de Paris, comme vous, Monsieur, je demanderais tous les jours à Dieu de me donner des confrères et des coadjuteurs pleins d'ordre, de régularité, et tout pénétrés de l'idée pratique de leurs devoirs. Ce sont là les vrais ouvriers qui fécondent le champ du Seigneur, et non pas ces hommes sans couleur et peu généreux qui ont oublié que le prêtre était l'homme de la gêne et du sacrifice, que sa vie devait être un dévouement et un sacrifice continuels.

Le prêtre directeur des convois doit donc avoir des heures fixées pour régler tous les cas qui se présentent et qui se rapportent à son administration : voilà le principe. Il n'est pas absolu ni d'une rigueur outrée. Si, accidentellement, et dans des cas rares, il se présentait quelque personne mandataire d'une de ces familles que la mort a visitées, en dehors des heures et du temps fixé, au lieu de l'accuser de négligence, de lui faire quelque reproche, de lui rappeler, dans un langage sec et bref, les heures d'audience et de bureau, et finir par l'éconduire, malgré le respect dû à la douleur, ce serait faire acte d'inintelligence du véritable esprit sacerdotal. Nous ne devons jamais, à mon avis, Monsieur, judaïser ni être esclaves de la lettre, mais être des hommes liants, souples, inclinés à la concession, à la complaisance et à la bonté obligeante pour les fidèles, toujours, en tout temps et partout. Au lieu d'un acte administratif à l'allure brute, matérielle, humaine, nous faisons, dans ces cas exceptionnels, un acte de vertu et de charité qui édifie et porte des fruits de bénédictions. J'ai toujours pris plaisir à considérer le prêtre comme un homme de besogne, actif sans empressement impétueux, comme disait saint François de Sales, expéditif et prompt en affaires. Ce serait une faute à lui de laisser les pauvres fidèles languir et se morfondre en les faisant attendre pendant de longues heures le moment de lui parler et de traiter de leurs affaires. Pourquoi ne pas épargner à ce pauvre peuple, que son travail et des besoins impérieux appellent ailleurs, cette perte de temps, ce surcroît d'ennui et de souffrance, et le renvoyer au lendemain ou au surlendemain, ou même aux calendes? Pourquoi ne pas lui donner, immédiatement, satisfaction pleine et entière, et mériter ainsi, à peu de frais, d'en être béni et aimé? Est-ce que cela ne vaut pas mieux? est-ce que ce système n'est pas plus doux et plus suavement sacerdotal?

Mais ce n'est pas assez, pour le prêtre directeur des convois, de mettre de l'ordre dans la fixation des heures consacrées à l'administration, et d'y être fidèle. Il y a encore les formes et les procédés à adopter dans l'accueil des personnes; il y a des règles communes toutes tracées par la politesse et la bonne éducation, que tout le monde connaît, et qui président ordinairement aux relations et au commerce de la vie. Celles-là ne suffisent pas pour le prêtre, qui est plus qu'un homme : on attend de lui, et on a droit d'attendre de lui quelque chose de plus. Il doit non-seulement être poli, mais encore se faire le serviteur de tous, et rendre à tous de sincères hommages de respect. Ce sentiment doit vivre toujours dans son cœur, mais il doit le démontrer surtout quand il a devant lui une famille que la douleur, que le malheur rend infiniment plus respectable. S'il y a des égards, des convenances à observer, il n'y en a pas de plus sacrés que ceux que commande la mort. Aussi le prêtre qui intervient en quelque sorte dans ces scènes solennelles des familles doit s'identifier avec elles, avec leur chagrin, leur douleur, leurs larmes même. Il doit montrer en tout les marques d'un profond respect, dans l'accueil, dans les paroles, dans la tenue : la religion lui en fait un devoir. Non-seulement il doit être respectueux, mais encore compatissant et plein de charité. Il faut que le cœur du prêtre paraisse même à travers une administration matérielle. Une aumône spirituelle, une parole de bonté, de consolation, tout cela fait un sensible plaisir : il y a dans cette voix du prêtre, dans sa parole, une vertu, une puissance d'adoucissement qui étonne. On emporte d'auprès de lui une impression favorable qui se communique et se propage. C'est une si belle œuvre, Monsieur, et une si belle mission de consoler les autres. Le prêtre en a le privilége, et il doit être jaloux et heureux de l'exercer partout. Il y a une classe qui a des titres plus privilégiés peut-être encore au bon accueil, à un accueil d'honneur : c'est celle des pauvres! Le malheureux a une double dignité dans ces circonstances funèbres, celle de sa pauvreté, et celle de la mort qui est venue visiter sa cabane et son triste réduit. La dépouille mortelle du pauvre est la dépouille d'une créature auguste et immortelle, et mérite tous les honneurs et tous les égards.

Quant à la question pécuniaire, Monsieur, je n'ose pas supposer qu'il y ait des prêtres assez oublieux de leur esprit sacerdotal, de leur caractère, de leur dignité, de leurs devoirs les plus sacrés, pour se laisser influencer par un intérêt bas et sordide : ce serait un bien grand malheur que de laisser percer même le soupçon que l'on n'est pas insensible au mouvement de hausse ou de baisse dans le chiffre du tarif et des recettes. Serait-il vrai, Monsieur, que des sentiments si indignes pourraient prendre naissance dans l'âme du prêtre et altérer la pureté de sa délicatesse et de son désintéressement? Je ne voudrais pas le dire ni le penser. Il doit donc, en traitant la question d'argent, en réglant le degré des classes, et en convenant avec les mandataires de la famille ou la famille elle-même du défunt des honneurs à lui rendre, mesurer ses paroles, et se garder d'influencer, indirectement même, les parties intéressées dans leur choix et dans leur résolution. Un simple conseil, une parole, une insinuation maladroite ou mal inspirée seraient fort regrettables et très-répréhensibles. Le rôle le plus sage pour le prêtre est de s'abstenir, de ne rien proposer, de montrer respectueusement le tarif des classes, et d'inscrire celle que l'on aura spontanément adoptée : c'est le moyen le plus sûr de faire honorer sa personne et son ministère, ainsi que la religion qu'il représente. Cette règle de conduite si sage, si prudente n'est cependant pas absolue; il faut toujours éviter de trop exagérer les choses; il est des circonstances où il peut et où il doit même intervenir, soit pour obliger des familles qu'il connaît personnellement, soit pour éclairer et diriger le choix et les arrangements de quelques fidèles incapables, pour cause d'ignorance et de simplicité, de le faire par eux-mêmes. Alors c'est un acte d'obligeance, de zèle désintéressé et de charité pure. Quand il est ainsi consulté, et que les circonstances de personnes et de choses lui permettent de s'immiscer dans les dispositions à prendre et de donner un conseil, il doit alors indiquer une classe correspondante et à la position et à la considération dont jouit la famille ou dont jouissait le défunt.

Il m'a été donné, comme je crois l'avoir dit plus haut, d'entendre quelquefois des prêtres bien honorables, chargés de l'administration des convois, se plaindre de cette direction comme étant d'une nature toute matérielle et peu en rapport avec tous les goûts et les occupations toutes spirituelles du prêtre. Avaient-ils raison, avaient-ils tort? Qu'en pensez-vous, Monsieur? Quelle est votre opinion? Pour moi, j'ai pu un instant adhérer à ce sentiment; mais, après y avoir mûrement réfléchi, je suis loin d'être de leur avis; et voici mes raisons.

Sans aucun doute, Monsieur, il y a dans cette plainte quelque chose de réel, de fondé en raison; mais on ne peut affirmer que tout soit matériel dans l'administration qui nous occupe, et par là sans attraits pour le cœur du prêtre, et surtout sans aliment pour son zèle et sans exercice pour sa charité. Je ne connais dans le domaine de l'Église aucune administration purement et exclusivement matérielle; et celle-ci renferme, plus que toute autre, un bon élément spirituel; elle donne au prêtre comme la clef des familles; elle le met souvent en rapport intime avec elles, lui révèle bien des secrets, bien de douloureux mystères, bien des misères morales et spirituelles, auxquelles il peut souvent porter remède, lui signale la détresse d'enfants que la mort vient de rendre orphelins, leurs dangers, leur abandon, lui donne occasion de rappeler les souvenirs chrétiens par des paroles de bonté paternelle qui sont toujours bien goûtées et bien accueillies dans ces heures solennelles de la mort. En outre, il a souvent la douce jouissance de faire rendre, par les inventions de sa charité et de son cœur, les honneurs funèbres d'une manière convenable à de pauvres défunts déshérités de tout, sans parents, sans amis, ou à des défunts intéressants par leur âge, leurs relations, leurs vertus, et d'entourer leurs cercueils des pieux symboles de l'affection et de la piété, de suppléer par la religion à la fortune, à la nature et à l'amitié même. Ah! Monsieur, quel beau rôle pour le prêtre dans toutes ces scènes de deuil et de douleur! J'ai eu quelquefois moi-même le bonheur de comprendre et de sentir combien ce genre de bonne œuvre est doux au cœur du prêtre, en contribuant, par mes faibles ressources, à faire rendre des honneurs convenables à de jeunes filles ouvrières, pauvres, mais mille fois aimables par leur innocence et leur piété, en faisant un appel à la générosité de leurs nombreuses compagnes d'ateliers ou de magasins. J'ai toujours rencontré auprès de celles-ci l'empressement de l'amitié chrétienne à exercer cette bonne œuvre envers leurs compagnes décédées, et à les honorer. Elles allaient au delà d'une collecte d'argent, et se faisaient un bonheur de leur servir de cortége et d'orner de fleurs les cercueils qui contenaient leurs dépouilles mortelles. En voyant, Monsieur, cet élan de cœur des enfants du peuple, je me rappelais avec joie ce que le pieux Tobie avait eu de dévouement pour les morts d'Israël, ce qu'il faisait pour honorer leur sépulture, et je me disais, tout attendri, que le prêtre directeur des convois peut renouveler souvent des scènes de piété pour les morts mille fois plus belles et plus touchantes encore que celles que produisait ce bon et beau vieillard sur les bords du fleuve de sa captivité. Ce n'est donc pas là, Monsieur, une administration matérielle, et en dehors du ministère sacerdotal : c'est un préjugé et une erreur de le penser. C'est au prêtre à surnaturaliser ce service, à le spiritualiser, et il y trouvera de douces jouissances pour le cœur et d'immenses richesses pour le ciel.

Voilà, Monsieur, bien des considérations, peut-être un peu longues, sur cette importante administration des convois. Je crains d'avoir été trop affirmatif, trop tranchant, trop absolu dans leur énoncé ; si cela était, veuillez me le pardonner, et ne tenir compte que des intentions qui m'animent et du profond respect que je porte à vos vénérables collègues, et à vous en particulier, qui le méritez à tant de titres.

Je suis avec un très-profond respect,

Monsieur,✶✶✶✶.

LETTRE XV.

ADMINISTRATION DES MARIAGES.

Monsieur,

Combien la religion chrétienne et catholique est admirable dans toutes ses institutions ! Comme on y trouve, en tout et toujours, le cachet de la Divinité ! Elle s'empare de la vie de l'homme tout entière, et préside à toutes ses époques les plus importantes, depuis le berceau jusqu'à la tombe, pour les bénir. Un des événements les plus graves de son existence, et les plus décisifs de son bonheur, est celui de sa vocation et de son entrée dans la vie de famille. La religion ne saurait y demeurer étrangère ; elle sera là encore pour le bénir et le sanctifier dans cette nouvelle phase de ses destinées temporelles, et dans lesquelles ses destinées éternelles sont plus ou moins impliquées. Dans cette circonstance solennelle où deux jeunes époux chrétiens viendront, recueillis et pieux, au pied des autels du Dieu de leur foi, qui aura le beau privilége de bénir leur alliance et leur union, si ce n'est leur bon et vénéré pasteur ? Ce droit lui appartient, et je vous avouerai, en toute simplicité, Monsieur, que si j'avais l'honneur, si redoutable d'ailleurs, d'être le pasteur d'un troupeau nombreux et fidèle, je serais jaloux de l'exercer par moi-même, ainsi que tous les rôles de l'ordre des sentiments de la miséricorde et de la tendresse paternelle, si cela était possible : ce serait une grande satisfaction et une grande jouissance pour mon cœur. Suivant moi, Monsieur, c'est là le beau côté, le côté consolant du ministère d'un bon curé, et une douce compensation à tous les déboires, à toutes les peines qu'il peut rencontrer dans sa carrière de sacrifice. Cependant, dans la plupart de nos grandes paroisses de Paris, MM. les curés ne se réservent ordinairement que la célébration de quelques classes de mariages, et donnent pour toutes les autres une délégation générale à leurs premiers vicaires.

Cette direction de l'administration des mariages est sans contredit la plus importante et la plus difficile de la paroisse. Elle exige de celui qui en est chargé bien des qualités et bien des vertus, à un degré supérieur encore à celles qui sont exigées pour l'administration des convois. Je ne vous mentionnerai pas ici, Monsieur, les observations qui sont communes à l'une et à l'autre de ces deux directions, et dont j'ai eu occasion de m'entretenir avec vous dans notre dernière lettre; il suffirait de la consulter et d'appliquer à la question présente tout ce qui s'y rapporte.

L'administration des mariages, beaucoup plus compliquée que celle des convois, présente, comme celle-ci, un côté matériel et un côté spirituel, et, sous ce double rapport, elle entraîne avec elle une immense responsabilité. Tout le monde sait, Monsieur, que de tous les traités de théologie, si l'on en excepte quelques-uns de la partie dogmatique, celui du sacrement de mariage est le plus difficile. Le droit canonique, qui est déjà passablement obscur par lui-même, se complique encore du droit civil, avec lequel il faut le concilier dans la pratique, et dans les cas autorisés par l'Église. Indépendamment de cette science du droit, il y a encore à acquérir la science des formalités qui sont multipliées à l'infini, et à se familiariser avec une série de procédures dont la connaissance, bien que mécanique, est nécessaire pour la bonne et prompte expédition des affaires. Toutes ces considérations montrent combien il faut, au prêtre à qui est confiée cette administration si compliquée des mariages, de science théologique et canonique, d'esprit d'ordre et de pratique, pour ne pas se compromettre ni devant Dieu, ni devant les hommes, sous le rapport de la partie littérale ou légale, si je puis m'exprimer ainsi, de l'administration; mais si nous touchons au côté spirituel, les choses grandissent en gravité et en responsabilité. Le terme de toutes ces formalités, de toutes ces procédures, c'est un sacrement, et lequel? Un sacrement des vivants qu'il faut recevoir en état de grâce. Au point de vue catholique, un affreux sacrilége et une épouvantable profanation seraient la fatale conséquence de l'indignité des jeunes époux. Ce serait une sorte de péché originel pour leur génération à venir.

Quand le prêtre a satisfait à toutes les exigences administratives, il n'a rempli qu'une faible partie de sa tâche. Jusque-là, il n'a été qu'un homme de bureau pour ainsi dire; il n'a fait que réglementer la forme. Il s'agit pour lui, en face de Dieu et du sacrement, de faire le prêtre, et de traiter en prêtre les intérêts de l'Église et des âmes. Il faut faire en tout et partout, non pas le métier de roi, comme disait un vieux monarque du Nord, mais son sublime métier de prêtre. Il faut quitter la partie matérielle, et s'occuper de la partie spirituelle.

La première condition pour mener à bien son œuvre spirituelle, et la bien préparer, c'est de lui donner pour préliminaire, pour introducteur, une impression qui reste, celle de l'affabilité et du bon accueil. Il doit accueillir avec bonté, avec bienveillance, avec intérêt, les fidèles qui se présentent devant lui. Si, par sa charité, sa douceur, ses manières cordiales et paternelles, il les prévient favorablement et gagne leur confiance, il en obtiendra tout ce qu'il voudra. Ce sera déjà un préjugé vaincu, une prédication muette, mais efficace. Le souvenir ne s'en effacera jamais. C'est une révélation de tout le clergé et de toute la religion même, résumés et personnifiés en lui. C'est un jalon et un préjugé favorable qui auront été posés pour l'avenir. Je suis loin de dissimuler, Monsieur, toute la profondeur des misères et des plaies qu'il est destiné à rencontrer; mais il n'y en a pas qu'il ne puisse sonder et guérir par les soins industrieux du zèle et de la charité. Dieu n'exige pas de lui l'impossible; et la belle parole de saint François Xavier, qui répétait toujours qu'on ne tire pas des hommes ce que l'on veut, mais ce que l'on peut, viendra souvent à sa pensée pour le consoler et l'encourager. S'il a devant lui une lamentable ignorance en matière de religion, et peut-être des choses nécessaires de nécessité de moyen, s'il ne peut par lui-même entreprendre de guérir cette plaie, ce mal que j'appelle souverain, ne peut-il pas adresser les deux époux, ou celui des deux qui est privé de toute instruction, à quelqu'un de ses confrères, ou à quelque personne du monde parmi celles qu'il aura dressées et stylées à ce genre de ministère? Les bonnes âmes ne manqueront pas autour de lui, et ne feront pas défaut à son appel. Ne peut-il pas, à force de bonté, obtenir des malheureuses victimes de l'ignorance cet acte d'obéissance, ce petit effort de bonne volonté pour s'instruire, en retour de son bienveillant intérêt pour elles? Il persuadera et réussira presque toujours, dans cette belle œuvre, dans une consolante et encourageante proportion : quelle belle action, quel beau résultat, Monsieur, devant Dieu et devant l'Église! S'il s'agit de réhabiliter et de redresser une vie de désordre moral, par la consécration religieuse du sacrement, il devra encore ouvrir la voie, exciter la bonne volonté, encourager et déterminer les futurs époux par les mille industries du zèle et de la charité. Il y a dans la bonté du cœur du prêtre, comme une pieuse séduction pour le bien à laquelle on ne peut résister. Il a, par devers lui, tant d'instruments, tant de moyens pour faire l'œuvre de Dieu, tant d'éléments d'œuvres de charité résultant de son influence et de sa position! Il peut éclairer, guérir, redresser, corriger, édifier, et rendre constamment à la société et à l'Église les plus grands services.

S'il a à traiter avec les classes élevées et distinguées par leur position et leur éducation, il a toujours une sorte d'influence spirituelle et morale à exercer, mais il doit modifier ses moyens et ses procédés sur ce nouveau terrain. Il lui faut ici plus de mesure, plus de prudence, plus de tact et plus d'habileté. S'il ne peut agir positivement et explicitement, il a toujours à exercer, dans les circonstances même les plus difficiles, les plus délicates, les plus scabreuses, cette influence de bonne impression à laquelle on ne peut se soustraire ni résister, et que le prêtre aimable à la façon des saints, bon, conciliant, sait répandre autour de lui et sur tout ce qui le touche et l'approche. S'il est question de mariages civils ou de fait à consacrer par le droit et le sacrement, à *raccommoder*, pour me servir d'une expression impropre, mais vulgaire, c'est encore à lui d'aller au-devant des difficultés, des prétextes même, de faire toutes les démarches, si cela est nécessaire, pour arriver promptement à une conclusion pratique. La solution des difficultés doit être presque instantanée; les délais, les temporisations ne valent jamais rien dans ces cas, eu égard aux dispositions incertaines et vacillantes des personnes. Il y aurait même du péril à remettre au lendemain.

Enfin, Monsieur, le prêtre directeur des mariages, mis en relation avec tous les fidèles, doit se faire tout à tous, et ne jamais reculer devant une bonne action, ni rien négliger pour constituer ou reconstituer une famille chrétienne sur des bases religieuses. Les enfants, les générations futures dont il aura préparé le bonheur le béniront. Il fera ainsi un bien multiple, fécond, incalculable pour l'avenir des familles et de la société. Quel beau ministère que le sien, Monsieur! Il a le privilége si enviable d'être, au nom de la religion et de l'Église, l'organisateur des familles; c'est sous ses auspices et sous la rosée de sa bénédiction que les nouvelles familles se forment. Il aura son souvenir, sa part sacrée, sa page dans leur histoire. On redira son nom aux enfants de la petite génération à venir. On le leur montrera avec empressement. Il en sera respecté, aimé et béni. En voyant le petit enfant du pauvre, il le caressera avec bonheur; il pleurera de joie à sa vue, parce qu'il aura béni le mariage de son père et de sa mère. Il s'intéressera à eux, à leurs succès, à leurs peines. Il a avec eux comme un lien de famille, un lien de souvenir spirituel. Il ne lui est pas permis, il me semble, Monsieur, d'être froid et indifférent pour eux, pour leurs intérêts, pour leurs heures de joie ou de chagrin. Cela ne lui est même pas possible. Permettez-moi, Monsieur, de vous épancher ici mon cœur tout entier, car j'en éprouve un vif besoin. J'ai eu le bonheur assez souvent de donner, aux pieds de l'autel de Marie, la bénédiction nuptiale à de jeunes époux avec lesquels j'avais des liens d'une paternité spirituelle, tels que la religion sait les former : je vous l'avouerai en toute sincérité, je n'ai jamais pu les voir, ni voir leurs enfants, sans ressentir une de ces émotions profondes que l'on ne peut exprimer ; je ne pouvais, dans ces moments heureux pour le cœur du prêtre, qu'admirer la religion, contempler son œuvre et la bénir mille fois.

Après ces touchantes considérations, Monsieur, je n'ai plus rien à ajouter sur les circonstances qui précèdent immédiatement ; j'arrive à celles qui accompagnent et qui suivent la célébration du mariage : c'est le moment décisif et solennel. C'est au prêtre à compléter et à couronner son œuvre, c'est à lui à surveiller le tout, à faire tomber doucement toute dissipation bruyante et presque inévitable en ces circonstances, à recueillir les pensées et les cœurs des conviés par l'ascendant de son propre recueillement et de sa parole. Quand toute commotion naturelle aura été comprimée à propos et sans le moindre froissement pour personne, quand la surface de l'assemblée sera calme, attentive et tranquille, il procédera, au milieu du silence le plus parfait et de l'attention générale, à la bénédiction nuptiale, avec toute la dignité du prêtre et un profond sentiment de foi. Ses vœux, ses souhaits, les vœux et les souhaits de l'Église, pour le bonheur des jeunes époux chrétiens, il les traduira et les exprimera par quelques paroles paternelles, affectueuses, courtes, mais vivement senties. Il renchérira, en quelque sorte, en intérêt, en sentiments de bienveillance et d'affection, en bénissant les nœuds sacrés de l'union des enfants pauvres. Sa parole deviendra encore plus chaude, plus douce, plus sympathique, plus affectueuse pour les jeunes époux pauvres, en pensant qu'ils sont destinés à fournir ensemble une carrière de labeur, de privations et de douloureuses épreuves. Puis, après la cérémonie, et les formalités d'enregistrement, il laissera partir en paix la nouvelle famille qu'il vient d'unir et de former aux pieds de l'autel, en leur recommandant, si les circonstances le démontrent expédient, d'éviter de profaner ce jour si beau par des scènes trop tumultueuses et indignes d'enfants chrétiens, mais de le sanctifier par une joie douce et des plaisirs purs et innocents.

Il reste un mot à dire encore, Monsieur, sur la tenue des registres et sur la forme et l'exactitude de la rédaction des actes. Cette tenue des registres est d'une grande importance pour les familles, qui y ont recours souvent pour y puiser des renseignements de noms, de dates, d'époques, de personnes : c'est un précieux dépôt pour la paroisse et pour l'Église, qui conserve ainsi les noms et le souvenir de tous ses enfants. Ce sont comme les archives de la vie chrétienne, où tout le monde peut venir consulter et s'instruire. Rien de plus fréquent que les demandes d'extraits de mariage, tantôt pour un motif, tantôt pour un autre. Il importe donc que des registres convenables soient tenus à cet effet dans nos sacristies, et que le prêtre chargé des mariages y mette l'ordre et l'exactitude désirables. Il les déposera dans un lieu consacré *ad hoc*, veillera à ce qu'ils ne soient touchés et détériorés par aucune main étrangère, et en prendra un soin consciencieux. On aura ainsi souvent sous la main le dépôt dans lequel seront consignés les grands événements de la vie du chrétien : son baptême, son mariage, et quelquefois sa mort. Pour la transcription des actes, il n'est pas nécessaire de lui recommander l'exactitude ; ce serait un funeste système et une faute que de laisser les choses s'arriérer, s'entasser, que d'ajourner toujours, et de n'être jamais au courant. Rien de meilleur que de tout régler au fur et à mesure, de transcrire les actes de chaque jour, et d'éviter de les accumuler par une négligence coupable. Des registres mal tenus, embrouillés, mal écrits, pleins de lacunes de dates et de noms de personnes, seraient un indice certain d'une coupable incurie ou d'une grande incapacité en administration, un désordre réel dans le gouvernement d'une paroisse, et souvent une cause de perturbation dans l'œuvre des âmes. Tout homme chargé d'une administration importante, comme celle des mariages, doit avoir un esprit positif et pratique ; et s'il n'a reçu de la Providence un don, une aptitude spéciale pour cela, il faut qu'il s'efforce d'y suppléer par une application et un exercice journaliers. Pour ce qui concerne la rédaction des actes, il n'y a pas à faire de grands efforts de grammaire ni de grands frais littéraires; les formules sont toutes tracées dans le *Rituel*, et, à part les noms propres de lieux et de personnes à y ajouter, les citations de dates à y apposer, tout se réduit à une simple transcription qui ne varie pas. Cette transcription, sans être un modèle de calligraphie, doit être propre, soignée, d'une lecture facile, et, autant que possible, agréable à l'œil dans son ensemble. Il est inutile d'ajouter qu'elle doit être purgée de toutes les incorrections de mots et d'orthographe qui peuvent quelquefois s'y glisser, par inadvertance, et ne laisseraient pas que de choquer le lecteur.

Voilà, Monsieur, le prêtre directeur des mariages, à mon point de vue, et d'après l'idéal que je m'en suis fait. Voilà sa part dans l'œuvre d'une paroisse; voilà son rôle; vous voyez combien il est beau et sublime : heureux s'il sait le comprendre, et surtout s'il a la consolation de le remplir dignement.

Je suis, avec un très-profond respect,

Monsieur, ****.

LETTRE XVI.

ORGANISATION PERSONNELLE D'UNE PAROISSE.

Monsieur,

Nous avons achevé l'examen de cette importante partie de l'administration matérielle de la paroisse, si cette dénomination pouvait être consacrée quand il est question du gouvernement des âmes, où chaque petite chose, sous une apparence matérielle, a une portée et une fin spirituelles. Nous aborderons aujourd'hui, si vous le permettez, Monsieur, un chapitre non moins grave, plus délicat même et plus fécond en bonnes ou mauvaises conséquences; vous l'avez nommé et m'avez prévenu : c'est l'Organisation personnelle de l'église et de l'administration de la paroisse.

Ce n'est pas assez, Monsieur, surtout pour un curé de Paris, d'avoir de la capacité, du talent en administration, de concevoir de beaux plans et une habile stratégie apostolique pour le bien de sa paroisse, si la main-d'œuvre et la mise à exécution lui font défaut.

Qu'est-ce qui fait prospérer et fleurir nos grandes administrations civiles ou industrielles? Est-ce la science des rouages, l'habileté de l'agencement et la perfection du mécanisme? N'est-ce pas plutôt l'unité, l'harmonie, l'action de tous les agents qui concourent à leur mouvement, et les font fonctionner? Il en est ainsi de l'administration de nos grandes paroisses, où les éléments du bien ne manquent pas aux hommes, mais où trop souvent les hommes manquent aux éléments du bien : le pasteur ne peut pas s'universaliser, suffire à tout, ni tout faire par lui-même : cela n'est ni possible, ni praticable. Si le zèle, Monsieur, n'a pas de bornes, les forces humaines ont des limites qu'elles doivent respecter. Ce serait d'ailleurs un système peu habile de le vouloir, de l'essayer, en eût-il la possibilité. Pourquoi, me demanderez-vous? Cela paraît un paradoxe à la première vue. Voici, Monsieur, quelques-unes des raisons qui justifient l'opinion de ceux qui pensent que le pasteur ne doit pas trop se prodiguer personnellement, ni se produire trop souvent : ce serait se perdre moralement. Je m'explique.

Quand on possède l'autorité, de quelque nature qu'elle soit, mais surtout l'autorité morale et spirituelle, il faut en faire une prudente économie, et ne l'exercer qu'avec une grande réserve et un sage discernement, si l'on veut ne pas la voir tomber bientôt : rien de plus fugitif, rien de plus exposé aux vicissitudes et aux variations du cœur humain. Si vous la prodiguez maladroitement au dehors, à tout propos et à tout venant, si vous ne lui donnez ni repos, ni trêve, vous ne tarderez pas à la voir se décolorer, s'affadir, se dépopulariser et s'évanouir. Elle s'émousse et s'use au choc incessant du monde et des affaires. Abuser de l'autorité, ou ne pas la faire agir à propos, c'est une faute, un crime; mais en faire un usage immodéré, déréglé, l'éparpiller sur des riens, et la dissiper sans cause, c'est une folie, un malheur. On la compromet et on l'endommage toujours en la mêlant aux plus minces détails. Quand un pasteur a la manie tracassière de tout faire, de tout voir, de tout dire par lui-même, c'est un homme dont l'autorité est perdue et qui devient, moralement, impropre au bien et à sa place. Rien de plus précieux à acquérir, mais aussi rien de plus difficile à conserver que l'ascendant que l'on a sur le peuple. Il y a du danger à ne pas se produire assez, il y en a beaucoup à se produire trop et à se produire mal à propos. Il ne faut pas se mettre trop en frottement ni en contact trop fréquent et trop immédiat avec la foule que l'on est appelé à conduire. Nous sommes à ses yeux un être idéal, surhumain. Au point de vue de la foi et sacerdotalement, cela est vrai. Vivons de cette idée qui est juste, et du prestige qui y est attaché : il faut, conséquemment, ménager ce beau prestige, et ne pas trop montrer l'homme; il finirait par compromettre le prêtre et sa grande et majestueuse autorité : l'enthousiasme et les faveurs du peuple ne sont pas de longue durée. On le voit souvent, le lendemain, renverser de leur piédestal les héros qu'il y aura élevés la veille, et poursuivre de sa disgrâce et de son indifférence ceux qui, hier encore, étaient les objets privilégiés de son respect et de son admiration. Le pasteur habile doit tenir compte de cette disposition du cœur humain, qui s'ennuie de ce qu'il voit et entend trop souvent; et un phénomène singulier, c'est que cet ennui finit par le fatiguer et le porter à une irritation toute gratuite et non motivée.

De plus, Monsieur, un curé excité à tout faire par lui-même, moins par un esprit de zèle que par une activité maladive, une agitation fébrile, s'épuise, se dévore, et, pour ainsi dire, se suicide lui-même : *L'homme*, a dit Fénelon en parlant de l'autorité *qui se perd dans les détails, devient comme la lie de vin, qui n'a plus ni force, ni saveur, ni générosité.* Tout le parfum, tout l'arome s'est exhalé, et il ne reste plus qu'une nauséabonde insipidité. Il se ruine moralement et spirituellement, se déforme au point de vue sacerdotal, et perd toute sa valeur personnelle en éparpillant ainsi toute son énergie d'intelligence et de volonté sur des riens, ou des choses bien minimes. Il perd, en outre, en considération, en respect, en autorité : on le voit trop souvent et de trop près, et cette ubiquité fatale le mène à une déconsidération complète. Ce n'est plus un homme puissant en œuvres et en paroles; ce n'est surtout plus ce vénérable pasteur avec ce cortége de sagesse, d'ascendant et de vertus qui l'élèvent si haut dans l'estime et l'opinion publiques, et lui donnent la plus grande autorité morale des sociétés humaines. C'est un vase qui contenait le plus doux parfum qui se vide et ne se remplit plus; toutes ses forces physiques, morales, spirituelles s'en vont, et ne se renouvellent plus. Il n'a plus, dans ses vues, dans ses plans, dans ses conceptions, ni largeur, ni profondeur, ni élévation. Ce n'est plus que le terre à terre de l'impuissance d'une agitation infructueuse et inutile. Il a épuisé toute sa capacité et toute sa puissance de talent dans des minuties, des tatillonnements, et il ne lui reste plus rien de sa vigueur première, ni de sa fraîcheur sacerdotale. Que de pasteurs, Monsieur, que de curés pleins d'énergie, et dont les talents incontestables donnaient à l'Église les plus belles espérances, se sont atrophiés, usés et appauvris ainsi prématurément, et n'ont laissé que des regrets stériles!

Ils ne sont pas nés pour le commandement, ni pour présider aux grandes affaires, ces hommes mobiles et agitateurs par besoin et par nature, la peste de tous les gouvernements, qui, tourmentés d'un besoin continuel de se mêler de tout, de représenter partout, de s'ingérer en tout, ne savent respecter ni les égards dus aux autres, ni les bienséances à observer, ni sauvegarder l'ascendant de l'autorité, en la faisant vénérer et aimer dans leurs personnes et dans leurs démarches. Ils ne sont pas propres non plus au gouvernement des paroisses, ces prêtres toujours tourbillonnant et mouvant, d'une activité paresseuse et inféconde, dont le zèle est plus le résultat de l'égoïsme et d'une agitation nerveuse et fébrile, que le résultat de la vertu et de la charité qui se donne. Poussés par cette disposition fâcheuse, ils touchent à tout dans leur paroisse, et remuent tout sans but et sans profit, et finissent par heurter tout le monde. On en voit qui sont organisés d'une telle façon qu'ils ne savent ni se posséder, ni posséder le temps, ni posséder dignement l'autorité. Ils ont une impatience de se produire et de se mettre en scène que rien ne peut contenir. Bon gré, mal gré, à temps ou à contre-temps, à tort et à travers, il faut qu'ils se montrent et se mettent en évidence : ils veulent être à la fois leurs vicaires, leurs suisses, leurs bedeaux, leur architecte, tout, excepté ce qu'ils sont et ce qu'ils doivent être. Ils sont à toutes les places, excepté à la leur ; ils sont assez absurdes pour s'arroger le monopole de tout, et finissent par être odieux et insupportables au clergé et aux fidèles. Leur crédit vieillit, par ce système, avec une rapidité effrayante, et s'anéantit entièrement. Vous conviendrez, Monsieur, que ces hommes d'une nature inquiète sont de tristes pasteurs. Un des plus célèbres vicaires généraux de Paris, mort évêque de Versailles, monseigneur Borderies, avait tellement l'instinct et la conscience de l'autorité, qu'il mettait personnellement dans son exercice tant d'intermittence, tant de réserve, pour ne pas l'user et la compromettre, qu'un jour à Saint-Thomas d'Aquin, où il remplissait les fonctions de premier vicaire, invité d'une manière imprévue et accidentelle à monter en chaire pour remplacer un prédicateur absent, il s'y refusa, et ajouta ces paroles pleines de sens :

J'aimerais mieux y faire monter notre bedeau; tant il sentait que, si rien n'est plus fort et plus fécond en résultats qu'une autorité bien conduite, exercée à propos, rien non plus n'est plus éphémère, plus vacillant et plus stérile qu'une autorité compromise à tort et à travers. Cela ne veut pas dire, Monsieur, que le curé doive rester dans une pieuse inaction, et une sorte de repos contemplatif, pendant que toute impulsion pour le bien doit partir de lui. A Dieu ne plaise, Monsieur, que je veuille accréditer un pareil système! Je lui ferais, au contraire, une part d'action bien large. Il doit être le centre de tout mouvement, l'âme de tout, comme un général d'armée, qui, dans une grande bataille, dirige tout de son œil, anime tout, fixe la victoire sous ses drapeaux et sauve la patrie, mais laisse à chaque soldat et à chaque officier le poste qui lui convient, et sait n'être que général. Il doit être comme Dieu, gouverner tout invisiblement, influencer tout, mais n'intervenir personnellement que dans les circonstances plus solennelles et où sa présence est de convenance, désirée par les fidèles, et doit produire d'autant plus d'effet qu'elle est plus rare et plus attendue par les fidèles. Mais si sa main n'est pas visible, c'est cependant à elle, Monsieur, de tenir les fils de tout, et de les faire mouvoir. Il doit avoir de sa paroisse, de ses besoins, une science certaine. Il faut que son œil, de la hauteur de sa dignité, plonge partout, et pénètre jusque dans les plis et replis de son administration. Il faut qu'il sache, chaque jour, ce qui se fait, comment il se fait, pourquoi il se fait, et par qui il se fait. Il n'abandonnera rien au hasard, au caprice; son administration sera raisonnée, et animée par une sagesse habile et active. Il ne s'endormira jamais, sous un prétexte ou sous un autre, sur le zèle et la sagesse de ses délégués ou de ses coadjuteurs. D'après ce système, il s'effacera en agissant, et agira en s'effaçant; il aura l'activité du repos, et le repos de l'activité. Mais il faut qu'il soit secondé par un personnel sur le concours intelligent duquel il puisse toujours compter, qui soit tout inspiré de ses propres intentions, et comme animé de sa propre vie. Il sera la tête, mais il lui faut des bras et des membres pour agir. Quel est ce personnel, son choix, sa discipline, sa direction? Ce sont, Monsieur, autant de questions auxquelles j'essayerai de répondre dans nos entretiens suivants.

Je suis, avec un très-profond respect,

Monsieur, ****.

LETTRE XVII.

LE PERSONNEL DU CLERGÉ DE LA PAROISSE.

Monsieur,

Le personnel qui concourt, sous la direction du curé, à l'administration spirituelle de la paroisse, comprend les ecclésiastiques qui lui sont donnés pour aides et pour coadjuteurs, et qui, collectivement pris, constituent le clergé de la paroisse. Le gouvernement des âmes, le bien-être des fidèles, roulent entièrement sur eux. Combien n'est-il pas à désirer que l'esprit d'union et de concorde règne parmi eux. S'ils sont unis comme un faisceau sacré, ils feront des prodiges; divisés et désunis, ils échoueront et ne feront que des choses désolantes. Le plus beau spectacle parmi les fidèles et les paroissiens, c'est de voir l'entente parfaite, l'esprit de vraie confraternité régner entre les prêtres qui leur sont donnés : la désunion est le plus terrible dissolvant que je connaisse.

Rien donc n'est plus important que le choix des prêtres qui sont appelés à être les auxiliaires du curé, et celui-ci ne saurait y demeurer indifférent. Quand son clergé ouvre ses rangs à un nouveau confrère, il doit prier Dieu d'éclairer l'évêque dans son élection, et accueillir avec reconnaissance celui qui vient, au nom du Seigneur, augmenter le nombre des ouvriers de sa vigne. Il doit être animé d'un véritable esprit paternel, et en avoir tous les sentiments pour ses prêtres. Ses rapports avec eux seront toujours des rapports de bienveillance, de bonté, d'affabilité aimable; se rappelant qu'il n'est pas leur maître ni leur dominateur à la façon du monde, mais leur collègue en sacerdoce, leur père et leur ami, leur serviteur même. Leur œuvre est commune, leur but est le même, et ils doivent se donner la main pour y parvenir. Il les encouragera par son exemple à travailler tous de concert, sous sa direction, au salut des âmes. Formés par sa main habile, et plus encore par son cœur, on les verra se prévenir les uns les autres de respect, de déférence et d'honneur. Il s'efforcera surtout, à force de prévoyance, d'attention et de condescendance pour chacun comme pour tous, et pour tous comme pour chacun, de bannir de la maison de Dieu et de sa sacristie tout esprit de coterie et tout principe de discorde. Il combattra à outrance ce misérable esprit de jalousie et de cabale qui s'y introduit si facilement pour tout envenimer, et dont les âmes sacerdotales elles-mêmes ne savent pas toujours s'affranchir et se dépouiller. C'est le fléau du pasteur, c'est le mal du troupeau. C'est l'ivraie et la zizanie dans le champ du père de famille. Mais, Monsieur, quel moyen a-t-on de s'en préserver? Quelle garde assez vigilante pourra lui interdire l'entrée de nos églises, de nos sacristies et de notre propre foyer? Quel rempart pourra-t-on opposer à ce redoutable ennemi? Un excellent moyen, le seul moyen, à mon sens, Monsieur, pour les prêtres, de se prémunir contre ce mal souverain et contre son influence meurtrière : c'est d'être tous remplis de l'esprit sacerdotal et de la noble émulation de l'obéissance, du désintéressement et de l'humilité. Il faut que le presbytère soit comme un collége de frères et de dignes apôtres, où chacun s'étudiera à s'oublier personnellement, et à n'ambitionner que la gloire de Dieu et le succès de l'œuvre commune. Qui présidera à cette véritable école du clergé? Qui le pénétrera de son véritable esprit? Qui le formera à cet art si difficile du dépouillement de soi-même, si ce n'est celui qui lui a été donné pour chef, pour guide, pour modèle et pour père, c'est-à-dire le pasteur? C'est à lui à donner à ses prêtres, avant tout, une direction toute spirituelle et toute sacerdotale, par ses conseils et par ses exemples.

Mais je vous entends, Monsieur, présenter des objections, alléguer des difficultés! Vous demanderez sans doute de vous indiquer les moyens de sauvegarder ce bon esprit, cette homogénéité de vues, de pensées, de sentiments, dans le personnel du clergé de la paroisse.

Le premier et le plus puissant moyen que je pourrais indiquer, c'est celui qui existe dans toutes les autres administrations ; je vois partout des conseils régulièrement organisés pour les préfectures, pour les mairies, pour les villages même ; pourquoi, Monsieur, n'y aurait-il pas un conseil ecclésiastique de paroisse, dont le curé serait l'âme, et où l'on délibérerait sur les intérêts si graves du gouvernement des âmes? A cette fin, le curé réunirait ses confrères, à des jours fixés, pour s'entendre avec eux, et mettre en commun leurs lumières, leurs données, leurs opinions sur l'état, l'esprit, les mœurs et le niveau spirituel de la paroisse : il les intéressera à leur ministère, à leurs fonctions et à l'œuvre commune, tout en les honorant. Chacun y aura sa part, son influence, son concours. Les explications, les remarques, les observations, les abus, les moyens, les mesures, tout sera discuté en famille, avec bienveillance, charité, abnégation personnelle. Les meilleures idées prévaudront, et tout aboutira à des conclusions pratiques. Ils marcheront, opéreront comme un seul homme dans une unité parfaite. Ce sera un conseil de famille, dont le pupille à protéger et à favoriser sera la paroisse.

Je veux, Monsieur, être moins général, peut-être même moins vague dans les idées que j'énonce ici, et arriver à une conclusion précise et pratique. Voici le plan que je me permettrais de soumettre au jugement d'un bon curé de Paris, sur ce point, si j'avais l'honneur d'être consulté par lui sur le meilleur système à suivre, touchant la formation de ces conseils, leur tenue et leur mise en œuvre.

Je lui conseillerais, avant tout, de ne jamais s'isoler de son clergé, de marcher toujours avec lui et à sa tête, de constituer un apostolat bien homogène, de coaliser les forces et les lumières dont il peut disposer, et pour cela, de former un conseil composé de ses prêtres, pour délibérer ensemble sur les intérêts spirituels de la paroisse, de le constituer régulièrement pour le temps, pour le lieu des séances, de le présider toujours par lui-même, et d'y nommer un secrétaire chargé de rédiger les procès-verbaux de tout ce qui aura été proposé, discuté et décidé : ce seront autant de précieux documents pour l'avenir. Non-seulement, il y laissera à chacun la liberté de son opinion et de son suffrage, mais il provoquera lui-même les observations sur les vices et les abus de l'administration, soit matérielle, soit spirituelle, soit personnelle, sur les réformes à introduire, les modifications à apporter s'il y a lieu. Il enrichira son expérience de tout ce qu'il entendra; il comparera et pèsera tout avec maturité, et fera concourir à son gouvernement toutes les heureuses idées qui auront été mises au jour et approfondies en commun. Il y a dans cette organisation d'immenses avantages pour tous : pour le curé, qui décuple ses forces ; pour chaque prêtre, qui acquiert, dans les débats de ces conseils si utiles, des données et des notions pratiques, précieuses pour l'art de gouverner les paroisses. Chacun y contracte, dans le choc des idées et des opinions, l'habitude de l'observation, de l'étude et de la connaissance des hommes et des choses. Il y apprendra à concevoir et à organiser des institutions de toute nature, et destinées à propager les idées et les sentiments catholiques ; il y puisera surtout la noble émulation du zèle et de l'apostolat.

Après la formation de ce conseil avec le mode et les conditions que je viens d'énoncer, je proposerais encore au chef spirituel de la paroisse de suivre en tout un plan bien réglé, bien ordonné, de ne rien abandonner au hasard, de ne rien laisser flotter dans le vague et l'incertain, de ce qui se fait, de ce qui se pratique, mais d'avoir comme une carte routière de son année spirituelle, ses programmes tout écrits. Pour cela, la mémoire et la tradition orale ne suffisent pas ; il est nécessaire qu'il ait des archives, et notamment un coutumier écrit, bien rédigé et bien tenu, de chaque branche de l'administration. Il y en aura un général pour tous les besoins généraux de la paroisse, et d'autres spéciaux et particuliers, pour chaque institution particulière, ou les œuvres spéciales, comme les catéchismes, associations, convois, mariages, sacristies... Rien n'y sera oublié ou omis, de ce qui s'est fait, et de la manière dont il s'est fait. Avec ce système, Monsieur, le plus conservateur et le plus fécond en progrès et en perfectionnements que je connaisse, il est impossible de faire fausse route et de s'égarer. Les choses acquièrent une stabilité, une invariabilité qui passent dans les paroissiens eux-mêmes. Ces coutumiers se perfectionneront toujours, et s'enrichiront de ce que le temps et l'expérience révéleront de meilleur et apporteront de modifications utiles. Guidé par ce phare lumineux, on ne peut se perdre, ni dans l'obscurité de ses propres pensées, ni dans les essais, ni dans les théories hasardeuses : l'ordre et l'harmonie en sont les conséquences naturelles. Ces coutumiers formeront les annales de la paroisse, ses traditions écrites, et un précieux recueil pour l'avenir.

Le premier devoir d'un curé capable et habile sera donc d'établir dans l'organisation de son personnel ce concert de vues et d'action qui lui donnera l'avantage trop rare d'avoir un clergé homogène, et non pas des prêtres isolés, épars, qui ont le grand malheur d'individualiser, et quelquefois de personnaliser leur ministère, ce qui est toujours très-fâcheux ; car si l'esprit de corps est utile, il l'est plus encore quand on doit agir comme un seul homme, et que le bien dépend de cette unité. L'institution de ces conseils périodiques, de ces coutumiers si précieux, parera à ces fractionnements, à ces isolements si fatals, et à beaucoup d'autres inconvénients, et donnera un merveilleux ensemble à toute la direction pastorale. Mais, Monsieur, quels qu'en soient les immenses bienfaits, elle ne résout pas toutes les difficultés et ne remédie pas à tous les maux. Il y aura toujours, à l'ordre du jour, des questions de personnes pendantes, dont la solution devra être douloureuse pour les uns, gracieuse et agréable pour les autres. Il y aura toujours des amours-propres contristés et des amours-propres satisfaits. Dans cette alternative inévitable, que devra faire le curé, et quelle doit être sa ligne de conduite? Il devra, suivant moi, Monsieur, dans les conflits de personnes et d'amours-propres, faire prédominer la question du bien en tout et partout, y faire servir les hommes et les y subordonner par les voies de la persuasion les plus douces, les plus adroites et les plus conciliantes qu'il lui sera possible de concevoir. Son premier besoin sera de bien connaître et de bien apprécier son monde : rien de plus important, mais rien de plus rare que ce don de la connaissance des hommes, de leur aptitude dominante, de leur vraie valeur relative, de leur capacité, afin de leur confier les fonctions qui y correspondent le mieux. Ce don fut le partage de beaucoup de saints, et le privilége surtout d'un saint Ignace de Loyola, d'un saint Philippe de Néri, d'un saint François d'Assise, d'un saint Dominique, et de leurs plus illustres successeurs, appelés de Dieu à gouverner spirituellement des légions d'hommes, et à les conduire dans les voies si difficiles de la perfection évangélique. C'était aussi dans cette science des hommes qu'excellèrent tant de grands capitaines, et celui qui les surpassa tous, Napoléon, qui avait toutes les intuitions du génie. Je vous demande pardon de ce rapprochement.

Après avoir bien étudié ses prêtres, et les avoir judicieusement mesurés et appréciés, le bon curé en tirera tout le parti possible, et fera produire à chacun selon sa mesure et selon ses facultés, par cet admirable talent d'approprier les hommes aux fonctions et les fonctions aux hommes. Mais je le répète, c'est là la partie scabreuse de son administration, son côté le plus délicat, le plus épineux. Les questions de personnes sont si difficiles à résoudre. Il y a là toujours de petites tempêtes d'amour-propre à conjurer et à détourner; s'il avait affaire à des anges ou à des saints consommés, il pourrait toujours aller de l'avant et faire de l'absolutisme, sans crainte et sans danger. Mais il n'en est pas ainsi : il a affaire à des hommes bons, vertueux, je le veux bien, mais toujours des hommes exposés et sujets à toutes les petites passions humaines, et dont il faut tenir compte dans la pratique : c'est un faux principe de présupposer le fait contraire, quand on est appelé à conduire les hommes. Il aura donc soin, dans la distribution des charges et des attributions, de ne heurter personne, si le bien spirituel, qui doit prévaloir sur toute considération humaine, n'en souffre pas notablement : il trouvera le secret si rare et si précieux de concilier les intérêts sacrés de sa paroisse avec ceux de ses prêtres, dans les questions si irritantes des goûts, des habitudes, des prétendus droits d'ancienneté, de capacité et d'aptitude. C'est là que gît le principal nœud de toutes les difficultés et de tous les obstacles. Dans toutes les combinaisons et tous les plans qu'il proposera et adoptera pour le bien des âmes, qui doit tout dominer, il emploiera tous les moyens de persuasion possibles, et procédera par les formes d'une paternelle bienveillance, plutôt que par les formes toujours plus ou moins odieuses de l'autorité qui s'impose, et qui ne doit être invoquée que dans un cas de nécessité extrême. Il aura, vis-à-vis de tous les prêtres, une bonté, une affection, un véritable cœur de père. Il se souviendra qu'il n'est ni leur maître ni leur dominateur superbe, mais leur guide, leur conseil, leur ami. Il pourra tout avec eux et par eux, s'il a le bonheur d'en être vénéré et aimé. Quand un pauvre curé n'est ni estimé ni aimé de ses prêtres, qu'il n'a ni leur affection ni leur amitié, parce qu'il n'a pas su les conquérir, le désert se fait autour de lui : on le craint, on s'en défie, on s'en éloigne. On fait tout en dehors de lui, sans lui, et souvent contre lui. C'est un homme devenu moralement impossible. Une des principales causes du désaffectionnement qui atteint le chef spirituel d'une paroisse, c'est le plus souvent un esprit de hauteur et de fierté déplacées, le manque de désintéressement, un cœur et un esprit trop étroits, trop personnels. Il doit être plein des sentiments paternels qui vont si bien à sa position, large et généreux de cœur pour ses prêtres et ses paroissiens, désintéressé, grand et libéral en tout. Il doit montrer en tout le cœur du pasteur, et le dilater en toutes circonstances. Je ne l'ignore pas, Monsieur, un curé a quelquefois à parler et à agir d'autorité. C'est toujours un rôle pénible et odieux d'être obligé de contrister les autres par des avertissements ou des reproches devenus nécessaires; mais ce rôle est mille fois plus pénible encore de confrère à confrère, de prêtre à prêtre. A Dieu ne plaise que je veuille faire l'apologie de la faiblesse exagérée ou d'un mutisme coupable dans le commandement, en recommandant trop le rôle de la conciliation; mais je serai toujours incliné à conseiller de mettre, dans les indispensables répressions de l'autorité, une forme qui en tempère et en adoucisse l'amertume. Avant d'en venir à cette extrémité, ne peut-on pas tenter les voies de conseil, de persuasion et d'influences morales de l'amitié, des relations... Un curé sage se prémunira surtout contre l'esprit de prévention non raisonnée, contre l'esprit de délation, de cabale et d'intrigue qui s'insinue trop souvent dans l'église, dans les sacristies, dans les presbytères, sous le manteau de la dévotion. Cet esprit détestable a pour fauteurs, quelquefois pour agents actifs, les personnes les plus familières et les plus intimes de la maison même du pasteur. Il entendra tout, s'il le juge expédient; mais il se gardera d'accréditer les bruits et les rapports de ce genre, et surtout de les encourager. Il est le protecteur naturel et le plus intéressé de la bonne renommée de ses prêtres. Il aura soin aussi de veiller à ce que ceux-ci soient exacts à tous les services payés par les fidèles, comme les convois... Il leur rappellera, ce qui s'oublie souvent, qu'ils perçoivent un honoraire pour leur assistance personnelle, et que ce n'est pas seulement un devoir de zèle, moins encore un devoir de justice de s'y trouver. C'est le moyen de couper court à toutes les plaintes et à toutes les réclamations et censures qui sont faites sur la négligence à ce sujet.

Enfin, Monsieur, un dernier et important devoir qui reste à remplir à un saint curé, c'est d'alimenter et d'entretenir l'esprit sacerdotal, la vie intérieure, la piété, parmi ses prêtres. Pas de zèle, pas d'apostolat possible sans cela. En vain ils parleraient tous le langage des anges, en vain ils auraient le génie des docteurs, s'ils n'ont ni la conscience, ni la piété, ni la charité sacerdotales, ils ne seront rien et ne feront rien. Il doit donc nourrir en eux cette flamme divine par ses paroles, par ses conseils et par ses exemples. Pour y réussir, il pourra avoir avec eux de petites conférences purement spirituelles, ou tous les quinze jours, ou tous les mois. Là, il les entretiendra, et ils s'entretiendront ensemble des vertus sacerdotales. Ils se rediront mutuellement la fin de leur sacerdoce, s'exerceront ensemble à la sainteté de cette sublime vocation, et se fortifieront dans la résolution d'y arriver par leurs encouragements et leurs exemples réciproques. Il aura soin de leur faciliter aussi les moyens de passer annuellement quelques jours dans la solitude et les exercices de la retraite, soit celle qui se fait en commun, et qui est le plus utile, soit une autre qu'ils peuvent suivre dans un séminaire ou une maison religieuse destinée à cela. Ils s'interrogeront souvent eux-mêmes, et se demanderont, comme saint Bernard au fond de sa solitude, pourquoi ils sont prêtres, et pourquoi ils ont été placés dans cette paroisse : ils se rappelleront que le moyen de sanctifier les autres, c'est de se sanctifier soi-même, et que celui-là ne peut pas bien traiter les intérêts spirituels des autres, qui néglige les siens propres. *Qui sibi nequam, cui bonus?* Il aura le bonheur d'être ainsi à la tête d'un clergé modèle; un clergé modèle fera la paroisse à son image : Dieu sera glorifié, et la mémoire du pasteur vivra dans les générations futures, qui la béniront encore.

Je suis, avec un très-profond respect,

Monsieur, ****.

LETTRE XVIII.

EMPLOYÉS DE L'ÉGLISE.

Monsieur,

A côté et au-dessous du clergé vivent, agissent et travaillent d'autres hommes qui ne tiennent à l'église par aucun lien, si ce n'est celui du besoin et de l'intérêt. Ce sont de purs mercenaires, qui n'ont ordinairement d'autres mobiles de zèle et de dévouement que le produit matériel qui leur en revient. C'est une classe de fonctionnaires malheureusement peu recommandables sous le rapport religieux, et singulièrement dangereux dans les paroisses, si l'on n'a soin de les bien choisir et de les surveiller. Inintelligents et sans éducation pour la plupart, ils auront la manie de s'immiscer dans les choses saintes, d'en parler d'une façon doctorale, et de se poser en intermédiaires entre le clergé et les fidèles. Ils viseront à se rendre ou à paraître importants dans l'église; ils y exerceront, chacun dans la sphère de ses attributions, qui est aussi celle de ses petites intrigues, une sorte de protectorat intéressé vis-à-vis des fidèles. Le favoritisme sera en grande activité; leurs bonnes grâces ne se mériteront pas, mais s'achèteront comme une matière vénale; les conventions muettes et tacites seront remplies à une époque donnée. Les bénéfices de ce commerce peu digne se recueilleront dans des jours privilégiés de l'année : cela s'appellera *user* du bénéfice de ses attributions et de sa charge. Le clergé sera condamné à subir leur regard et leur présence dans presque tous les actes de son ministère; heureux si, personnellement, il n'a pas à souffrir de leur ignorance, de leur indiscrétion et de leurs mauvaises façons. A coup sûr, il est bien rare qu'il échappe à leur critique : ils seront en tierce personne dans toutes les administrations, soit à domicile, soit à l'église. Cette familiarité avec les choses saintes, l'habitude de vivre au milieu du clergé, de le voir et de l'entendre de près, d'être, par leur position, témoins et spectateurs de toutes les misères personnelles et matérielles des sacristies, théâtres de tant de petits événements fâcheux, influent fatalement sur leur foi peu éclairée, grossissent leurs préjugés, et font éclore en eux une disposition latente à un antagonisme sacerdotal et à l'impiété. Cette disposition se développera chaque jour de plus en plus sous l'influence de la cause qui l'a fait naître. Leur esprit est, en général, détestable et hypocritement antiprêtre. Ils porteront partout une sorte d'avidité de recevoir et une cupidité odieuse, et on les verra partout, au milieu des scènes les plus touchantes et les plus émouvantes de la religion, préoccupés de la question pécuniaire et de la petite offrande toute de bienveillance qu'on voudra bien leur donner. La réserve, la délicatesse, le respect, les convenances envers les paroissiens et le clergé lui-même varient et se modifient chaque jour, à raison des individus, de leur plus ou moins d'influence et de crédit, et ne se mesurent trop souvent que d'après le niveau de la recette réelle ou présumable. Cet esprit, si voisin d'un trafic vénal, imprime sur leur front quelque chose de servile, et communique à tout leur air, à toutes leurs formes, à tous leurs procédés une physionomie qui leur est particulière, et qui malheureusement est devenue proverbiale. Il est bien évident, Monsieur, que ces hommes, mêlés à toutes les choses saintes et à toutes les fonctions sacrées, font un tort immense à l'Église, desservent le clergé auprès des fidèles, ainsi que les intérêts de la religion. Le peuple, dans sa simplicité, et les impies, dans leur haine et dans leur mauvaise foi, impliquent fatalement le clergé dans les employés, et les employés dans le clergé, et accréditent ainsi, dans le vulgaire, l'existence entre eux d'une solidarité injuste et bien nuisible à la religion. L'ignorance et la foule, toujours absurde, les appellent les *hommes d'église*, et les confond ainsi, eux, simples instruments, avec tout ce qu'il y a de plus sacré en choses et en personnes. Ce qui rend cette confusion plus facile, c'est ce système, suivant moi bien peu sage, et qui a mille inconvénients sans aucune utilité réelle, généralement adopté dans nos paroisses, d'affubler de vêtements ecclésiastiques, comme soutane, ceinture, rabas, surplis même au chœur, les sacristains, les répondants de messe, les chantres laïques... Cette similitude extérieure de vêtements et de mise ne permet plus de distinguer le prêtre de l'employé, ni l'employé du prêtre, et fait prendre souvent le change au public dans ses jugements, ses opinions et ses impressions. Qu'est-ce qui souffre, Monsieur, de cette erreur et de cette fatale illusion des fidèles, si ce n'est le clergé et sa cause sainte et sacrée?

Il importe donc, Monsieur, il importe souverainement au curé d'organiser ce personnel des employés de son église, et de le constituer dans des conditions telles, que, s'il ne lui est pas donné d'extirper tous les abus à cet égard, il ait au moins la consolation d'y avoir remédié dans la mesure du zèle et du possible. Il peut beaucoup touchant cette partie du personnel de son administration, s'il ne peut pas tout. Les employés sont de sa nomination, de son ressort, et relèvent directement de lui. Dans un cas donné, il peut les changer et les révoquer à volonté. L'autorité à exercer sur eux doit avoir un caractère différent de celle dont il use envers ses prêtres, et demande à être modifiée et appropriée à leurs dispositions et leur position respectives. Les sentiments, la persuasion ont peu d'empire sur eux, et ne suffisent pas comme moyen d'action. Leur discipline, sans être dure ni vexatoire, pas même soupçonneuse et malveillante, doit être ordinairement ferme et répressive. Les concessions, les tolérances, le silence, souvent passés en système, conduiraient à de graves abus. S'il y a quelque délit constaté, la pénalité que l'on pourra infliger, et qui sera la plus médicinale et la plus efficace, c'est celle de l'amende, et, pour eux, après les avertissements préalables et nécessaires, après la constatation des faits incriminés, l'*ultima ratio*, c'est le congé et le renvoi. Mais, tout en étant ferme avec les employés, Monsieur, je voudrais que l'on fût juste, et même généreux pour eux, s'ils le méritent; et quand ils ne le méritent pas, il faut les encourager, les stimuler par des moyens analogues à leurs goûts, à leurs besoins, et à cause de leurs familles, qu'il faut toujours prendre en considération, comme un supplément d'appointements, une apparence d'augmentation, d'avancement, quelque petite faveur. Rien de plus puissant et de plus influent sur ces sortes de natures et de caractères.

Ce qui importe le plus, c'est de prévenir tous ces graves inconvénients dont je viens de parler par un bon choix d'employés. Si le choix est bon, sûr, fait avec discernement, au lieu de dangereux mercenaires, on aura de vrais serviteurs, de vrais auxiliaires de l'œuvre de Dieu, de vrais amis, et non des ennemis sourds et des antagonistes secrets. Alors, Monsieur, on n'aura pas à déplorer toutes ces calamités dont je viens d'exposer l'affligeant tableau.

Il est hors de doute qu'indépendamment de l'aptitude

relative du candidat et de l'aspirant à un emploi, il est nécessaire d'avoir sur ses antécédents les renseignements les plus positifs, et d'acquérir la certitude de sa foi *pratique*, de sa probité, de son caractère, de la considération dont il jouit et dont il a joui. J'ai vu quelquefois, et je l'ai toujours profondément désapprouvé, admettre des employés à des places vacantes à l'église sur des qualités purement extérieures, physiques, sans s'inquiéter des qualités morales et religieuses. Il arrive aussi d'en admettre d'autres sur la raison de leur misère dans le monde. Le malheur est, à coup sûr, quelque chose de bien digne d'intérêt, la misère est un titre, sans aucun doute, à la charité; mais si le malheureux qui sollicite devait, malgré toutes les recommandations de sa misère, être, pour une cause ou pour une autre, dangereux ou nuisible à l'œuvre de Dieu, ce serait un acte inintelligent, une bonne œuvre malentendue et regrettable, que de le choisir. En administration, il faut quelquefois fermer les entrailles de la miséricorde pour faire prévaloir toujours l'intérêt général sur l'intérêt individuel et privé, que l'on peut mieux servir d'une autre manière. Il ne faut jamais subordonner les choses publiques à l'individu, mais l'individu aux choses publiques.

Je bornerai là, Monsieur, mes observations générales sur les employés de nos églises. Dans le tableau que je viens de vous en présenter, j'ai peut-être trop chargé les couleurs, et laissé trop de liberté à ma plume. Je pourrais n'être pas sans reproche, au point de vue de la médisance, si, dans cette circonstance, la foi ne justifiait et ne sanctifiait les moyens : dans cette question, je vous prie de croire que je n'ai été sous l'influence d'aucune mauvaise inspiration, et que je n'ai pas parlé *ab irato*. J'aime à reconnaître parmi nos employés des hommes, et beaucoup d'hommes bien honorables ; mais il y en a plus encore qui sont loin de l'être, et c'est à la réforme de ceux-là qu'un pasteur zélé doit consacrer ses efforts par de bons choix, par tous les moyens pacifiques, et par des épurations douloureuses même si cela devient nécessaire. Il y a là un mal latent qui mine l'action du sacerdoce, et finirait par ruiner l'œuvre des âmes tout entière, si on la laissait s'aggraver. *Principiis obsta...*

Je suis, avec un très-profond respect,

Monsieur, ****.

LETTRE XIX.

LES SACRISTAINS.

Monsieur,

Après les questions générales doivent venir les questions précises, d'application et de détails. C'est un ordre de procéder fort logique, et vous avez dû remarquer que je tendais à ne pas m'en écarter dans nos entretiens. Après toutes nos considérations générales sur les employés, j'ai l'intention et le projet d'examiner avec vous, Monsieur, ce que doit être chacun d'eux en particulier, quelle est la nature de sa charge, et dans quel esprit il doit s'en acquitter. Dans cet examen, n'attendez pas de moi un ordre rigoureux; je n'en suivrai d'autre que celui de l'importance même des divers emplois.

Le premier qui se présente à nous, et qui touche de plus près au pasteur, au clergé, aux fidèles même, c'est l'emploi de sacristain. De tous les employés de l'église, le choix du sacristain est, sans contredit, le plus élevé et le plus important. Cela est si vrai, Monsieur, que des prêtres vertueux, pieux et saints ne croiraient pas déroger à leur honneur et à leur dignité en acceptant de le devenir. Il a le privilége de manier les choses saintes, les vases sacrés, les ornements sacerdotaux; il exerce des fonctions véritablement lévitiques; il jouit d'une sorte d'édilité sacrée, et vit plus intimement, plus familièrement même avec le clergé, qui, chaque jour et à chaque instant, a besoin de ses services. La sacristie est le centre de tout le mouvement de la paroisse. Toutes les dévotions, toutes les associations, toutes les administrations, tout part de là, et tout aboutit là. Ce peut être le foyer de toutes les bonnes œuvres, de tout ce qui édifie, de tout ce qui alimente la piété des fidèles, de tout ce qui le porte au bien; ce peut être aussi le foyer de toutes les cabales, de toutes les intrigues, de tous les scandales. Tout dépend de la direction qui y préside; tout dépend de l'homme qui en est chargé, de son zèle, de sa piété, de son bon-vouloir. L'ordre matériel, moral, spirituel, repose sur lui. Pour satisfaire à tous les devoirs de sa charge, et s'en acquitter dignement, de quelles qualités ne doit-il pas être doué? Je dois vous l'avouer, Monsieur, la tâche est bien rude et bien difficile : je lui voudrais un caractère et une piété angéliques, pour unir le respect des choses saintes à celui dont il ne doit jamais se départir pour les personnes, et particulièrement pour les prêtres, même quand ils auraient le malheur de s'oublier et de ne pas se respecter convenablement eux-mêmes. A ses yeux, leurs personnes doivent être inviolables et sacrées. Ils sont censés n'avoir jamais tort. Il aura des oreilles, et n'entendra pas ; des yeux, et ne verra pas. Il joindra à une discrétion parfaite une douceur inaltérable, un tact et une délicatesse peu ordinaires, et ne perdra jamais de vue sa responsabilité devant Dieu et devant les hommes. Il participe en quelque sorte du ministère du prêtre, et il doit être tout dévouement pour l'Église et pour tout ce qui peut contribuer à propager le bien et à faire honorer le clergé dont il sera l'organe, et comme l'homme lige, auprès des fidèles. Pour ces derniers, il favorisera en tout leurs intérêts, et leur prêtera son plein et entier concours pour les servir dans leurs besoins spirituels, leurs désirs pieux et leur dévotion, dans la mesure et la réserve de sa place.

Je vous prie de remarquer, Monsieur, que je n'ai envisagé, jusqu'ici, le sacristain que dans les hautes idées de l'ordre moral et de l'ordre spirituel. J'aurais d'autres considérations à faire, si je traitais le côté matériel de ses fonctions, sur le soin et la tenue de la sacristie, sur l'ordre à y faire régner, la vigilance à exercer sur tout ce qui s'y passe, ce qui s'y dit, ce qui part, ce qui arrive, pour qu'aucun désordre, aucun abus, aucune scène regrettable ne viennent en troubler le silence et le recueillement, et en compromettre la sainte décence. Je ne connais pas de lieu, Monsieur, où l'ordre soit plus difficile à obtenir et à conserver que dans nos sacristies. Indépendamment des caquetages et des chuchottements qui en défrayent le journal quotidien, les abus et le désordre de la dissipation y sont comme en permanence. A voir ce qui s'y passe, à entendre ce qui s'y dit, le cliquetis des opinions, le choc des idées, le conflit des intérêts et souvent des amours-propres, on serait tenté de croire que ce vestibule du sanctuaire s'est transformé en une scène de débats tout profanes : point de calme, et partant point de dignité, point d'esprit de Dieu. Les employés, les fidèles, le clergé lui-même, tout le monde oublie le caractère presque sacré du lieu et les règles à y suivre. C'est une petite république où chacun va et vient, s'arrête et marche, parle et répond. Oui, Monsieur, je le répète, la tâche du sacristain est bien grande et bien difficile : heureux le curé qui trouvera un homme capable de la comprendre, et encore mieux de la remplir : il aura trouvé un précieux trésor.

Je suis avec un très-profond respect,

Monsieur,****.

LETTRE XX.

LE CHANT ET LES CHANTRES DE NOS ÉGLISES.

Monsieur,

Je commence par vous avouer que j'ai hésité longtemps à consacrer une de nos causeries sérieuses au sujet que j'entreprends d'examiner avec vous. J'ose à peine vous le nommer, et vous annoncer que je me propose, si vous le permettez, de vous entretenir du chant de nos églises, de nos chantres de paroisse. Mais plus je réfléchis sur cette question, plus je la médite, plus je la trouve grave et digne de notre attention. J'aurais beaucoup regretté, Monsieur, de ne pas vous en dire un mot, et j'aurais cru, en gardant le silence, manquer au but de nos entretiens, et à un devoir même, tant elle est étroitement liée à de graves intérêts de l'ordre spirituel. C'est cette considération qui a fait cesser mon irrésolution, et m'a déterminé à lui donner tout l'intérêt et toute l'importance qu'elle mérite.

Le chant, Monsieur, est naturel à l'homme, et comme un besoin inné en lui. Comme il ne peut penser sans parler, il semble qu'il ne peut aussi sentir et aimer sans chanter. C'est le cœur qui prie, dit saint Augustin, c'est aussi le cœur qui chante. *Cantare et psallere negotium esse solet amantium.* Aussi, Monsieur, soyez attentif, et prêtez l'oreille aux échos de tous les rivages et de toutes les mers, et vous les entendrez résonner des accents de sa joie ou de sa douleur. Au milieu des déserts les plus profonds et des régions les plus lointaines, alors que tout est muet autour de lui, il exhale sa plainte ou son amour par des chants harmonieux. L'Arabe, à la tête de sa caravane, et le nautonier, sur la barque fragile qui porte ses destinées, charment les ennuis du voyage, fidèle image de celui de la vie, par quelques chants héréditaires.

Telle est, Monsieur, la disposition générale de l'homme, par rapport au chant. Mais si la poésie et les arts présentent divers caractères à raison du sentiment qu'ils expriment, le chant, qui est aussi l'expression modulée des sentiments de l'âme, varie avec ces sentiments eux-mêmes. S'il exprime un sentiment tout profane, ce sera un chant profane; s'il exprime un sentiment grand, généreux, comme celui de la valeur, de la patrie, il sera héroïque, patriotique; mais il sera sacré, s'il exprime un sentiment tout céleste et tout angélique. C'est de ce chant inspiré par toutes les beautés ineffables de l'amour séraphique, que nous traitons en ce moment. Son histoire est pleine d'intérêt et de douces émotions. C'étaient des cantiques sacrés, Monsieur, que les Hébreux reconnaissants chantèrent sur les bords de la mer Rouge, et dans le désert, avant les hymnes si ravissantes de David, et les pompes du temple de Salomon. C'étaient encore les cantiques de Sion que les enfants de Jérusalem aimaient à redire sur les bords de l'Euphrate, ce fleuve témoin de leur captivité. Le paganisme même, en pervertissant le culte, avait conservé l'usage des chants sacrés en l'honneur de ses dieux. Comment les premiers chrétiens, élevés dans le temple de Jérusalem, ou dans ceux des Gentils, n'auraient-ils pas aimé le chant religieux? Le chant n'était-il pas une douce nécessité pour eux? Ici, Monsieur, ce ne sont encore que des conjectures; mais voici des témoignages authentiques et bien dignes de nos respects. Les traditions du quatrième siècle attestent que Jésus-Christ et les apôtres avaient donné l'exemple et le précepte des hymnes et des psaumes. Pline ne découvrit autre chose sur les chrétiens, sinon qu'ils chantaient des hymnes à Christ comme à Dieu : *carmen Christo quasi Deo dicere.* On se moquait des chrétiens, passant la nuit à chanter des hymnes. Clément d'Alexandrie est formel sur ce point, lorsque, voulant déterminer les Gentils à quitter leurs superstitions, il compare le culte chrétien aux pompes du paganisme; il leur montre les chœurs formés par les filles de Dieu et les hommes justes, pour célébrer les saintes joies du Verbe, *veneranda Verbi orgia.*

Non-seulement les premiers chrétiens chantaient, mais ils chantaient constamment les hymnes composées par les poëtes chrétiens et les psaumes, dans leurs maisons, dans leur repos, dans leurs travaux. Tertullien nous montre, dans l'intérieur domestique, les chefs de la famille chantant à l'envi des psaumes et des hymnes : *sonant inter duos psalmi et hymni, et mutuo provocant quis melius Deo suo cantet.* Mais quel était ce chant, Monsieur? Ce chant était alternatif ou à deux chœurs, comme chez les Hébreux, les Grecs, les Romains même, comme nous le voyons dans les psaumes de David et les cantiques des Hébreux. Ce mode se retrouvait même chez les païens. Quelquefois le chant était à refrain, et alors le peuple reprenait (*cantus responsorius*); et plus souvent, surtout chez les premiers chrétiens, il était simultané, symphonique, et formé de l'ensemble des voix de tous, hommes, femmes, enfants. C'est le mode par excellence de la ferveur qui était ainsi portée à son comble. Cet ensemble de voix, et le saint enthousiasme des cœurs ivres du divin amour, *velut amore divino ebrii,* en faisaient le charme, et lui donnaient une force d'entraînement que les chants étudiés n'ont jamais possédée ni conservée. On ne peut pas suppléer par l'art à l'absence de la ferveur. Ce chant était tellement beau, que saint Augustin ne pouvait l'entendre sans pleurer.

Voilà, Monsieur, un petit abrégé de l'histoire de notre chant catholique, à défaut d'une théorie que je me confesse incapable de vous donner. Où en est-il aujourd'hui, et que sont devenus sa gloire et son caractère populaire, surtout dans cette vaste capitale? Pourquoi, Monsieur, a-t-il dégénéré, et ne possède-t-il plus la même puissance d'enthousiasme? Hélas! Monsieur, vous en assigneriez les causes mieux que moi : il y en a deux principales, à mon avis : la première est l'ignorance complète des chants de notre liturgie sacrée : autant le peuple chrétien était initié, familiarisé de bonne heure avec nos chants, nos hymnes, nos psaumes, nos cantiques sacrés, autant il y est étranger de nos jours. Dans des âges plus beaux et plus heureux, non-seulement on avait la connaissance familière des chants liturgiques, mais on les aimait, parce qu'on y joignait une ferveur correspondante. Ces deux précieuses dispositions se fortifiaient parallèlement, et se développaient l'une par l'autre. Aujourd'hui, l'ignorance et l'indifférence marchent de front et dominent le peuple. Voilà pourquoi, Monsieur, nos cantiques sacrés, si suaves et si doux, n'ont plus pour lui ni charmes ni attraits. *Ignoti nulla cupido.*

La seconde cause de la décadence du chant sacré, c'est l'invasion de nos lutrins et de nos chœurs par un art tout mondain, ennemi, et presque théâtral. Comment, en effet, sont composés aujourd'hui nos chœurs de chant dans la plupart des paroisses de Paris? Où allons-nous nous recruter à cet égard? Nos maîtres de chœur et leurs auxiliaires, qui peuvent être de très-honnêtes gens, et que je ne veux pas déprécier personnellement, d'où nous viennent-ils, et où vont-ils s'inspirer? Comment entendent-ils l'art religieux, et comment l'exécutent-ils? Ce système, Monsieur, qui peut être une nécessité aujourd'hui, mais que je déplore, et que je regarde comme fatale, a donné, donne, et donnera des conséquences désastreuses, contre lesquelles un bon curé ne saurait trop se prémunir. La première de ces conséquences est d'anéantir le vrai chant catholique, qui est tout entier d'inspiration et d'amour divin. Ces hommes, que l'on ira chercher presque toujours dans nos théâtres, ont rarement le bonheur de comprendre et de goûter les douceurs et les beautés des choses de la piété et de la foi. Ils n'en ont ni l'intelligence, ni la conviction, ni le sentiment. Comment pourront-ils, même avec les organes les plus privilégiés, en reproduire et en exprimer les ineffables et séraphiques inspirations dans leurs chants? *Psallere negotium solet esse amantium;* et ils n'ont pas ce cœur qui aime Dieu. Chanter, c'est adorer, c'est louer, c'est bénir, c'est soupirer, c'est exhaler son âme tout entière; est-ce qu'une voix profane, fût-elle la plus douce et la plus mélodieuse, peut remplir ce rôle si sublime de l'amour divin, indépendamment du cœur? La fonction de ces artistes à gages se borne à produire des sons et des effets d'oreille. Toute leur science est là. L'exécution musicale est tout pour eux. Rien du cœur, rien pour le cœur, et partant, Monsieur, notre beau chant catholique perd son beau caractère de ferveur et d'amour, sa puissance d'entraînement et d'enthousiasme populaire. Il n'y a plus d'inspiration qui ravisse et qui transporte. Le chant ne va plus de l'oreille au cœur pour le remuer, l'émouvoir, l'attendrir et le transporter. Vous avez sans doute, Monsieur, observé, comme moi, ce fatal phénomène de nos chœurs d'église, que je vous signale en ce moment.

La seconde conséquence du système que je combats, est de substituer insensiblement le chant théâtral et dramatique, une musique amollissante, dissipante, dangereuse même, et propre à développer des sentiments tout humains, au chant catholique si pur, si grave, si doux pour la conscience, pour le cœur et l'âme pieuse, qu'il élève, inspire, transporte. C'est la tendance naturelle de ces hommes que nous choisissons pour auxiliaires. Inintelligents de ce qu'ils chantent à l'église, pour le sens et le vrai sentiment; incapables de comprendre ni la beauté des paroles, ni la beauté des choses, et, au contraire, parfaitement exercés au genre, au génie des chants de théâtre, dont ils sont avant tout connaisseurs et admirateurs, il n'est pas étonnant que la tentation leur vienne constamment d'exécuter des morceaux de plain-chant sur des airs d'opéras, avec les accompagnements analogues. Le pas est glissant, comme vous le pensez, Monsieur; ils y seront entraînés par mille motifs, des excitations extérieures, leur propre goût, les influences des artistes et des amateurs. C'est donc au curé vigilant à y aviser.

La troisième conséquence de l'admission des artistes et des chantres de nos théâtres à nos chœurs et à nos lutrins de paroisse, c'est le scandale indirect, muet et tacite qui en résulte en principe et en action. L'opinion religieuse, catholique, est blessée au vif de ce mélange, de cette adjonction d'éléments profanes, antipathiques, extrêmes. C'est, à ses yeux, une alliance monstrueuse, intolérable, impossible dans les choses saintes. De fait, la présence de ces hommes dans nos sanctuaires, leurs allures, pas toujours convenables, leur affectation à ne produire aucun signe de piété loyale, franche et sincère, une négation pratique de tous les actes de la foi catholique, impressionnent douloureusement la piété publique, et équivalent, aux yeux des fidèles, à une indifférence qui ressemble à de l'impiété. L'effet moral en est toujours fâcheux, et d'autant plus regrettable, que, pour des raisons qu'il ne m'est pas donné de comprendre, on a eu l'étrange pensée de les affubler du même habit de chœur que le clergé, ce qui est encore une circonstance aggravante assurément dans le mal que je déplore.

Vous voyez donc, Monsieur, combien nous sommes peu favorisés pour le personnel de nos chœurs de chant, et dans quelles régions nous sommes obligés de recruter nos lutrins. Je reconnais, Monsieur, qu'il est difficile d'échapper à cette triste nécessité, et que nos paroisses sont dans l'alternative ou de n'avoir pas de chantres, ou de les accepter avec les graves inconvénients énoncés plus haut. Si ce fatal système est à subir, Monsieur, je crois que l'œuvre d'un digne curé est d'en détourner et d'en adoucir les conséquences désastreuses, et de lui imprimer une direction aussi bonne que possible. Cette direction doit avoir pour but de donner à nos chœurs de chant de paroisses leurs véritables caractères d'inspirations pieuses, leur puissance d'entraînement et d'enthousiasme populaire. Elle doit aussi lutter habilement contre les préjugés et l'ignorance des chantres-artistes, et empêcher que la musique théâtrale ne domine nos chants religieux, et ne finisse par les dénaturer totalement. Je ne veux pas, Monsieur, m'élever ici en aucune manière contre l'introduction, dans nos sanctuaires, d'une musique saine, de bon goût, pieuse et religieuse : celle-là, qui reproduirait les vrais sentiments de l'âme pieuse, ses vraies aspirations, et corrigerait salutairement la grave, l'immense monotonie du plain-chant, je l'aime et je l'approuve : mais je réprouve et condamne énergiquement toute musique et tout système musical bruyant, dissipant, dramatique, sans caractère et sans inspiration religieuse, qui ne tendrait à rien moins qu'à faire de nos églises des succursales de théâtres, et de nos solennités religieuses des scènes de concerts et d'harmonies stériles. Toute la piété s'évapore et s'évanouit avec tous ces vains sons que l'oreille seule savoure, mais qui ne vont pas jusqu'au cœur.

Quant à la discipline de ces hommes qui composent nos chœurs de chant, c'est une question d'influence toute morale et toute de persuasion. Le curé qui aura eu le bonheur et le don de choisir un bon maître de chœur, plein de convenance, de dignité, de sens religieux, et aimé de ses collègues, pourra, par son concours et par tous les moyens de douceur et de conciliation que la prudence suggère, corriger beaucoup de défauts et réformer beaucoup d'abus. Il doit avoir l'œil à tout, tout observer, avertir à propos et par les voies les plus pacifiques et les plus efficaces. Il arrivera ainsi à éluder bien des difficultés, à détruire bien des obstacles, et à atteindre sa fin, qui consiste dans la gloire de Dieu et le salut du prochain.

Je suis, avec un très-profond respect,

Monsieur, ****.

LETTRE XXI.

LES SERVANTS DE MESSE.

Monsieur,

Le sacristain a ordinairement sous ses ordres et sous sa direction immédiate les servants de messe. Servir la messe, Monsieur, quel honneur et quelle fonction ! Être comme les ministres et les aides du prêtre, monter à l'autel avec lui, l'assister, le servir au nom de Dieu et au nom de tous les fidèles, que le servant de messe représente, au moment où il célèbre et accomplit les plus redoutables et les plus augustes mystères ; encore une fois, quelle dignité ! Les anges qui environnent l'autel de leurs escadrons invisibles, comme s'exprime Bossuet, en sont jaloux et y portent envie. On a vu les rois eux-mêmes déposer les insignes de leurs couronnes, et solliciter humblement et pieusement l'honneur incomparable de remplir un office aussi sublime. Les plus vaillants généraux de nos armées, les magistrats les plus illustres et les plus intègres de nos cités, ont regardé comme une gloire de les imiter. Dans l'Angleterre protestante, les plus grands seigneurs catholiques sont justement jaloux de ce privilége, et il n'est pas rare de voir les hommes les plus recommandables de la société revêtir l'habit de chœur pour s'acquitter plus dignement et plus convenablement encore de ce ministère. Chez tous les peuples catholiques et éclairés, cette fonction a toujours été en honneur et recherchée : malheureusement, Monsieur, il n'en est pas généralement ainsi dans notre France catholique, et Paris particulièrement n'a pas su se défendre de mille préjugés vulgaires à cet égard. Je crains aussi que le clergé n'ait contribué à les accréditer en convertissant ce ministère d'honneur et de piété en un emploi salarié et confié à de pauvres mercenaires. Cependant, Monsieur, quelle haute idée ne doivent pas avoir de leurs fonctions les servants de messe de nos églises! ils sont toujours en spectacle aux fidèles, et édifient ou malédifient singulièrement, selon leur extérieur plus ou moins religieux et chrétien.

Cette fonction, privilégiée de sa nature, appartient-elle de droit à tout le monde, et doit-elle être confiée au premier venu, à des hommes communs, vulgaires et plus que vulgaires? Je suis loin de le penser, Monsieur. Étant de sa nature privilégiée au point de vue des idées catholiques, elle ne doit être confiée qu'à des êtres privilégiés, non pas par leurs richesses ni par leur distinction sociale, mais, ce qui est meilleur, par leur foi, leur innocence et leurs sentiments. Je ne veux être sur ce point, Monsieur, d'une opinion ni trop absolue ni trop exclusive. Je sais que tous les âges, tous les rangs sont et doivent être admis à l'honneur de répondre la messe; cependant il me semble que cette fonction de servir la messe aurait encore, à côté de son caractère glorieux, un caractère d'une beauté symbolique et d'une amabilité touchante, si ceux qui la remplissent étaient choisis dans les rangs de ces êtres si aimables que leur âge, leur candeur, leur innocence, rapprochent le plus des anges et du cœur de Dieu, c'est-à-dire les enfants. L'enfant, Monsieur, est le symbole de toutes les affections pures, de toutes les idées les plus gracieuses et les plus aimables; on le place avec plaisir au milieu des fleurs et des lis, parce qu'il en retrace, par sa candeur, l'éclatante blancheur et la douce image. On aime à le voir approcher de l'autel, à l'environner, s'y jouer, pour ainsi dire, sous les yeux du Dieu de Bethléem, qui mettait ses divines complaisances à embrasser, à bénir et à caresser les enfants. Ne les a-t-il pas invités, Monsieur, à aller à lui, et n'a-t-il pas annoncé que son royaume était fait pour cet âge? Voyez l'enfant au beau jour de la fête de la sainte Eucharistie, comme il sert bien au triomphe du Roi de gloire, comme il embellit sa marche et son cortége, comme il répand de grâces et de charmes sur cette solennité si pleine de majesté, comme il est gracieux quand il balance l'encensoir, et surtout quand il jonche le chemin où le Saint-Sacrement doit passer des fleurs les plus belles et les plus suaves. Pourquoi, Monsieur, n'aurait-il pas le même privilége et le même honneur quand il est question du service de l'autel, où le même Dieu prend naissance, vit et réside dans cet adorable Sacrement? Est-ce que Notre-Seigneur n'a pas pour lui la même prédilection dans sa vie eucharistique? Ah! s'il fait ses délices d'habiter avec les enfants des hommes, c'est surtout avec ceux de cet âge de l'innocence et de la candeur. C'est donc, suivant moi, une pensée heureuse et juste de faire servir les messes par des enfants pieux, aimables, bien formés et bien stylés. C'est détruire tout le charme de l'œil et de la poésie catholique que de confier cette fonction si élevée à des hommes évidemment impropres à ce service, à cause de leur âge et des infirmités de la triste vieillesse qui, depuis longtemps, les a touchés de sa main glacée. Je reconnais, Monsieur, qu'on le fait souvent dans une louable pensée de charité, mais j'affirme que c'est une charité mal entendue et malencontreuse. Il y a dans cette anomalie une absence de sens religieux et du véritable sentiment du beau et du convenable. Je le répète, tout le monde aime à voir les mains pleines de pureté d'un enfant manier les choses saintes, servir à la célébration des saints mystères, et faire l'office des anges; il en reproduit, par une pieuse illusion, l'innocence et la parfaite candeur. Ce spectacle réjouit le cœur des fidèles, le console et le repose, et le transporte même jusqu'aux magnifiques et ineffables réalités de l'éternité.

Ce qui mettrait le comble au ravissement et à la satisfaction publique, ce serait de donner à cet angélique acteur dans la scène la plus sublime un costume bien convenable et admirablement approprié à la nature de sa fonction. Ce costume devra emprunter, d'une part, une petite forme cléricale, comme marque distinctive du sanctuaire, et, de l'autre, un caractère symbolique pour la couleur. Il est à désirer que tout y parle à la piété, flatte l'œil des fidèles, élève le cœur et la pensée, et produise un excellent effet dans un tableau religieux et une scène pieuse. Je voudrais surtout, Monsieur, que les jours de fête et les dimanches, dans ces jours privilégiés où le ciel semble plus brillant, l'air plus pur, l'homme plus beau et plus libre, tout fût paré dans nos églises et dans nos sanctuaires de village même avec une magnificence toute nouvelle, et que tout revêtît un caractère de joie et de fête dans nos autels, nos ornements, nos personnes elles-mêmes, mais aussi dans ces aimables petits représentants des anges qui nous servent de lévites. Il n'y a à cela, Monsieur, aucune objection sérieuse. Les dépenses ne sont pas excessives, et seraient d'ailleurs amplement compensées par le mouvement de piété que le spectacle de cérémonies dignement et pieusement exécutées ne manquerait pas d'amener dans la paroisse. Il y aurait à cela un double bénéfice, celui de la piété et celui des finances. Ces petites choses, Monsieur, qui paraissent indifférentes aux esprits vulgaires, ont une grande influence sur les fidèles, leur causent un vrai plaisir, augmentent leur ferveur, et leur font aimer les offices de l'Église et l'Église elle-même. Tout cela relève notre culte catholique, si imposant et si beau, convie à nos solennités les hérétiques eux-mêmes, fait aimer et bénir la religion qui inspire tout. C'est une science bien précieuse que celle de parler aux sens par la pompe des choses du dehors, et de trouver ainsi l'art de parvenir au cœur et de l'entraîner.

Ce n'est pas assez de donner à ces enfants des vêtements en harmonie avec leur sublime ministère et le goût public, il y a encore toute une direction à leur donner et une école à leur faire suivre. Il faut les rendre dignes de cet honneur, et leur en inspirer la plus haute idée. Pour cela, Monsieur, on ne saurait trop leur recommander le respect pour les choses saintes, le saint sacrifice, les plus petites cérémonies, le clergé et toutes les personnes attachées à l'Église. On les prémunira souvent contre l'influence fatale des autres employés, la contagion des mauvais exemples, une familiarité déplacée dans le sanctuaire et dans la sacristie; autrement ils ne tarderaient pas à se déformer et à se perdre. On pourra même leur assigner un lieu qui leur soit propre, et d'où ils partiront pour répondre la messe, sans communiquer avec personne, chose toujours dangereuse pour eux. Ils auront, en un mot, une petite direction disciplinaire, mais surtout toute morale et toute religieuse. Ainsi organisés, ainsi stylés, les servants de messe seront un des ornements vivants de l'autel, et leur petit ministère fera la joie et la consolation du prêtre qui célèbre le saint sacrifice, et des pieux fidèles qui y assistent.

Je suis, avec un très-profond respect,

Monsieur, ****.

LETTRE XXII.

LES BEDEAUX ET LES SUISSES.

Monsieur,

Dans notre revue des employés de nos grandes églises, nous arrivons aux bedeaux et aux suisses; y a-t-il lieu de s'en occuper, et la gravité de nos entretiens nous permet-elle de leur consacrer quelque attention sérieuse? Vous allez en juger, Monsieur, et prononcer. Les bedeaux ont ordinairement pour attributions le service général de la propreté de l'église, du sanctuaire, des autels, des chapelles particulières, des confessionnaux; ce sont eux qui accompagnent et assistent de droit le prêtre dans les diverses administrations, soit à domicile, comme l'extrême-onction, la communion, ou à l'intérieur de l'église, comme convois, mariages, baptêmes..... Ils sont en tout et partout les témoins du ministère sacerdotal, les aides obligés du clergé, et celui-ci peut les mobiliser, si besoin est, et les détacher pour tout ce qui se rapporte au service de l'église. Dans les cérémonies, les offices et les solennités du culte, ils prévoient tout ou doivent prévoir tout, faire les préparatifs nécessaires, et disposer à point tout le matériel convenable. Ils veillent à la bonne tenue du chœur, ont l'œil à tout ce qui s'y passe, se mettent en mouvement au moindre signe, accompagnent, suivent ou précèdent le célébrant, sont à la disposition du pasteur pour tous les cas donnés, pour toutes les communications à faire, les mesures à prendre, les ordres à transmettre. Leur uniforme de cérémonie est généralement assez gracieux, a un caractère et une origine civile, et approche de celui des huissiers appariteurs de nos chambres parlementaires ou de nos tribunaux.

Le choix de ces hommes, Monsieur, constamment mêlés aux ecclésiastiques et à toutes leurs fonctions, attachés à leurs pas comme leur ombre, est aussi de la plus haute importance. A part la question d'aptitude physique et intellectuelle, ils doivent être revêtus des qualités morales qu'exige la nature de leur charge; c'est le droit et le devoir du pasteur de leur demander, comme conditions d'admission, une conscience et une probité vraiment chrétiennes, des principes de foi pratique. Ils y joindront des convenances personnelles de caractère, de délicatesse, de douceur, une conduite et des mœurs irréprochables. Cela est d'autant plus à désirer en eux, qu'ils tiennent de près au sanctuaire et au clergé lui-même, avec lequel ils ont comme un lien d'union.

En outre, mis en rapport fréquent avec les fidèles,

par suite de leurs fonctions, ils jouissent, dans le peuple, d'une notoriété officielle, et ne peuvent ni garder un incognito protecteur, ni rien faire dans l'ombre et sous le voile de la clandestinité. Tout, chez eux, a un certain retentissement. Leur vie, à divers degrés, est soumise constamment aux mêmes investigations malignes et à la même censure que celle du prêtre. Les ennemis de l'Église et du sanctuaire dirigeront contre eux tous les traits du ridicule et de la calomnie, non pas pour les atteindre et les dénigrer personnellement, mais pour atteindre et dénigrer en eux la religion et ses ministres. Ce serait donc, Monsieur, la chose la plus fâcheuse que leurs noms fussent atteints de quelque déconsidération, et comme entachés de quelque flétrissure. Tout cela rejaillirait plus ou moins sur l'Église et le clergé. De plus, ils ont le privilége d'accompagner le prêtre à domicile, et de l'assister dans toutes les administrations de son ministère, de l'aider même, et d'y concourir indirectement et accessoirement. Or, Monsieur, quelle peine ce serait, pour le prêtre et les fidèles eux-mêmes, d'admettre auprès d'eux et chez eux, et de voir intervenir dans leurs intérêts spirituels et leurs relations les plus intimes et les plus délicates un homme discrédité, déconsidéré dans l'opinion, sans aucun caractère recommandable, et antipathique par mauvaise réputation! Ce serait, pour les paroissiens, une répugnance de tous les lieux et de tous les instants de se mettre en rapport obligé avec lui. Le prêtre lui-même serait profondément humilié de cette défaveur publique qui planerait sur l'homme de sa droite, son agent et son intermédiaire. Son amour-propre, son honneur, l'honneur de son ministère, en souffriraient. Combien aussi il lui serait désagréable et pénible d'être accompagné et assisté d'un homme qui annoncerait un mauvais genre, peu de délicatesse, une absence du sentiment des convenances et du respect dû aux choses saintes! Au milieu des scènes les plus augustes et les plus attendrissantes de la foi pour le prêtre et les familles, on le verrait froid, indifférent, insensible, brusque et blessant. Ce serait, pour le ministre de Dieu, un homme-instrument, mais non un homme-idée, un homme de sens et de piété, et par là même une cause de gêne et une entrave. Il le subira, mais avec répugnance et en gémissant. Ah! Monsieur, combien le clergé a à souffrir, dans nos paroisses les plus populeuses, de ces agents subalternes de l'Église, de leur mauvais vouloir, de leurs mauvais procédés, de leur grossièreté, de leur indélicatesse vis-à-vis les fidèles, et surtout de cette absence et de cette négation de piété réelle qui désole le cœur du prêtre! Comme il est douloureusement affecté de ne voir en eux, dans leur air, leur manière d'être et de faire, que les allures de mercenaires vulgaires et d'hommes à gages et de métier qui se traînent au devoir comme forcément, et non avec ce goût, cet empressement, cette spontanéité que donne l'amour des choses saintes, et qui dénotent un bon et généreux serviteur! Quand le sentiment pieux existe en eux à l'état de vie et de principes, il inspire et influence salutairement toute leur conduite; mais lorsqu'il est éteint, ce ne sont plus que des machines qui fonctionnent plus ou moins bien, et rien de plus : je me trompe, Monsieur, ils compromettent toujours l'œuvre de Dieu et de l'Église, et la minent sourdement, par là même qu'ils ne la servent pas de cœur et de dévouement.

Les suisses ont un autre ordre d'attributions. Ce sont des hommes chargés ordinairement de la police et de la garde de l'église. Ils veillent à ce que les offices ne soient jamais troublés par aucun geste, aucun cri, aucune inconvenance extérieure et apparente. Ils ont mission de réprimer tous les délits qui pourraient se commettre, et de prévenir toute cause de désordre et de perturbation. Ils sont comme les gardiens officiels et les sentinelles vigilantes de l'église. Ils doivent faire respecter toujours et partout la décence et la sainteté du lieu dont la garde leur est confiée, le recueillement et la piété des fidèles qu'ils doivent protéger, l'innocence et les bonnes mœurs, qui trouvent quelquefois un piége jusqu'au pied des autels, et qu'ils doivent sauvegarder et surveiller avec une sévérité toute particulière. Ils ont aussi sous leur responsabilité la garde du matériel de l'église. Ils ont à rendre compte de toutes les soustractions, de tous les vols qui seraient commis à son détriment, ou au détriment des fidèles. Tout le monde sait qu'aucun terrain n'est plus recherché et plus exploité par nos chevaliers d'industrie que nos églises, surtout dans les grandes affluences et les grandes solennités. Elles ont aussi le privilége d'être le rendez-vous de certaines femmes pauvres qui, sous une apparence de dévotion et de mysticité feintes, y sont comme à l'affût pour saisir et s'approprier les objets oubliés ou non oubliés. C'est encore une sorte d'industrie bien dangereuse.

Au premier aperçu, il semblerait, Monsieur, que cette fonction de suisse est peu importante dans l'église, et que c'est un emploi tout militaire qui ne demande que des qualités analogues et d'apparat. Cela est un préjugé et une erreur. Il n'y a pas de si petite fonction dans le lieu saint qui ne soit liée au spirituel et qui n'y touche en quelque sorte. Celle du suisse, qui paraît tout instrumentale, accessoire, matérielle, a un côté très-moral et très-spirituel. Toute police occulte ou publique, politique et civile, doit être intelligente et morale ; mais celle de l'église, qui s'exerce dans une sphère et dans des conditions tout exceptionnelles, doit s'élever à la hauteur des choses et des personnes sacrées, être incorruptible et gardienne des mœurs. Elle doit être comme le glaive protecteur de l'apostolat, tout yeux, tout oreilles, pour voir et entendre ce qui se passe, dépister la ruse et la malveillance, contenir pacifiquement la violence, prévenir tout désordre dans son principe et dans sa source, discerner ce qui convient de ce qui ne convient pas. Elle doit déclarer une guerre de tactique habile à toute intrigue qui choisirait l'église pour se former, comprimer tout propos inconvenant, et surveiller toutes les menées, toutes les manœuvres suspectes, toutes les allures dangereuses. Mais pour cela, il faut autre chose que la hallebarde et l'épée, autre chose qu'une stature imposante : il faut l'habileté, le sentiment des convenances morales et religieuses, l'esprit de ses fonctions, le zèle du bien et l'horreur du mal, être un homme de discernement, d'honneur, de conscience et de foi. Avec la hallebarde seule, vous n'avez qu'un soldat de l'ordre brutal, matériel, des faits accomplis et consommés, lorsqu'il faut, aujourd'hui surtout, un soldat de l'ordre moral et spirituel. Que d'écueils, même à l'église, pour les bonnes mœurs! que de piéges y sont tendus à l'innocence et à la piété du jeune âge! que de coureurs et de coureuses d'aventures y passent et y repassent! Malheureusement, Monsieur, nos églises sont un peu comme la maison de Socrate, et ne sont pas toujours remplis de vrais amis de Dieu ni de vrais fidèles. Il y a un mélange inévitable. Toutes les intentions ne sont pas droites, toutes les combinaisons ne sont pas pures. Il y a des indices, à la surface des choses, des signes non équivoques qui dénotent la malveillance des êtres dangereux et mal inspirés qui y viennent. Un œil bien exercé lit presque leurs projets coupables sur leurs fronts, et pressent, pour ainsi dire, leur présence. Qui est chargé, d'autorité, d'empêcher les mauvais sentiments d'éclore, de se manifester, de se développer? Qui comprimera et refoulera d'un regard, d'une parole, de sa seule présence, tous les mauvais instincts de ces cœurs ulcérés et dépravés?

C'est le devoir du suisse. Il faut qu'il intervienne en tout, et qu'il le fasse en homme adroit, poli, mais ferme; en homme conciliant, habile, et puissant plutôt à prévenir le mal qu'à le réprimer. Quel malheur, Monsieur, si cet homme était corrompu, immoral et corrupteur lui-même! *Deus, talem averte casum!* Il faut donc le choisir avec un discernement bien grand, et après une étude de personne bien consciencieuse. L'admission du plus petit employé, du fonctionnaire le plus instrument, demande à être bien délibérée, comme devant avoir une portée morale et spirituelle, comme devant exercer une influence quelconque, mais réelle, sur l'œuvre pastorale, qui se fera sentir sourdement à la longue et dans les détails.

Il serait, à mon sens, Monsieur, bien utile de donner une direction au suisse, de lui faire l'éducation de sa charge, et de lui mettre en main un petit règlement pratique, qui lui rappellera et la lettre et l'esprit de ses obligations. Il y verra que sa mission principale est de protéger et de favoriser le bien et l'œuvre du clergé, et qu'il doit lui prêter le concours le plus actif et le plus éclairé en tout ce qui le concerne, soit pour les offices, soit pour les administrations, soit pour les confessions, à toutes les heures, à tous les moments, et dans toutes les circonstances où le bien le réclame : il sera plus jaloux de prendre la forme civile avec sa politesse, ses procédés de respect, de douceur, ses manières si amies de la paix, que de conserver la forme militaire avec ses allures dures, absolues, violentes et provocatrices. Il n'oubliera pas qu'un suisse d'église n'est pas un gendarme, et qu'il ne doit s'y assimiler sous aucun rapport. Son rôle ainsi compris et rempli, il méritera bien du digne curé qui aura mis sa confiance en lui, du clergé qui admirera son dévouement intelligent, et des fidèles eux-mêmes, dont il aura protégé le recueillement et la piété dans les moments les plus précieux pour eux.

Je suis, avec un très-profond respect,

Monsieur, ****.

LETTRE XXIII.

LES MARCHANDES DE CIERGES ET LES DONNEURS D'EAU BÉNITE.

Monsieur,

Indépendamment des employés proprement dits, l'église, qui est un peu l'asile de tout ce qui n'en a pas, ouvre son sein à un certain nombre de pauvres âgés, infirmes, et incapables de subvenir aux besoins de leurs vieux jours par l'occupation de quelque emploi dans le monde : ce sont les donneurs d'eau bénite. Elle donne aussi l'hospitalité à quelques pauvres femmes contemporaines des précédents, et placées dans une condition analogue, et leur permet d'y vendre des cierges, et de les faire brûler aux pieds de quelque image vénérée, ou de quelque autel où la dévotion peut conduire les fidèles. Ce n'est là, à coup sûr, ni un trafic, ni une industrie pieuse, comme les esprits ignorants ou mal conformés pourraient le penser. Ce n'est qu'une bonne œuvre que l'église fait à ces pauvres gens, sous une forme qui les recommande, et un service réel qu'elle rend à la piété des paroissiens, auxquels elle donne ainsi une douce satisfaction, et une occasion commode de produire au dehors, par un pieux et touchant symbole, les sentiments et les inspirations de leur âme chrétienne. Elle y est complétement désintéressée au point de vue matériel, et beaucoup intéressée au point de vue spirituel. Je ne veux ici, Monsieur, ni examiner ni discuter les raisons qui militent pour ou contre ce système et ce mode de faire la charité. Les opinions ont leur pleine liberté sur ce point, et on peut soutenir la négative ou l'affirmative sans compromettre sa conscience. Je me borne à expliquer le fait général existant dans les églises de Paris, et les intentions dont elles ont été animées en l'introduisant, et qu'elles conservent encore en le maintenant.

Les raisons que l'on pourrait alléguer en faveur du système en possession et en exercice sont les services mêmes que ces pauvres gens rendent à l'église qui les accueille et les garde, et aux fidèles eux-mêmes. Pour ceux-ci ce sont des indicateurs fort obligeants, et comme des guides immobiles. Ils fournissent avec empressement les renseignements à ceux qui en désirent, sur les offices, les administrations; vont chercher et prévenir les confesseurs à la demande des personnes, informent les prêtres de garde des cas de baptêmes et administrations, et rendent au public mille petits services que personne n'inscrit au contrôle, mais qui sont réels et bien appréciables. Pour l'église, ils sont échelonnés tout autour de son enceinte et placés sur des siéges différents, et convenablement distancés pour tout voir et tout observer. Ce sont des surveillants muets, impuissants à réprimer le mal, mais propres à le signaler, à le dénoncer, et même à le prévenir par leur présence. Ils ont, à cet égard, une sorte de règlement et de consigne dont la clause se résume, je crois, à se considérer comme des moniteurs responsables de ce qui se passe et de ce qui arrive.

On me demandera peut-être aussi, Monsieur, d'assigner les conditions de leur admission. Est-il bon de poser cette question? La raison de compassion et de charité ne suffit-elle pas pour les faire agréer et recueillir? Je répondrai, Monsieur, qu'elle est la première raison, mais qu'elle ne suffit pas. Faire de la charité est une excellente chose; mais faire de la charité pour compromettre les intérêts de l'église, et matériellement, et moralement, et spirituellement, ou compromettre les intérêts de l'église sous ce triple rapport pour faire de la charité, ce n'est ni sage, ni logique, ni apostolique, ni gouvernemental. Dans le concours de deux intérêts en conflit, l'intérêt individuel doit évidemment céder à l'intérêt collectif; et le faire prévaloir sur celui-ci serait un acte réprouvé par le droit et par la raison. Je voudrais donc, Monsieur, que toutes ces bonnes gens fussent recommandables, non-seulement par leur âge, leur pauvreté, leurs infirmités, mais par leurs qualités morales et leurs habitudes honnêtes. Il faut qu'en honorant leur pauvreté ils honorent leurs places et l'église qui les leur confie. Ils sont appelés à avoir des rapports avec les paroissiens pour mille choses, et à être reconnus pour appartenir à l'église. Ce serait une chose triste et fâcheuse de les trouver peu convenables dans leurs habitudes : l'opinion pieuse et l'opinion publique elle-même en seraient contristées et blessées. Le curé pieux avisera surtout à ce qu'ils n'aient rien dans leur physique qui inspire le dégoût, à ce qu'ils n'apportent pas avec eux des habitudes dégradantes qu'ils contractent trop souvent dans leur vie et qui sont le principe de leur extrême misère, et à ce qu'ils observent les règles de la tempérance. Ils devront mettre aussi beaucoup de réserve et de délicatesse dans le mode de réaliser leur petit bénéfice journalier, pour ne pas paraître avec les allures de mendiants importuns et vicieux. Ils ne s'écarteront jamais des formes de la douceur et de la politesse respectueuse envers tout le monde. Il ne serait pas trop inutile ni trop déplacé non plus de leur faire subir, de temps en temps, une inspection de propreté et une visite officielle sur place. La propreté honorable et continue n'est ni dans leur âge, ni dans leurs habitudes, ni dans leurs dispositions. Ce n'est pas par ce côté-là qu'ils se recommandent aux fidèles.

Je viens, Monsieur, de passer en revue tous les employés de nos églises de Paris, de porter un jugement peut-être trop sévère sur l'état de leur esprit, de hasarder une opinion sur la direction à suivre dans leur choix, leur discipline, leur véritable organisation, au point de vue de l'Église et du gouvernement spirituel :

ces principes se modifient beaucoup, j'en conviens, dans la pratique où les difficultés abondent, mais n'en subsistent pas moins et n'en doivent pas moins subsister, pour modifier à leur tour la pratique, et la mener, si je puis ainsi dire, pour protester contre tous les désordres et les abus que la faiblesse ou l'inhabileté peuvent introduire ou tolérer, au préjudice des âmes qui se perdent, et du bien général qui souffre et ne se fait pas.

Je suis, avec un très-profond respect,

Monsieur, ****.

LETTRE XXIV.

LE PRÊTRE SACRISTAIN CHARGÉ DES EMPLOYÉS.

Monsieur,

Cette classe des employés a pour contrôleur et pour chef immédiat un prêtre délégué et nommé par le curé. C'est ordinairement un des ecclésiastiques de son clergé à qui il confie la haute direction de la sacristie, et du personnel des fonctionnaires laïques attachés à l'église. On l'appelle, dans le langage officiel et administratif, le prêtre trésorier ou le prêtre directeur de la sacristie. Ses attributions sont très-étendues, et il a comme une intendance générale sur toute l'église. Le curé se décharge sur lui de toute son autorité et de toute sa responsabilité à ce sujet. Il est comme son ministre des cultes, son ministre des travaux publics et son ministre des finances. Il a à administrer plusieurs départements à la fois dans ce petit monde qu'on appelle paroisse. Il est comme le pivot sur lequel tout roule et tout tourne. Le personnel salarié et à gages relève entièrement de lui : c'est à lui de le former et de le diriger, et disciplinairement et moralement. Il aura d'autant plus d'influence et d'autorité sur lui, que c'est lui qui le paye et qui règle ses honoraires. Je ne vois pas dans la paroisse, Monsieur, de charge plus difficile et plus importante que celle-là.

Si le prêtre trésorier est à la hauteur de ses obligations par sa conception et sa capacité, par son énergie calme et invariable, par sa piété vraie et solide pour le fond, aimable et suave pour la forme; s'il possède au degré voulu l'esprit de Dieu et l'esprit des affaires; s'il mène tout sous cette double influence, et travaille à introduire en tout cet esprit de Dieu dont il est plein, tout ira à merveille, et vous verrez tout se renouveler et se régénérer sous sa main et sous son regard. Tout le monde sera édifié de voir l'église entretenue avec un soin pieux, l'ordre et la bonne harmonie présider dans la sacristie, le bon goût dans tous les ornements des autels et des chapelles, la décence et l'exactitude la plus parfaite dans les offices publics et particuliers, dans la célébration des messes, l'administration des sacrements, le zèle, l'obéissance et la politesse la plus respectueuse dans les employés. Quel résultat, Monsieur! quelle belle œuvre que celle-là! Il sera de plus l'ami de tous ses confrères, par ses bons égards et ses bons procédés pour eux; il sera souple, conciliant, complaisant dans les petites difficultés et les conflits qui pourraient surgir, et qui surgiront inévitablement. Il les ménagera en tout, et cherchera, s'il se peut trouver, le secret de concilier les exigences du service avec ses sentiments de déférence pour eux. Tous les employés, ses subordonnés, seront, à son exemple, prévenants, dociles et respectueux pour ses confrères. Il en fera même comme un cas réservé pour eux. En un mot, il communiquera sa vertu et son esprit à tous les lieux et à toutes les personnes qui relèveront de lui. Prêtre par le cœur, et zélé pour les choses de Dieu, on le verra d'une attention ravissante pour tout ce qui touche de près aux saints mystères, et y faire présider le respect, le soin, le recueillement.

Il y a surtout au centre de son administration une question grave, immense : c'est celle de l'enregistrement des messes, de la perception des honoraires, et de leur acquittement dans les intentions des fidèles. Qui enregistrera ces messes? qui en percevra l'honoraire? qui sera chargé de les faire acquitter selon les intentions des fidèles? Je dois vous avouer ici, Monsieur, que j'ai été profondément contristé de voir, dans certaines paroisses, confier à un laïque, comme un emploi commun et vulgaire, cette fonction si délicate au point de vue de la foi, des âmes, des besoins spirituels des vivants et des morts, de la conscience catholique. Est-ce à un laïque de traiter avec les fidèles qui viennent demander des messes? Est-ce à lui d'entendre l'exposé de leurs vues, de leurs désirs, le récit de leurs besoins et de leurs peines; de recevoir souvent leurs confidences les plus intimes? Est-ce à lui de leur fixer les heures, les jours des messes demandées; de les enregistrer et, de percevoir les honoraires qui y sont attachés? Cette charge ne doit-elle pas appartenir exclusivement à un prêtre pieux, et qui en ait la haute idée et la conscience convenable? Lui donner un agent et une forme de fiscalité odieuse, ne serait-ce pas là, Monsieur, porter atteinte à l'honneur du prêtre, à celui du sacrifice lui-même et de l'Église? Ce serait un scandale contre lequel tout cœur catholique et surtout tout cœur de prêtre protestera toujours. De plus, comment trop souvent sont tenus ces registres des messes? Les intentions des fidèles, comment sont-elles acquittées, surtout dans nos grandes paroisses? N'y a-t-il pas là quelques abus, quelque désordre, quelque chose à réformer? Je reconnais, Monsieur, qu'il y a de grandes difficultés à tout concilier, surtout dans les paroisses où le chiffre des messes inscrites est considérable. On ne peut pas satisfaire littéralement à toutes les exigences; mais fait-on à cet égard ce que l'on doit? Va-t-on jusqu'à la dernière limite du possible? Ne peut-on pas perfectionner les choses, y apporter des modifications en bien et en progrès? N'est-ce pas là une des parties les plus délicates, et même la plus précieuse de l'administration de la paroisse? Nous demandons, Monsieur, et les fidèles le demandent eux-mêmes, que tout ce qui touche au saint sacrifice de la messe, comme la matière nécessaire, les vases et les linges sacrés, les ornements sacerdotaux, soient traités avec le plus profond respect. Il y a même pour quelques-uns de ces objets une défense de droit à un laïque d'y porter la main et de les manier, sans une permission préalable de l'autorité; et nous lui livrerions, nous lui confierions le soin d'en réglementer, d'en enregistrer la pensée intime, et l'intention du prêtre en montant à l'autel! Les fidèles eux-mêmes n'en seraient-ils pas étonnés, et n'éprouveraient-ils pas une répugnance bien grande à communiquer leurs besoins spirituels à un homme ordinaire, et pris en dehors du sanctuaire? Il est donc de la plus haute convenance et d'un rigoureux devoir, à mon sens, pour un curé, de ne confier l'inscription et l'enregistrement des messes qu'à un ecclésiastique vénérable, et de veiller à ce que les intentions soient exactement remplies. L'acquittement des messes implique une dette de justice et de charité envers les vivants et les morts.

Je termine ici, Monsieur, la série de nos entretiens sur la seconde partie du gouvernement pastoral, l'organisation personnelle. J'espère avoir abordé toutes les questions qui s'y rattachent, et n'avoir éludé aucune difficulté. J'aurais eu encore à parler d'un employé qui joue un grand rôle dans l'église, et dont la fonction est d'une nature bien importante : c'est le percepteur ou l'entrepreneur des chaises. Je n'envisage ici que la question de personnes. Cet homme, s'il n'est ni consciencieux, ni recommandable par ses principes, ses antécédents et même ses formes, pourrait être un malheur et une plaie dans le lieu saint. Il est indispensable de lui donner une direction pour sa gestion, afin qu'elle soit selon l'esprit, c'est-à-dire douce, polie, conciliante, et non selon la lettre, âpre, dure et exigeante. J'ai eu l'honneur, Monsieur, de vous communiquer mon opinion sur ce point dans un de nos entretiens précédents sur l'organisation matérielle : je n'y reviendrai pas. Je finis cet examen de l'organisation personnelle, en disant que, pour conquérir des royaumes, il faut de grands capitaines et de vaillants soldats; pour gagner des âmes et étendre les conquêtes apostoliques, il faut des hommes pleins de générosité et de courage. Dieu, qui nous a créés sans nous, veut nous sauver les uns par les autres, comme le démon travaille à nous perdre les uns par les autres. Nous sommes les coadjuteurs véritables de Notre-Seigneur; il faut donc qu'en tout et pour tout, curé et prêtres de paroisse nous travaillions pour lui, et que nous n'ayons pour auxiliaires dans cette grande œuvre que des hommes qui nous honorent et honorent l'Église, qui bénissent et fassent bénir la religion, et qui soient, sous notre impulsion et notre direction, les dignes instruments et les intelligents serviteurs de notre zèle et de notre œuvre commune. Tout est là, Monsieur : le bon personnel fait les bonnes paroisses, les paroisses modèles et florissantes; un personnel médiocre fait les paroisses pauvres et médiocres; un mauvais personnel les perd et les anéantit.

Je suis, avec un profond respect,

Monsieur, ****.

LETTRE XXV.

ORGANISATION SPIRITUELLE.

Monsieur,

Nous avançons dans notre œuvre, et, après avoir examiné successivement et aussi complétement que possible, des deux grandes parties du gouvernement pastoral, l'organisation matérielle et l'organisation personnelle, nous arrivons à une troisième et dernière organisation, qui est le terme et le couronnement final des deux autres, l'organisation spirituelle.

Qu'entend-on, Monsieur, par organisation spirituelle? Par organisation spirituelle, j'entends cette partie de l'administration pastorale qui touche directement et immédiatement au domaine des intérêts d'une nature toute spirituelle, comme l'enseignement religieux, les confessions des fidèles, les sacrements à administrer, les prédications, les bonnes œuvres, les écoles, et toutes les institutions créées ou à créer dans un but apostolique. C'est le champ du père de famille renfermant le plus précieux trésor; c'est pour le cultiver et pour y recueillir une abondante moisson que le prêtre est appelé et envoyé; c'est là la vigne du Seigneur que le pasteur est obligé de cultiver.

En dehors du for intérieur, où le prêtre est libre de son action, rien ne relève que de Dieu seul et de sa conscience, où son ministère est sacré et inviolable; le curé a un droit et un devoir inhérents à sa charge, de surveiller, de diriger, de contrôler tout ce qui est du for extérieur, d'imprimer le mouvement à tout, de tout ordonner et de tout régler. Son influence et son action doivent se faire sentir partout, mais elles doivent surtout être pleines, puissantes là où un motif sacré d'intérêt spirituel le réclame impérieusement. Il est personnellement et nommément envoyé pour enseigner, prêcher, administrer les sacrements; et comme il ne pourrait pas suffire seul à toutes les obligations de sa charge, ni tout faire par lui-même, le premier pasteur lui adjoint quelques prêtres auxiliaires qui doivent concourir à son œuvre, sous sa direction et sous sa responsabilité. En vertu de ce principe qui le rend responsable en tout, et selon lequel il exerce l'autorité à ses risques et périls, il doit savoir ce qui s'enseigne, et comment on enseigne; ce qui se prêche, et comment on prêche la parole de Dieu; ce qui s'administre, et comment on administre les sacrements, quant aux circonstances extérieures et d'ordre général.

Nous avons donc, Monsieur, à nous occuper de toutes ces grandes questions spirituelles, qui sont comme l'objet suprême et le but final de l'œuvre pastorale. Notre premier entretien roulera sur une question bien intéressante, bien débattue de nos jours parce qu'elle est capitale et décisive, celle de l'enseignement religieux dans nos paroisses. J'espère, Monsieur, que Dieu nous aidera à la bien comprendre, et à la traiter d'une manière qui ne soit pas trop indigne de sa haute gravité.

Je suis, avec un très-profond respect,

Monsieur, ****.

LETTRE XXVI.

ENSEIGNEMENT RELIGIEUX DANS LES PAROISSES.

Monsieur,

De toutes les questions qui se rattachent au gouvernement pastoral d'une paroisse, la plus fondamentale, la plus féconde et la plus multiple est celle de l'enseignement religieux. En vain un bon et digne curé excellerait par les plus édifiantes vertus, en vain il corrigerait, reprendrait, parlerait, en vain il brillerait par un talent rare d'administration; s'il n'enseigne pas, s'il néglige l'instruction élémentaire et graduée de l'enfance et de la jeunesse, il n'arrivera à aucune conséquence heureuse et n'obtiendra aucun résultat. Entreprendre d'élever l'édifice spirituel de la sanctification de sa paroisse sans l'asseoir sur cette base, c'est entreprendre de bâtir en l'air la république de Platon; c'est une chimère et une folie.

Essayez de former des disciples dans la saine littérature, dans la belle poésie, dans l'éloquence et la philosophie, sans leur ouvrir une école pour leur en enseigner les règles et leur en révéler les vrais principes, et vous verrez si vous réussirez! tous vos efforts n'aboutiraient à rien. Le zèle le plus brûlant, fût-il celui d'un saint François-Xavier ; la charité la plus ardente, fût-elle celle d'un saint Vincent de Paul, ne sauraient suppléer au défaut de l'instruction et de la science de la doctrine catholique. L'ignorance est le plus terrible des fléaux de l'ordre moral et spirituel, et l'ennemi le plus redoutable de la religion. Ainsi, Monsieur, un curé qui aura la science et la vertu du zèle, qui raisonnera le gouvernement de sa paroisse, commencera sa grande mission par l'instruction, la continuera par l'instruction et la finira par l'instruction.

Quelles leçons et quel bel héritage tous les saints ne nous ont-ils pas laissés à cet égard, avec l'autorité de leurs glorieux exemples et de leur admirable vie ! Que j'aime à voir, Monsieur, saint Jean Chrysostome, saint Ambroise, saint Augustin, gloires immortelles de leurs églises et de leur siècle, se jouant au milieu des enfants de leurs peuples pour leur apprendre les saintes vérités de la foi ! Que je trouve de charmes à lire les lettres de saint Jérôme, conjurant, du fond de sa solitude de Bethléem, les grandes dames romaines de lui envoyer leurs petits enfants à instruire ! Il trouvait, selon sa belle expression, plus d'honneur et de gloire à leur apprendre à balbutier le nom de Jésus enfant, qu'Aristote à apprendre à Alexandre l'histoire des grands capitaines de la Grèce. Des légions de congrégations religieuses se sont levées et formées comme à l'envi pour se dévouer à cet apostolat, le plus sublime de tous. Les Ignace de Loyola, les Philippe de Néry, les Vincent de Paul, les Lasalle, et tant d'autres, avaient une si haute idée de cette mission, qu'ils la mettaient au-dessus de toutes les fonctions les plus glorieuses et les plus vantées dans le monde. Ils savaient que l'Évangile est une semence féconde qui germe toujours et se multiplie au centuple dans les jeunes cœurs bien préparés à le recevoir. Ils semaient, semaient encore, semaient toujours, et recueillaient des fruits abondants en leur temps.

L'enseignement religieux, Monsieur, c'est la prédication la plus vaste, la plus ambitieuse, la plus gigantesque que l'on puisse concevoir. L'enseignement sur une vaste échelle, c'est le soleil versant des flots de lumière pure sur le monde. Qu'est-ce qu'une population sans instruction religieuse? Quel parti peut-on en tirer? Comment lui annoncer les vérités du salut, du haut de nos chaires catholiques? Comment élever ses sentiments et son cœur vers Dieu, qu'elle connaît à peine? Comment donner la religion pour règle à ses mœurs et pour frein à ses passions, si elle en ignore les premiers principes? Comment combattre ses instincts dépravés, lui expliquer son histoire, lui montrer ses grandes destinées dans son passé, dans son présent et dans son éternel avenir, si, dans son enfance, il ne lui a pas été donné de les apprendre et de les connaître? L'instruction religieuse féconde toutes les vertus, et fait des anges; l'ignorance en matière de religion conduit à l'indifférence, et fait les monstres dans l'ordre moral et dans l'ordre social. Le peuple des villes et le peuple des campagnes sans instruction religieuse est à l'état barbare, sous le masque et l'apparence d'une fausse civilisation. Il en a toute la rudesse, toute la grossièreté, toute l'ignorance, tous les instincts ; plus la corruption la plus raffinée. Il n'a que des goûts terrestres, matériels, vils. Tout sentiment élevé, toute noble inspiration, toute vie morale, sont éteints et comme étouffés en lui. Un peuple instruit, au contraire, et qui possède la connaissance de Dieu et des vérités religieuses, jouit de la belle et véritable civilisation, et présente l'aspect le plus consolant. Il peut être pauvre, bien éprouvé ; mais il sera heureux, attendu qu'il possédera le plus précieux de tous les trésors, les richesses de la science des sciences, celle de la religion. Un peuple sans principes est le dernier des peuples ; une paroisse sans instruction et sans principes est également la plus triste et la dernière des paroisses.

Non-seulement, Monsieur, l'instruction religieuse éclaire l'homme dans sa voie, imprime sur son front le sceau de sa grandeur, mais, de plus, elle le sauvegarde contre les écueils, et semble le mettre en possession anticipée de l'avenir immortel qu'elle lui a révélé et promis. Un homme qui aura une connaissance solide et raisonnée de sa foi catholique, qui aura eu le bonheur d'en recevoir les précieux enseignements et les douces impressions dans sa jeunesse, ne s'égarera jamais entièrement. C'est une âme conquise au bien pour toujours, au moins par le cœur. Son instruction catholique ne lui permettra pas de faire un long séjour dans la région du désordre, supposé qu'il ait le malheur d'y descendre. Le remords lui fera sentir son aiguillon; les beaux souvenirs d'une pieuse éducation viendront souvent le troubler au milieu de ses passions, et lui faire regretter amèrement les heureux jours de son innocence et de sa fidélité. La loi si pure et si puissante sur les âmes, *lex immaculata*, qu'il connaît, se présentera souvent à son esprit avec ses menaces salutaires et ses magnifiques récompenses. Il éprouvera toujours le besoin de revenir à la religion, dont il aura reçu les maternelles caresses aux jours de son enfance et goûté les doux charmes. Les moyens du retour lui sont connus. L'esprit est formé; il n'y a que le cœur d'égaré, et c'est lui seulement qu'il s'agira de ramener. La tâche du prêtre est bien simple, bien facile, quand la science de la doctrine existe et que la conscience est éclairée.

L'ignorance enchaîne l'âme dans le mal, d'autant plus fatalement qu'elle lui met un bandeau épais sur les yeux, et ne lui permet même pas de soupçonner son état. Elle aveugle l'esprit, endurcit le cœur, arrête tous les mouvements de la grâce, en intercepte tous les rayons, et rend une conversion moralement impossible. Pour faire des œuvres de lumière, il faut être dans la lumière. Elle n'a pas lui pour une âme ignorante; elle est donc frappée de stérilité et de mort. La première condition pour conquérir une âme à Dieu, c'est de lui révéler toutes les vérités de la doctrine catholique sur

Dieu, sur ses fins dernières, sur l'incarnation, les sacrements, la morale; et pour cela il faut, du côté du néophyte, du catéchumène, de la bonne volonté, le désir, la patience, les efforts, la générosité, les sacrifices, la liberté de temps et de personne; du côté du catéchiste et de l'apôtre, du temps, et une vertu apostolique bien trempée. Quel travail! quelle tâche compliquée! que d'embarras! que d'obstacles! quel ministère! que de difficultés pour le néophyte lui-même! N'en sera-t-il pas découragé, rebuté, déconcerté, avant d'arriver au but?

L'enseignement est donc, Monsieur, le premier devoir du prêtre, et le premier moyen de sanctifier sa paroisse. C'est le fondement de toute régénération spirituelle; c'est l'idée mère de toutes les autres idées, le plan qui doit préexister à tous les autres plans apostoliques. C'est l'élément primordial de tous les projets, de tous les systèmes, de toutes les entreprises, de toutes les tactiques évangéliques. Tout ce qui naît en dehors de l'enseignement est mort-né. Toutes les théories les plus brillantes sont stériles et impraticables, si l'instruction n'en est la base; c'est par elle que l'on doit commencer toutes les œuvres pastorales. C'est une chose fort louable, fort belle, fort poétique même, d'être tout enflammé de l'esprit de conquête, d'ambition, d'agrandissement, de dilatation, dans le gouvernement des âmes; mais il faut se résigner d'abord pleinement et de conscience au ministère tout prosaïque et tout modeste de l'enseignement populaire. *Docete...* Il faut même beaucoup de méthode dans cet enseignement suréminent, et beaucoup de constance dans l'application de cette méthode : *multus labor, multa in labore methodus, multa in methodo constantia.* C'est par l'enseignement que vous produisez, que vous organisez, que vous conquérez et que vous conservez.

La science religieuse est non-seulement une mine féconde et inépuisable, mais elle est le plus sûr préservatif contre tous les dangers de la séduction, de l'erreur et de l'impiété. C'est pour le chrétien une armure impénétrable, et un bouclier tout-puissant contre tous les traits de l'ennemi. Elle fait promptement justice, Monsieur, de ces vulgaires et banales objections de l'incrédulité et de la mauvaise foi, perpétuellement reproduites sur tous les tons, et perpétuellement réfutées. Si elle ne rend pas impeccable et irréprochable, elle a la vertu et la propriété de rappeler le souvenir du devoir, des droits de Dieu et de la conscience, d'inviter sans cesse à les respecter, d'y solliciter toujours, et de ne jamais permettre que l'âme du pécheur prescrive contre Dieu, et s'endorme dans la voie du mal. C'est la science vitale; elle touche à la question du bonheur ou du malheur éternels de l'homme; elle donne la pleine solution des grands problèmes de son passé, de son présent et de son avenir. *Il faut être fou ou insensé*, a dit Pascal, *pour demeurer indifférent ou insouciant de savoir ce qu'il en est, et sur la terrible alternative qu'elle pose à l'homme, selon qu'il aura vécu ou non selon la lumière et les principes.*

L'enseignement catholique, c'est la grande voie, la voie royale de l'apostolat; c'est le moyen le plus large et le plus fécond pour les conquêtes de la foi. Ce n'est plus un ministère qui agit isolément et procède individuellement : ce sont des générations tout entières que l'on forme à la vertu, que l'on élève dans la religion, que l'on nourrit du plus pur lait de la doctrine, que l'on instruit dans les voies de Dieu, et qui sont destinées à répandre un jour dans le monde, et dans les diverses carrières sociales, la connaissance de cette religion qu'on leur aura appris à aimer. A une génération en succédera une nouvelle, héritière de ses principes et de ses sentiments; et la transmission du bien qui aura été fait s'enchaînera d'âge en âge pour la gloire de Dieu et de son Église. C'est là, Monsieur, faire de l'apostolat à grands traits, et s'emparer du présent et de l'avenir. Toutes les réformes radicales, fondamentales, pour les individus comme pour les masses, ne peuvent venir que de l'enseignement religieux. Aussi, un digne curé qui a la douleur d'avoir à gouverner une paroisse où tout sentiment religieux est éteint, ne doit pas se contenter de gémir et de se lamenter dans l'intérieur de son presbytère; il doit se mettre à l'œuvre, et organiser, sans relâche, un bon système d'enseignement catholique, selon ses moyens et ses ressources. Toute son espérance, comme tout son avenir, est là, et pas ailleurs.

Après ces considérations générales sur l'enseignement de la doctrine catholique, j'aborderai, si vous le permettez, Monsieur, la question de son organisation elle-même, et du mode à suivre dans son application pratique. Ici se présente, naturellement, l'occasion de parler de ces écoles d'instructions religieuses, connues sous le nom de catéchisme : comme ce sujet présente une haute importance et mérite toute notre attention, je me propose, si vous l'agréez, de lui consacrer notre prochain entretien.

Je suis, avec un très-profond respect,

Monsieur, ****.

LETTRE XXVII.

CATÉCHISMES.

Monsieur,

Un catéchisme est un cours d'instruction plus ou moins élémentaire de la religion, selon l'âge et le degré d'intelligence et de science des enfants auxquels il se rapporte. Il y a un catéchisme très-élémentaire pour les tout petits enfants qui se préparent d'une manière éloignée à la grande action de leur première communion : on l'appelle catéchisme préparatoire. Il y en a un autre pour ceux de la première communion, qui est plus étendu que le précédent. Il y en a un troisième pour ceux qui l'ont déjà faite, ou l'année précédente, ou depuis plusieurs années, et qui persévèrent à venir assister à un cours d'enseignement catéchistique qui leur est propre, et dont toutes les instructions sont plus développées, plus raisonnées, et présentées sous une forme plus sérieuse, plus scientifique et plus intéressante : c'est celui qui est connu sous le nom de catéchisme de persévérance, et qui peut lui-même avoir plusieurs degrés d'élévation et de développement. Cette œuvre des catéchismes doit-elle être organisée dans les paroisses? Par qui doit-elle être organisée? Comment doit-elle être organisée? La réponse à ces trois questions capitales fera, Monsieur, l'objet de quelques-uns de nos entretiens, et présentera la solution d'un des plus grands problèmes du gouvernement pastoral.

L'œuvre des catéchismes doit-elle être organisée? A cette question, Monsieur, vous avez mille fois donné une réponse affirmative, vous, si dévoué à l'enfance et à la jeunesse chrétienne, et à son instruction religieuse. S'il y a une œuvre éminemment grande et dans sa nature et dans ses immenses conséquences, c'est bien celle-ci. Demander si elle est susceptible d'organisation, et si elle doit être régulièrement organisée dans nos paroisses, c'est demander si une paroisse doit exister ou ne pas exister, être organisée ou ne l'être pas, puisque c'est le premier et le plus puissant élément moral et spirituel de son gouvernement. C'est pour elle une question de vie ou de mort, d'être ou de ne pas être. Un curé qui regarderait cette œuvre comme accessoire et secondaire dans toutes celles de son administration, accuserait une étrange inintelligence des choses, une malheureuse et funeste incapacité : ce serait compromettre tout l'avenir religieux de sa paroisse, travailler fatalement à sa décadence et à sa ruine, que d'abandonner l'œuvre des catéchismes au gré du hasard et du caprice; ce serait comme un attentat coupable contre la vie morale et spirituelle des générations futures elles-mêmes, qui maudiraient son passage et sa mémoire, que de la confier au premier venu, tout irrégulière, toute mutilée, toute désordonnée, sans s'en occuper sérieusement, sans la fonder sur des bases solides et larges, et la constituer organiquement. Je sais, Monsieur, que, sur ce point, toutes les paroisses ne se ressemblent pas, et que l'état des catéchismes, qui est si florissant dans les unes, est bien peu satisfaisant et sans organisation aucune dans les autres. Les faits déplorables du laisser-aller de certains pasteurs par rapport à l'instruction religieuse ne peuvent servir d'autorité, et ne sauraient prévaloir contre le droit et les principes. *S'il y a quelques exemples pour, il y a des raisons invincibles contre.* Du reste, Monsieur, que l'on compare les paroisses dans lesquelles l'enseignement religieux fleurit, et celles où il est en décadence, leur niveau spirituel, leur mouvement de piété et les faits, seront plus éloquents que les paroles. Les effets fâcheux sont toujours liés à de mauvaises causes, comme aussi les heureux effets le sont à de bonnes causes. C'est l'arbre et le fruit.

Ne mettons donc pas en question l'organisation de l'œuvre des catéchismes; ce serait, Monsieur, faire injure à votre conviction et à votre zèle sur ce point. Il faut la fonder, l'organiser avant toutes les autres œuvres; lui donner la préséance, si je puis ainsi parler, et le soin de prédilection qu'elle mérite à tant de titres. C'est l'œuvre vitale, nécessaire, mère et nourricière de toutes les autres. L'expérience, la raison, l'autorité, les exemples des saints, tout la recommande, et fait un devoir sacré au pasteur de lui consacrer tout son zèle et toute son influence. Il ne doit reculer devant aucun sacrifice quand il s'agit de ses intérêts.

Mais par qui doit-elle être organisée cette belle œuvre de l'enseignement religieux? Doit-elle l'être par l'évêque, et d'une manière générale, uniforme et fixe pour tout le diocèse? ou bien faut-il l'abandonner à l'administration locale, au bon ou au mauvais vouloir, à la capacité ou à l'incapacité de chaque curé dans sa paroisse respective? En fera-t-on une œuvre épiscopale, diocésaine, ou une œuvre locale et précaire? Je n'hésite pas, Monsieur, à me prononcer contre ce dernier système, lequel, suivant moi, a les plus graves inconvénients, qui ne sont compensés par aucun avantage réel, sérieux. En premier lieu, livrée à la discrétion du curé, l'œuvre n'a qu'une existence précaire et éventuelle; elle est à la merci d'un homme, de son degré de jugement, de capacité et de zèle, et par là même exposée à mille souffrances, à mille variations, à mille tiraillements, au lieu d'être sous l'empire d'une loi fixe, invariable, libre de tout caprice et de tout péril. En second lieu, il arrivera que l'œuvre des catéchismes n'aura aucune garantie, subira mille phases diverses, sera bien dirigée dans une paroisse, et complétement négligée dans une autre, à raison des divers degrés de zèle ou de lumière des curés respectifs. Ajoutez à cela,

Monsieur, qu'avec de tels éléments l'enseignement catholique ne peut pas faire de progrès, privé qu'il sera de la sanction et de l'impulsion de l'autorité épiscopale.

Les avantages du premier système, qui est épiscopal, sont nombreux et frappants : le premier, c'est de mettre l'œuvre sous la protection et la tutelle de l'autorité, ce qui la relève, la recommande et la protége; le second, c'est le puissant stimulant que le zèle des catéchistes puisera dans la sanction de leur premier pasteur; le troisième, c'est de régulariser d'une manière fixe et générale un vaste plan d'enseignement religieux, de lui imprimer un mouvement, de le contrôler, de l'inspirer. Par ces raisons que je viens d'énoncer, Monsieur, par l'expérience des souffrances latentes et sourdes, mais profondes, que l'enseignement sacré endure dans les détails par le défaut de bon vouloir ou d'intelligence des curés, par la conscience que j'ai qu'un vaste système d'enseignement religieux dans les paroisses, bien organisé, bien combiné, bien conduit, est la plus large voie ouverte à la propagande catholique et à la réforme des générations contemporaines, je déclare que j'adhère par avance à l'opinion de ceux qui proposeraient une organisation générale de l'œuvre des catéchismes de paroisses pour tout le diocèse, par l'évêque ou une commission nommée par lui, avec inspection et contrôle de l'autorité diocésaine. J'aime à penser, Monsieur, que, malgré la délicatesse de votre position, faisant abnégation de toute considération personnelle, et ne consultant que votre raison élevée et la gloire de la religion, vous suivriez mon exemple.

Mais on ne manquera pas de faire bien des objections contre ce système. Dans l'hypothèse de son acceptation, comment l'organiser et le faire fonctionner? comment le concilier avec le système aujourd'hui en exercice dans les paroisses, et quelles modifications y apporterait-il? C'est ce que j'essayerai, Monsieur, d'expliquer dans un de nos prochains entretiens, dans les termes les plus clairs et les plus intelligibles qu'il me sera possible de trouver; et j'espère démontrer que son application est loin d'être impraticable.

Je suis, avec un très-profond respect,

Monsieur, ****.

LETTRE XXVIII.

CATÉCHISMES. — SUITE.

Monsieur,

La question des catéchismes est une question tellement grave, tellement féconde, qu'en l'examinant de près et en analysant tout ce qu'elle renferme d'éléments de régénération des peuples, je pense et j'ai toujours pensé que le premier devoir, comme le premier besoin d'un évêque, était de prendre en main la direction de tout l'enseignement catéchistique de son diocèse; de l'organiser sur une vaste échelle et sur des bases solides; de lui donner une forte impulsion, d'en être l'âme et le mouvement. Toute la question religieuse, tout l'apostolat, tout le gouvernement pastoral, son influence, son succès, son avenir, comme l'avenir de la religion et des peuples, est dans ce grand problème de l'enseignement. Bien constitué, bien organisé, bien dirigé, il sera le plan d'apostolat le plus fécond qu'on puisse inventer, et un moyen d'action sur les générations aussi vaste que puissant. C'est comme un immense réseau que l'on jette sur tout un diocèse pour l'envelopper de ses plis, et s'en emparer au profit de la vérité religieuse et du bonheur public. Pour un évêque, toute autre question administrative est très-accessoire à côté de celle-là. Par elle, il fera rayonner la vérité sur tous les points de son diocèse; la lumière se répandra comme par flots, et pénétrera partout. L'enseignement religieux fera tomber de toute part, comme par enchantement, les citadelles de l'erreur et du mensonge; dissipera l'ignorance, et ces sombres nuages des passions qui dérobent la vérité aux intelligences avides de la connaître; implantera partout les vrais principes des choses, et illuminera les générations étonnées et reconnaissantes. La religion sera mieux connue, plus honorée; la piété plus intelligente et plus inébranlable, la foi plus raisonnable, le bien plus large et plus universel. C'est le moyen de renouveler la face d'un pays tout entier.

Mais est-il possible à un évêque, Monsieur, de s'emparer ainsi de l'enseignement religieux, et d'en prendre la direction générale? N'y a-t-il pas à cela des difficultés insolubles ou quasi-insolubles pour lui? N'y a-t-il pas des obstacles insurmontables? Quand j'examine, Monsieur, toutes les faces de l'entreprise, j'avoue que je n'y vois aucune objection sérieuse, ni en principe, ni en application, ni du côté du clergé, ni du côté des familles, ni du côté de l'administration civile. En fait et en droit, à part quelques rares exceptions, la religion a sous sa main maternelle l'instruction élémentaire de tous les enfants jusqu'à la première communion inclusivement, c'est-à-dire jusqu'à l'âge de près de douze ans, et ordinairement, surtout dans Paris, plusieurs années après cette grande action, si le clergé a le talent et l'adresse de les y attirer, par les moyens d'une sainte influence dont il dispose sur les enfants et les familles, et en leur rendant ces cours supérieurs de l'enseignement catholique, intéressants, attrayants et aimables par la forme et la direction. N'est-ce pas là, Monsieur, une belle position pour la religion, un immense avantage, si elle sait en profiter? Qu'en pensez-vous? Quoi! elle a le privilége incomparable de jeter les premières semences et les premières impressions dans le cœur des enfants, personne ne le lui conteste! Elle peut agir pleinement, et en souveraine, sur ces âges et ces natures si délicates et si tendres, les façonner, les mouler, pour ainsi dire, comme une cire molle, et les engendrer véritablement à la vie, et elle n'en profiterait pas!!! et ses pontifes n'interviendraient pas par eux-mêmes, pour exploiter cette mine si riche, quand l'avenir de la foi et de l'Église y est engagé tout entier!!

Je le sais bien, Monsieur, il serait à désirer que la religion pût disposer, en maîtresse et en mère, de la jeunesse tout entière de ses enfants; son œuvre serait plus complète. Je le sais bien, il y a beaucoup de légèreté, de mobilité dans les jeunes enfants qui suivent nos catéchismes; mais, Monsieur, il y a aussi en eux beaucoup de sensibilité, et comme une inclination heureuse à toutes les idées et à tous les sentiments religieux, quand ils ne sont pas pervertis et déformés par les mauvais exemples et les mauvaises doctrines. Les principes reçus dans l'enfance, les impressions de cet âge, les beaux souvenirs des catéchismes, des compagnons ou compagnes qu'on y aura connus, des prêtres qui y auront concouru, du lieu, des plus petites circonstances; tout cela vit toujours dans le cœur, et ne s'y efface jamais, au milieu même des excès et de l'entraînement du monde et des affaires. On aime à revoir les lieux témoins des scènes si touchantes de son enfance chrétienne, à rencontrer les amis qui ont eu le bonheur de partager les innocents plaisirs du jeune âge : les émotions pieuses renaissent spontanément au plus intime du cœur, en dépit de tous les vains préjugés du monde et des vains systèmes de l'incrédulité. Les principes sont toujours là; ils dorment quelquefois, mais ils ne sont pas anéantis.

La première éducation maternelle ne s'efface jamais, et la religion élève, comme la plus tendre des mères, les enfants qui lui sont confiés. Que de jeunes gens, que de jeunes filles ne voyons-nous pas au sein de nos paroisses, de nos ateliers, de nos magasins, conserver intacts leur esprit et leur cœur au milieu de la plus grande corruption du monde! N'est-ce pas un consolant spectacle, de les voir édifier nos églises par leur foi, leurs vertus et leur incorruptibilité? Combien d'autres moins heureux dans la voie de la fidélité, après de tristes naufrages et beaucoup d'infortunes spirituelles, ne voyons-nous pas venir en suppliant tendre leurs mains fatiguées à cette religion qu'on leur a appris à connaître et à aimer, et lui demander un refuge et un port de repos et de sûreté contre de nouveaux orages et de nouvelles tempêtes? Ce sont tous d'anciens enfants de quelque excellent catéchisme, et dont la première éducation aura été cultivée et dirigée par quelque main maternelle et habile. Saint Augustin, que je me plais à citer, avait eu ce bonheur et cette grâce. Aussi, voyez-le, Monsieur, dans le cours de ses longues erreurs : il a beau quitter le rivage d'Afrique, traverser les mers, donner dans tous les égarements, fuir tous les souvenirs importuns de la première éducation maternelle, et s'étourdir dans le tumulte des passions; les premières impressions de l'enfance traverseront les mers avec lui, le même flot les portera, les premiers principes déposés dans cette âme de feu se feront entendre au milieu des applaudissements du forum romain; le souvenir de Monique vivra toujours; et Augustin, comme malgré lui, sera encore l'enfant le plus soumis de la religion qui a béni son berceau, et le fils le plus pieux de la plus pieuse des mères. Les premières impressions et les premières leçons de l'enfance ont un empire irrésistible. On sera ce que l'on voudra, ce que l'on pourra, militaire, magistrat, artiste, ouvrier; on sera toujours chrétien, sinon pratiquant, au moins de dispositions et de principes.

Heureux donc, Monsieur, le premier pasteur d'un

vaste diocèse à qui il est donné de comprendre la grandeur de l'œuvre de l'enseignement religieux, et la haute importance de ces cours élémentaires et gradués des catéchismes qui se font dans nos paroisses. Rien ne réclame plus impérieusement son zèle et ne mérite à un plus haut point son attention; c'est le centre et le foyer de toute la piété, de la foi, de la vertu et de toute régénération possible de son diocèse. Elle doit le préoccuper plus que toutes les autres œuvres, attendu qu'elle renferme en elle une question de vie ou de mort pour la religion. C'est donc à lui de la prendre en main, de la conduire, et de lui imprimer partout le mouvement et la vie.

Dans nos deux premiers entretiens, Monsieur, j'aurai le plaisir de vous exposer le système d'enseignement catéchistique aujourd'hui en exercice dans nos paroisses, et celui que je voudrais y voir substituer : vous apprécierez, vous comparerez, et vous prononcerez lequel des deux a le moins d'inconvénients et le plus d'avantages.

Je suis, avec un très-profond respect,

Monsieur, ****.

LETTRE XXIX.

ÉTAT DES CATÉCHISMES SOUS LE RÉGIME DE MM. LES CURÉS.

Monsieur,

Le personnel enseignant se compose ordinairement, dans nos grandes paroisses, de trois prêtres du clergé local, dont l'un remplit les fonctions de directeur nominal, et les autres en sont adjoints comme aides et auxiliaires. L'état du catéchisme, sous le triple rapport du matériel, de la piété et de l'instruction, est en raison de la capacité, du zèle et de l'aptitude de ce personnel; il est à son image et à sa ressemblance. Celui surtout qui est appelé à exercer le plus d'influence en bien ou en mal, c'est le directeur. S'il est dépourvu des précieuses qualités nécessaires à sa fonction, il gâtera tout, paralysera tout, fera souffrir les personnes et les choses, ruinera l'œuvre, et amènera une désertion générale dans les rangs des enfants.

Quelles qualités, me demanderez-vous, Monsieur, assigner à un bon chef de catéchisme de première communion, ou de persévérance? Il doit en avoir beaucoup,

Monsieur, pour être à la hauteur de sa charge, et il serait difficile de les limiter. Ce doit être un homme d'organisation.

Le premier devoir de celui qui a l'honneur de présider un catéchisme, c'est de le bien installer, et de le faire dans de bonnes conditions. Pour cela, il devra choisir un local, si cela dépend de lui, qui réunisse les convenances propres à la nature et à la destination de l'œuvre. Quoique le succès spirituel et intellectuel d'un catéchisme ne soit pas précisément en raison de son état matériel, on ne peut pas se dissimuler que celui-ci y influe plus ou moins, et souvent considérablement. Le local choisi devra être favorable à la discipline, à l'attention de l'esprit et de l'oreille, à la voix de celui qui parle, et à la salubrité des enfants. Une petite physionomie de douce gaieté leur plaît généralement, et ne laisse pas que de produire un bon effet, et de réjouir leur imagination et leur cœur. Ce local pourra être réservé et interdit au public bruyant et tumultueux ; et s'il s'agit de jeunes filles, on n'y admettra que les femmes et les parents des enfants.

Après le choix du local et des dispositions qui s'y rapportent, le directeur procédera à l'installation de son catéchisme et au placement général des enfants. Ce placement présente toujours de grands obstacles et de véritables difficultés : pour y réussir et satisfaire aux vœux de tout le monde, il faut avoir reçu de Dieu un grand talent, et pour ainsi dire le don de l'organisation, ce don qui est peu commun, et même rare parmi les hommes. Il faut que celui qui en est chargé trouve le secret de concilier ensemble des choses qui paraissent inconciliables, les exigences du riche et les justes prétentions du pauvre, celles de la sagesse et celles de la dissipation, les liens de l'amitié, de relations sociales, avec l'ordre général : il faut, en un mot, qu'il puisse satisfaire à tous les intérêts individuels et collectifs, sans sacrifier l'intérêt général de l'ordre et de l'ensemble. Vous voyez, Monsieur, que cette tâche demande une grande habileté.

Après le placement, il faut donner une tête à ce petit monde, le constituer et nommer aux dignités et aux charges. Ces petites promotions aux honneurs doivent se faire le plus solennellement possible, afin d'en relever l'éclat, et par là même le prix qu'on y attache. Il faut convenir que c'est, parmi ces petites ambitions d'un jour, un moment critique pour les prétentions et les amours-propres, et même souvent pour le bon esprit d'un catéchisme. C'est un thème de récriminations, de mécontentements, de jalousie. Il serait à désirer que la justice et l'impartialité présidassent à ces choix, et que l'on prît en grande considération les vœux et les suffrages des enfants. Il est juste que toutes les classes de mérite soient appelées à ces petits postes d'honneur. L'élément aristocratique, s'il en existait encore, l'élément bourgeois, et l'élément populaire, le plus nombreux et le plus fécond, y seront représentés dans une proportion convenable. Il faut combiner tous ces éléments, les équilibrer et leur donner une satisfaction relative. S'il y avait quelque privilége, quelque prédilection, ce devrait être toujours pour le mérite, et aussi pour l'élément populaire, qui fait le fond de la paroisse. Toutes les tendances de la direction doivent être vers les intérêts généraux des classes populaires, qui constituent les neuf dixièmes de la paroisse. Ce sont les enfants du peuple qui peuplent les ateliers de nos paroisses populeuses, qui y vivent, qui remplissent nos églises, fréquentent nos sacrements, aiment le prêtre, et sont comme le plus pur héritage de l'Évangile. Il y a même une raison de charité et de miséricorde dans les attentions si évangéliques que l'on aura pour eux : ce sont eux qui ont et qui auront à souffrir le plus de privations et de sacrifices de toutes sortes. Ce sont ces infortunées petites créatures qui auront à porter le poids du travail et celui de mille tribulations dont leur existence sera traversée. Le regard, la pensée, et tout le cœur du prêtre catéchiste, doivent être pour eux : il doit leur faire une part plus large dans les bénédictions et les priviléges spirituels, en compensation de leur pauvreté et de leur exclusion de ce grand banquet de la vie qu'on appelle les richesses. Que de consolations, Monsieur, on recueille dans ce favoritisme spirituel et tout divin du prêtre pour l'enfant du peuple ! Il y a chez lui, plus que dans tout autre, de la reconnaissance, de l'attachement, et les plus belles dispositions à la piété franche et généreuse. Il n'est ni ébloui par les honneurs, ni amolli par les richesses, ni aveuglé ou endurci par l'orgueil. A Dieu ne plaise, Monsieur, que, dans ces sentiments que je produis du plus intime de mon cœur, je veuille établir des catégories odieuses, et faire des distinctions blessantes et dangereuses : je respecte toutes les classes, et vénère le mérite partout ; mais je ne vous le dissimulerai pas, je suis né à peu près pauvre, je le suis devenu du moins par l'inconstance de la fortune aveugle ; j'ai choisi pour compagne et pour amie la pauvreté en devenant prêtre, et toutes mes prédilections sont pour les pauvres, parce que celles de Dieu sont pour eux. Heureux donc, Monsieur, le prêtre catéchiste qui prendra à cœur les intérêts de l'enfant pauvre, qui l'aimera, qui s'intéressera à lui et l'encouragera : celui-ci aura pour lui un retour de reconnaissance, d'affection sincère, et il le trouvera toujours, malgré les mille vicissitudes de sa vie de labeur et de peine, au chemin de la vertu et de la fidélité. Que d'exemples, Monsieur, plus attendrissants les uns que les autres, n'aurais-je pas à citer à l'appui de toutes ces assertions, qui ne sont pas gratuites, croyez-le bien. Les véritables intérêts de la paroisse sont dans le peuple, ou plutôt, le peuple, c'est la paroisse.

Après l'installation personnelle et matérielle du catéchisme, et le placement général des enfants, vient l'objet final du catéchisme, l'enseignement proprement dit, la culture de l'esprit et du cœur de cette jeune et intéressante génération. C'est là la pensée intime et dernière des instructions religieuses qui doivent commencer : c'est une tâche commune entre le directeur et les prêtres qui lui sont adjoints. Pour prévenir toute confusion et tout intervertissement dans les rôles et les petits conflits qui en pourraient naître, il importe que chaque catéchiste ait ses attributions bien tracées, et sa sphère d'influence et d'action bien fixée par avance. C'est le moyen de ne pas se croiser, se heurter, et d'éviter tous ces petits froissements personnels qui surviennent souvent par des maladresses ou des malentendus, et qui sont si pénibles entre des confrères et les ouvriers de la même œuvre. Dans les affaires de ce monde, Monsieur, dans une direction commune et collective, chacun a sa responsabilité en jeu, chacun aime à connaître sur quoi et dans quelle mesure elle est engagée. En outre, il faut toujours se rappeler que l'on agit avec des hommes, chez lesquels, malgré la sainteté de leur vocation et leur noble aspiration vers la perfection relative à leur état, il reste toujours un fonds de sentiments humains qu'il ne faut pas soulever : ce serait un étrange système de raisonner et de procéder, en pratique, d'après des dispositions supposées, des sentiments hypothétiques, éventuels, ou de compter sur le bon esprit des personnes dans ces diverses combinaisons. Il faut tout prévoir, avoir son plan tracé, et les droits et devoirs de chacun fixés avec leur ligne de démarcation.

L'entente entre les directeurs étant bien établie, et tout principe de division étant, par ce moyen, devenu impossible, le directeur, assisté de ses confrères, ouvrira son catéchisme : il devra avoir un plan général d'un cours d'instructions religieuses de plusieurs années, s'il s'agit de la persévérance, et d'une seule année, s'il s'agit de la première communion. La division de temps et de matière est naturellement toute marquée par les quatre parties qui composent l'ensemble de la doctrine catholique. *La première année*, le dogme; *la deuxième année*, la morale; *la troisième année*, les sacrements; *la quatrième année*, le sacrifice et la liturgie. Le plan des instructions destinées à la première communion comprendra les principaux points de toute la doctrine, et la renfermera tout entière comme dans un petit cadre. C'est une bien pauvre direction, Monsieur, que celle où l'on vit au jour le jour, sans plan, sans prévoyance, sans préparation, sans étude, sans calcul : elle ne conduit rien à bien, marche à l'aventure, néglige l'important pour l'accessoire, est prise au dépourvu, gâte tout par l'absence de méthode et de cadre d'action. Le travail est bien plus facile et bien simplifié quand il a été discuté avec soi-même, examiné, réglé et combiné d'avance. Il n'y a rien, au contraire, de plus difficile que de traiter un sujet sur lequel on n'a pas réfléchi mûrement, et qui se présente à l'esprit détaché de tout contexte, sans suite, sans liaison. Sans un plan régulier, on ne peut pas avoir un coup d'œil général du tout, une conception d'ensemble; on ne sait où s'arrêter ni où commencer; on n'est éclairé ni par les questions qui précèdent, ni par celles qui suivent. Il faut donc de toute nécessité que le directeur ait un plan écrit et sagement conçu, qu'il communiquera à ses coadjuteurs. L'enseignement se donne successivement par les prêtres dont j'ai parlé, et qui composent le personnel dirigeant et enseignant du catéchisme. J'aurai occasion, Monsieur, de dire plus tard quelque chose des qualités qu'il doit avoir.

L'objet de l'enseignement, c'est toute la doctrine catholique, avec les divisions annuelles citées plus haut, quand il est question des enfants persévérants. Pour la manière d'enseigner, c'est l'art le plus précieux et le plus rare dans nos catéchismes. Nous pourrons en dire quelque chose dans une autre occasion.

Voilà, Monsieur, à peu de différence près, un exposé sommaire de l'organisation actuelle des catéchismes de nos grandes paroisses de Paris, sous la direction et l'autorité immédiate de messieurs les curés. Je n'ai pas voulu me borner au seul rôle d'historien, mais j'ai voulu y joindre, comme vous avez la bonté de me le permettre, mes appréciations propres, et quelques considérations toutes de pratique, à mon point de vue personnel, quand l'occasion s'en est présentée. J'ai moins voulu dire ce qui se fait que ce qui doit se faire, et ce qui peut se faire avec les moyens donnés. Il y a, sans doute, dans ce système beaucoup de lacunes, de souffrances et d'obstacles dans les détails et dans le fait; mais, tout incomplet, tout personnel, tout variable, tout boiteux qu'il puisse être, vous voyez, Monsieur, qu'il ne laisserait pas que d'être éminemment utile, et d'une fécondité immense pour le bien. Faisons donc des vœux pour que, dans l'hypothèse du *statu quo*, messieurs les curés de Paris y donnent tout le soin et tout le zèle dont ils sont capables.

Je suis, avec un très-profond respect,

Monsieur, ****.

LETTRE XXX.

CATÉCHISMES. — SUITE. — CENTRALISATION ÉPISCOPALE.

Monsieur,

Vous connaissez mon opinion sur l'intervention épiscopale dans l'œuvre de l'enseignement religieux : j'ai eu déjà l'honneur de vous en exposer les motifs ; je vais essayer aujourd'hui de la justifier encore en vous en montrant la facile application.

Dans l'hypothèse de la centralisation de l'instruction religieuse entre les mains de l'évêque, celui-ci pourrait établir, dans son administration générale, une branche ou une division destinée à l'enseignement sacré. Ce serait comme un centre de direction pour toutes les affaires qui auraient trait à cet objet privilégié. Cette direction si importante pourrait être confiée à une commission nommée officiellement, et chargée de régler tout ce qui concernerait les catéchismes. Je vois dans la grande organisation administrative du diocèse une division générale pour les communautés, une autre pour les dispenses, une pour le contentieux, une autre pour le gracieux, une pour les affaires *extra muros*, une autre pour les affaires *intra muros*. Pourquoi, Monsieur, n'y en aurait-il pas une pour l'instruction religieuse de toutes les paroisses, qui surpasse tout le reste en importance et en hauteur par l'excellence de son objet? L'autorité contrôle tout, et je suis loin de l'improuver; elle intervient en tout : pourquoi donc s'abstient-elle sur cette œuvre, qui mérite son attention plus que toute autre? Qu'on n'objecte pas, Monsieur, les difficultés, les embarras! Il n'y en a pas d'insoluble à une autorité ferme, éclairée, et exerçant un droit juste et convenable. Le droit canon et le droit civil laissent une pleine liberté à la juridiction épiscopale à cet égard.

Ce centre de direction catéchistique établi, quelles seraient les attributions de son autorité? Elles consisteraient premièrement à approuver, après examen, le personnel dirigeant les catéchismes dans chaque paroisse, sur une liste que le curé présenterait chaque année, à peu près comme il présente ses prédicateurs des stations de l'Avent et du Carême; secondement, à approuver ou à modifier le plan des instructions parlées qui seraient faites dans le cours de l'année, soit à la persévérance, soit à la première communion, ou mieux encore à en donner un lui-même; troisièmement, à veiller à son exécution, et à contrôler la direction du clergé paroissial en déléguant de temps en temps, en son nom ou au nom de l'évêque, un ou plusieurs de ses membres pour inspecter les catéchismes dans leur mode d'organisation, d'enseignement, de discipline; pour constater les progrès des enfants en les interrogeant, et en se faisant présenter quelques-unes de leurs rédactions écrites. Ces visites officielles n'auront rien d'odieux ni dans l'esprit, ni dans la forme, ni pour les directeurs, ni pour les enfants, mais tendront à encourager les uns et les autres par des marques de bienveillance et de bonté.

Pourquoi, Monsieur, un évêque ne ferait-il pas, dans son diocèse, ce qui se pratique pour les écoles d'enseignement primaire ou universitaire? Pourquoi n'organiserait-il pas un système analogue dans le domaine de l'enseignement religieux dans les paroisses? Est-ce une chose bien scabreuse et bien compliquée? N'a-t-il pas à cet égard une juridiction pleine et absolue, et n'est-il pas le maître de centraliser cette œuvre de l'instruction catéchistique? Il n'a pas besoin pour cela d'une armée de fonctionnaires, ni de frais exorbitants de bureaux ou de direction : il trouvera, autour de lui, des ecclésiastiques assez expérimentés, assez graves et assez désintéressés pour concourir gratuitement à cette direction centrale.

Mais on peut faire, contre ce système, des objections plus ou moins sérieuses : contre quoi n'en fait-on pas? On sera étonné, par exemple, que l'évêque se réserve l'approbation et comme le droit d'investiture du personnel chargé de diriger les catéchismes. Il y a en cela quelque chose d'odieux pour le curé local, et cela, gratuitement, et sans bénéfice aucun. Je réponds d'abord que cette mesure générale, uniforme, implique nécessairement une restriction de l'autorité du curé, mais aucune conséquence odieuse pour les personnes. En outre, cette approbation est utile au plus haut point, sinon nécessaire. Qui ne sait, en effet, Monsieur, que tous les prêtres n'ont pas les qualités nécessaires pour enseigner, au moins au même degré? C'est un ministère privilégié qui demande une aptitude spéciale : il faut, pour y réussir, du talent et de l'instruction, un genre tout particulier pour les enfants; l'art d'enseigner, qui ne s'acquiert que par l'exercice et l'habitude, et quelquefois jamais. C'est une sorte de professorat sacré, et tout le monde sait combien de talent cette fonction demande pour être bien remplie. C'est un don qui n'est pas aussi commun qu'on le pense : un professeur peut être instruit, zélé; mais s'il ne sait ni tenir sa classe, ni suivre une méthode, ni communiquer sa science et la faire goûter, il n'intéressera pas ses élèves, et ne les fera pas avancer. Il en est ainsi du catéchiste. C'est une véritable classe, ou du moins un cours d'enseignement religieux dont il est chargé. Les catéchistes sont les professeurs de la science suréminente de la doctrine catholique. Il est de toute nécessité qu'ils aient, indépendamment du mérite intrinsèque et absolu, le goût, la capacité relative, le don d'enseigner, de professer, de communiquer leur science et de la faire aimer. Un professeur ne s'improvise pas;

un bon catéchiste ne s'improvise pas non plus. Un jeune prêtre aura pu être chargé au séminaire de quelque direction de catéchisme, et croire présomptueusement avoir reçu de Dieu une aptitude toute particulière et toute providentielle pour ce ministère. Il se fait illusion. Il faut des conditions d'âge, de maturité et d'expérience qu'il ne peut pas avoir. On peut avoir ses cartons abondamment fournis de toutes les méthodes, de tous les systèmes, de tous les plans, de toutes les recettes plus ou moins précieuses à l'usage des catéchismes, si personnellement on ne recommande pas ces méthodes et ces systèmes, tout cela n'aboutira à rien. Les meilleures recettes sont sans prix et comme une lettre morte et un livre scellé entre les mains d'un catéchiste qui manque des qualités personnelles pour les faire valoir.

Une chose à désirer surtout, Monsieur, c'est que celui qui est appelé à catéchiser les enfants ait exercé et exerce parmi eux la charge de confesseur, et qu'il soit leur père spirituel. Je ne concevrai jamais qu'un catéchisme puisse être bien dirigé par des prêtres ou des ecclésiastiques qui ne confessent pas, qui n'ont pas l'habitude de la conscience des enfants, de la manière dont elle se forme, et de tous ses intéressants phénomènes; qui ne reçoivent pas dans leur sein paternel leurs petites confidences et leurs épanchements. Un catéchiste qui n'a que la théorie de l'enseignement religieux, sans avoir la pratique de la direction spirituelle du cœur humain, est toujours un homme incomplet, exagéré, outré. N'étant pas guidé par l'expérience, cette maîtresse des choses, *magistra rei*, et ses infaillibles observations, il tâtonnera toujours, et ne pourra jamais asseoir un jugement solide. Je ne consentirais jamais à confier la direction d'un catéchisme de paroisse à un prêtre qui ne confesserait pas, et encore moins à de jeunes séminaristes, fervents, ardents et pleins de zèle, si vous le voulez, mais sans connaissance du cœur humain, ni expérience aucune. Je m'incline profondément, Monsieur, devant les saintes traditions de Saint-Sulpice et ses pieuses coutumes; j'aime à reconnaître toute la piété, tout le zèle, toute la bonne volonté des jeunes séminaristes qui président aux célèbres catéchismes de cette belle paroisse; je vénère surtout les noms bien glorieux des directeurs qui y ont laissé de beaux souvenirs et les ont illustrés; mais quand je descends dans la profondeur des choses, que je les raisonne, je suis obligé d'avouer et de convenir qu'il manque quelque chose d'essentiel à cette direction, si pieuse que vous la supposiez : il y manque l'expérience du cœur des enfants, de leurs inclinations, de tous les phénomènes intérieurs de leurs âmes, de leurs difficultés personnelles et de famille, du milieu dans lequel ils vivent et combattent; il y manque une paternité spirituelle. J'ai eu quelquefois le plaisir d'être témoin de ces réunions et d'y assister; j'ai tout écouté, tout pesé, tout examiné, tout recueilli. J'ai vu faire à ces jeunes élèves du sanctuaire des efforts de zèle inouïs, mais à faux; des recommandations et des exhortations brûlantes, mais sans cause; donner des avis qui n'allaient à aucune adresse; faire des instructions qui n'avaient aucun côté pratique. Ils font de tout, de la rhétorique, de la morale, de la piété, de la dévotion *a priori*; ils exagèrent en général toutes choses en ne leur donnant pas leur juste mesure, leur sage limite. C'est une direction trop jeune, trop inexpérimentée, et parfois un peu trop mystique.

Il est donc bien utile, Monsieur, que les directeurs de catéchismes soient confesseurs, et que les confesseurs en soient seuls directeurs. Il faut donc trouver un personnel qui réunisse la science, le don d'enseigner, l'aptitude de forme et de parole, et qui soit en même temps digne d'exercer au milieu des enfants cette douce paternité spirituelle que rien ne saurait remplacer. Or, qu'on examine, Monsieur, l'état du personnel dirigeant des catéchismes de paroisse : il y a, à cet égard, de nombreuses et honorables exceptions; mais n'est-il pas constant que les règles qui président au choix des directeurs sont toutes puisées à d'autres sources qu'à celle des vrais besoins et des vrais intérêts de l'œuvre? On consultera plus souvent les prétendus droits et les convenances des personnes, plutôt que les droits et les convenances de l'œuvre, comme si elle devait être le privilége de telles attributions, de tels titres dans l'ancienneté et la hiérarchie dans le clergé, et non pas le privilége de la capacité et du mérite. Quoi de plus regrettable que de voir la direction de l'instruction religieuse d'une grande paroisse confiée à MM. les vicaires, qui déjà sont tout absorbés par l'administration des mariages et des convois? Aussi il arrive souvent que ces deux fonctions, ainsi réunies sur une seule tête, languissent et souffrent à la fois.

C'est donc un grand malheur qu'il faut déplorer, de voir le choix de nos directeurs de catéchismes fait par des considérations personnelles, ou par la faiblesse et la cabale, et non dans l'intérêt de l'œuvre et dans les hautes vues de son importance. Il est donc bon, Monsieur, que la direction de l'instruction religieuse de tout un diocèse soit affranchie de toutes ces misères locales, de toutes ces causes de souffrances, ordinairement individuelles, et dégagée de tous ces éléments de dissolution qui la minent et la ruinent. Conséquemment, et pour la rendre libre de toutes ces entraves, il faut la mettre sous la tutelle et le patronage immédiat du premier pasteur lui-même, qui la centralisera dans ses mains. Que le personnel dirigeant soit le sien par l'approbation qu'il donnera à sa nomination, que le programme de l'enseignement soit le sien, et que tout soit inspecté, visité et contrôlé par lui. C'est le moyen de fixer les destinées et l'avenir de l'œuvre de l'enseignement catholique, de la faire échapper à toutes les éventualités, à toutes les vicissitudes et à tous les caprices du hasard.

J'ajouterai qu'il est bien nécessaire que le programme de ce qui doit s'enseigner soit revêtu de la sanction de l'évêque ou de la commission déléguée par lui. Rien de plus important, rien de plus sage. Chaque centre d'instructions et d'enseignement a son programme d'études et d'auteurs à suivre chaque année : on ne peut guère abandonner au discernement et au bon vouloir de chaque catéchiste la fixation des matières et des auteurs à voir, des questions à traiter ou à omettre. Ce système serait trop élastique, trop accommodatif, et entraînerait souvent de graves abus et de véritables désordres. L'un prendra pour accessoire ce qui est principal, et *vice versa*; l'autre traitera, dans son programme, des questions très-secondaires, qu'à son point de vue il considérera comme très-importantes, et en laissera de côté d'autres qui seraient de la plus grande utilité et du plus haut intérêt relatifs. Quelques-uns, pour de bonnes raisons, s'adjugeront pour tâches des sujets faciles, et qui demanderont peu d'études et d'application, mais en échange très-stériles, et négligeront ou écarteront adroitement les chapitres et les sujets lumineux, solides, substantiels et propres à nourrir le cœur et l'esprit des enfants, parce qu'ils demanderont plus d'efforts et plus de travail. Il y a toujours, à redouter en tout, un peu de calcul personnel. C'est la pente naturelle à la faiblesse. On n'est pas toujours bien disposé au travail. Le temps a manqué à la bonne volonté, ou la bonne volonté au temps; l'heure est arrivée, on avise aux expédients et aux moyens les plus simples, les plus courts et les plus commodes. Ce sont quelquefois des nécessités commandées par les circonstances, quelquefois aussi (il faut le dire à l'oreille) de petites et misérables industries. Un programme officiel de l'évêque prévient tous ces calculs peu dignes du prêtre, obvie à tous ces inconvénients, supprime d'un seul coup tous les prétextes que la faiblesse invoque si souvent, sauve l'œuvre de l'enseignement religieux.

Ce système aura en outre l'avantage immense de donner de la suite aux instructions et aux cours, de la méthode à l'enseignement, de la plénitude au plan tracé, et de présenter aux diverses générations qui se succèdent sur les bancs un magnifique ensemble de la doctrine catholique. L'autorité sera à même d'en surveiller l'exécution, de la presser, de l'exiger; elle aura ses agents, ses inspecteurs, ses examinateurs, ses interrogatoires, son contrôle et sa sanction. Les directeurs le sauront, se tiendront sur leurs gardes. Ce sera un puissant stimulant pour leur zèle, pour l'émulation, pour la piété même.

Je ne doute pas, Monsieur, qu'un tel système fonctionnant bien, avec ordre, mouvement et harmonie, ne produise d'excellents résultats. L'évêque tenant ainsi tous les fils de l'instruction religieuse, la centralisant dans sa main, lui donnera l'activité et la vie. Il y fera un bien incommensurable sur une large échelle, et ne tardera pas à voir son diocèse renouvelé fondamentalement. L'élan de la piété, les larges et vastes conquêtes de la foi sont dans cet enseignement des paroisses. Le premier pasteur a, sur ce terrain, une position merveilleuse dont il peut tirer les plus précieux avantages. Il a comme à sa disposition, dans les catéchismes, toute la jeunesse des deux sexes; il peut s'en emparer au profit de la religion et de la foi, par son influence et celle de cette première éducation reçue aux pieds du sanctuaire catholique. Par les enfants, son influence peut s'élever et s'élèvera jusqu'aux parents, et ira se répandant et se déversant de tous côtés. S'il a le bonheur de comprendre ainsi l'enseignement catholique, de l'organiser dans les meilleures conditions, de le confier dans chaque paroisse à des hommes capables, zélés, pleins d'onction et de lumière; s'il leur trace leurs plans, leurs programmes d'instructions avec sagesse, sagacité et discernement; s'il les enflamme du zèle dont il sera brûlé lui-même, quelle féconde et belle administration que la sienne, Monsieur, et quelle création admirable que celle de ce système catéchistique! Il serait à souhaiter qu'il y eût dans tous les lieux du diocèse comme un foyer et un centre d'enseignement catholique, que les institutions de cette nature se multipliassent dans tous les quartiers de la grande cité et dans les rangs du peuple. Instruisez bien, instruisez toujours, et vous centuplerez le nombre des enfants de Dieu, vous dilaterez ainsi les entrailles maternelles de la religion et de l'Église.

Il serait à désirer aussi, Monsieur, qu'il y eût dans nos grandes paroisses des cours d'instructions religieuses, sous une forme catéchistique, pour tous les âges et toutes les conditions, pour les enfants, pour les adolescents, pour les adultes; qu'il s'en tînt surtout les dimanches, à différentes heures du jour, et que la diffusion de la doctrine se fît à pleins bords, dans les masses et les générations tout entières. Retranchez quelque chose, si cela est nécessaire, sur d'autres points, mais enseignez le peuple ; les enfants du peuple ont faim et soif de la vérité et de la saine doctrine ; ils la demandent avec avidité. Dressez pour eux des tables partout, conviez-les solennellement à ce magnifique festin, à ce grand banquet de la science religieuse ; élargissez les voies, faites entendre les trompettes sacrées ; donnez-leur cette nourriture spirituelle qui est la vie, donnez-la-leur abondamment et surabondamment. Voyez et jugez, Monsieur : il y a une parfaite analogie entre une paroisse et un diocèse : celui-ci est en grand ce que celle-là est en petit. Or, considérez une paroisse où l'enseignement religieux fleurit par le zèle et l'habileté d'un excellent curé : quel mouvement de piété et de ferveur n'y remarquez-vous pas? Il en sera ainsi du diocèse, sous la main puissante de l'évêque. Les mêmes causes produisent les mêmes effets.

Je suis, avec un très-profond respect,

Monsieur, ****.

LETTRE XXXI.

MÉTHODE DES CATÉCHISMES.

Monsieur,

J'aurais à vous entretenir, une dernière fois, de cet important sujet de l'enseignement religieux : oserai-je me le permettre, et ne vous en ai-je pas déjà parlé trop longuement? Ne vous ai-je pas fatigué en abusant, outre mesure, de votre patience si bienveillante? Je ne serai pas long, Monsieur, et je me bornerai à vous soumettre quelques considérations pratiques sur la méthode et l'art de bien faire un catéchisme.

Le petit cadre d'une séance ordinaire de nos catéchismes régulièrement organisés comprend la récitation de la lettre du catéchisme, l'instruction parlée sur un des points de la doctrine catholique, le compte rendu des analyses faites par les enfants de l'instruction de la séance précédente; puis le chant des vêpres, les dimanches, et une petite homélie sur l'évangile du jour. Ces deux derniers exercices forment la partie pieuse de la séance. Les intervalles sont entremêlés de cantiques, et remplis par des avis, des conseils, des récits, des petits mots de circonstance et d'à-propos propres à récréer et à reposer l'attention des enfants. Il ne faut jamais qu'une séance soit trop tendue, ni trop détendue. Chaque prêtre directeur a un rôle à remplir à chaque réunion. Ils suivent ordinairement un mouvement de rotation qui leur donne l'avantage de varier leurs fonctions, et de rompre une monotonie trop uniforme pour eux et pour les enfants. Leur premier devoir, comme leur premier besoin, est de préparer leur séance, leur rôle, de ne pas présumer témérairement de leur suffisance personnelle, ni se fier sur l'inspiration du moment.

Le catéchiste sage et consciencieux saura tout prévoir, tout mesurer d'avance. C'est le moyen de savoir ce que l'on doit dire, et de le dire bien et d'une manière utile et attrayante pour les enfants. Le directeur principal surtout, qui a à présider toute la séance, à l'animer et à soutenir l'intérêt et l'attention; qui a à remplir, non pas d'une manière quelconque, tous les entr'actes et les intervalles libres par des incidents, des digressions, des récits, des avis, des conseils, des avertissements; lui qui, dans ces moments précieux, doit réveiller, exciter, assaisonner l'attention par des moyens à lui connus, sans jamais compromettre ni les convenances du sujet, ni les convenances du lieu, ni les convenances de l'autorité, quelle prévoyance ne doit-il pas avoir pour n'être pas pris au dépourvu, pour être en mesure de faire face à sa tâche et à sa position, au moment de l'ouverture du catéchisme? Malheur à lui, s'il laisse languir l'intérêt et tomber l'attention! Il faut qu'il ait, non pas une grande fécondité de paroles, ce qui équivaut souvent à une pauvreté abondante, mais une grande fécondité de savoir, d'instruction et d'érudition pieuse et anecdoctique, qu'il sache s'en servir à propos et avec une sage modération. Comme rien ne fait tant de plaisir aux enfants que la citation de quelques traits, exemples, histoires, il aura soin d'avoir un répertoire bien pourvu sous ce rapport, en quantité et surtout en qualité. Il écartera avec soin tout ce qui ne serait pas de bon aloi, de bon goût, et ne présenterait qu'un intérêt trop badin et trop puéril. Dans ces moments d'abandon et de causeries familières et paternelles, il poursuivra toujours un but, qui sera d'éclairer les esprits et de former à Dieu de jeunes cœurs pieux, bons, chrétiens et généreusement catholiques. Il importe infiniment qu'il ne tombe jamais dans les banalités triviales, ni dans les plaisanteries vulgaires réprouvées par la bonne éducation. Tout le ressort du catéchisme est dans le secret de ne jamais laisser l'auditoire s'affaisser sur lui-même, de l'exciter, de le piquer, d'aiguiser sa curiosité et son intérêt par des choses non pas toujours nouvelles, mais fraîches et bien dites : *Non nova, sed nove.*

Chacun des rôles des catéchistes demande une certaine étude préalable, de la prévoyance, de l'exercice, et une sorte d'aptitude naturelle ou acquise : il n'y en a pas, Monsieur, de si simple, de si facile en apparence qui n'exige une préparation convenable. Ainsi, par exemple, rien de plus facile, de plus simple en apparence, que la tâche de faire réciter la lettre du catéchisme aux enfants : il ne s'agit que de les questionner, de les interroger le livre à la main. Ce n'est pas une chose bien difficile ni bien ardue ; au moins elle ne le semblerait pas. C'est une erreur, Monsieur, et un préjugé accepté par le vulgaire qui ne raisonne pas, et résultant de l'inobservation et de la présomption. Il y a la tâche de faire réciter et d'interroger, et l'art de bien faire réciter et de bien interroger. Il y a tel interrogateur qui trouble, qui embarrasse, qui précipite, qui déconcerte : il y a tel autre qui encourage, qui provoque, qui suggère, et qui met à l'aise. Il y a tel ton de voix, tel mouvement du corps, du regard, de la figure, qui paralyse la mémoire, la déroute, et l'empêche de rien produire. Il y a, au contraire, telle inflexion d'organe, telle douceur de regard, de sourire, de physionomie, qui plaît, qui calme les émotions, laisse à la mémoire une pleine liberté d'agir, la redresse, quand elle chancelle, d'un mot, d'un geste, la rappelle et la ramène quand elle s'éloigne et s'égare, et la relève quand elle est menacée de tomber, toujours avec bonté, avec patience et une bienveillance toute paternelle. Ce point est si incontestable, Monsieur, que tel enfant récitera parfaitement sa leçon à tel catéchiste, et ne fera que balbutier avec tel autre. Tout ce qui a quelque habitude de l'enseignement, tous les maîtres de l'expérience, rendront témoignage de la vérité de ces faits ; nous pouvons tous invoquer nos souvenirs d'enfance à leur appui. Il faut donc étudier l'art d'interroger, le cultiver et s'y exercer : il faut aider la nature des enfants, ordinairement faciles à intimider, encourager leur bonne volonté, et ne jamais les troubler ni les décourager : il faut surtout conserver à la récitation son caractère propre, et éviter de la convertir en un dialogue, où la question de mémoire s'efface entièrement pour faire place à des questions étrangères. Celui qui a bien appris sa leçon est heureux de la réciter sans interruption et d'un trait, afin de faire ressortir son mérite et de le faire remarquer. Une bonne méthode d'interrogation doit encore être prompte, rapide, efficace aussi, pour atteindre la paresse, ou constater le degré de savoir. Il serait à désirer que l'on pût interroger tous les enfants un même nombre de fois dans l'année, et le plus souvent possible : dans les catéchismes de première communion surtout, cela devient indispensable. Le système de l'interrogation simultanée ou collective peut aider à obtenir ce résultat.

Après l'interrogation vient l'instruction parlée ; elle fait comme le fond et la base du catéchisme : tout son but, comme son intérêt principal, est là. Celui qui en est chargé doit, pour y réussir, bien posséder le sujet qu'il va traiter, en être plein, l'avoir bien conçu, afin de l'énoncer clairement. Ce ne sont plus ici ni le genre, ni le ton, ni les caractères d'un sermon, d'une exhortation ou d'une homélie; ce sont d'autres allures; c'est un cours, c'est une leçon publique, c'est un professorat qu'on exerce, et par conséquent il faut y apporter toutes les qualités d'un bon professeur, l'art d'enseigner, l'art de captiver l'attention de l'esprit, du cœur et des oreilles, d'intéresser, de communiquer, par la médiation du son et des atomes de l'air qu'il met en mouvement, ses idées et sa pensée à des centaines d'intelligences à la fois, et ses impressions à des milliers de cœurs. C'est un beau rôle, un beau privilége que celui-là, vous en conviendrez, Monsieur; mais combien peu savent l'apprécier dignement! Pour correspondre à un tel honneur et satisfaire à une tâche si difficile, il faut une intelligence élevée, une mémoire bien pourvue et un cœur sensible et onctueux, et de plus le beau don de la parole. Il faut que tout parle dans le professeur sacré. Je me sers de ce mot à dessein. Le geste, les traits, la voix, les yeux, que tout intéresse et excite l'attention; qu'il évite surtout les lourdeurs, la monotonie, les phrases solennelles et emphatiques, le pédantisme prétentieux; rien de plus déplacé, de plus fastidieux que les airs guindés et prétentieux. Le précieux et le ridicule se touchent : une noble simplicité, une forme paternelle dans le ton, dans la diction, une causerie étudiée et de bon goût, plaisent à tout le monde, et particulièrement aux enfants. Il n'est pas même inconvenant ni sans utilité d'assaisonner son instruction de petits traits ou citations piquantes qui aillent au but. Une petite couleur dramatique dans la forme réussit généralement. Je voudrais aussi voir interdire le recours aux livres, quand la mémoire vient à défaillir, ou qu'elle est volontairement et librement restée au-dessous de sa tâche. Rien ne refroidit comme la lecture des notes écrites ou des paragraphes que l'on incorpore à son instruction ; rien ne trouble plus la mémoire au lieu de la servir ; rien ne l'allanguit plus et ne détruit plus la chaleur du débit ; rien surtout ne produit une impression plus défavorable pour celui qui parle, et dont l'insuffisance apparaît alors, et pour ceux qui écoutent, pour lesquels le charme de l'illusion et du prestige tombe aussitôt.

L'instruction est suivie du compte rendu des analyses dont j'ai parlé plus haut, et qui est toujours attendu avec impatience et un vif désir par les enfants. Leurs cœurs palpitent, et ils éprouvent comme un tressaillement involontaire en ce moment. Cela est bien naturel, Monsieur, et sur ce point nous sommes tous de l'avis du célèbre maréchal de Villars, qui disait que les deux plus beaux jours de sa vie étaient celui de son premier prix dans sa classe, et de sa première victoire sur le champ de bataille : c'est pour ces chers enfants une circonstance analogue. Il s'agit d'une victoire ou d'une défaite publique, et en présence des parents, ils vont avoir en partage, ou le chagrin et la douleur de n'avoir pas réussi, ou le bonheur et la joie d'être cités avec honneur. Il y a donc pour eux un intérêt bien réel et bien vif dans ce compte rendu. Rendre compte des analyses est un des rôles les plus difficiles du catéchiste. Il faut qu'il soit grave et gai à la fois, piquant, mais jamais blessant pour personne, critique et encourageant en même temps. Il faut pouvoir signaler les principales qualités ou les principaux défauts de chacune des analyses, et le faire de telle sorte qu'on ne décourage aucun enfant, mais, au contraire, qu'on finisse toujours par un petit mot de bienveillance et d'espérance pour l'avenir. Les éloges, les compliments ne doivent être donnés qu'avec mesure; mais les réprimandes humiliantes, jamais. Dans le jugement intime et l'application consciencieuse du mérite du travail de chaque enfant, il faut admettre en principe qu'il est relatif, et tenir compte, dans le classement, de l'âge, du degré d'instruction, de la condition plus ou moins heureuse de chacun; autrement on ne serait ni dans le juste, ni dans le vrai. Dans cette circonstance, comme dans toutes celles qui se présentent, c'est une justice, Monsieur, d'encourager l'enfant pauvre et laborieux, et d'honorer son courage même malheureux; de lui donner une marque particulière d'intérêt et de bienveillance, de discerner sa rédaction parmi les autres. Plus d'un signe le feront découvrir; et on est presque toujours sûr de trouver à côté des marques de sa pauvreté le cachet d'une bonne volonté et d'un travail bien méritoire.

Quant à la forme de ce rendement de compte, il me

semble avoir déjà insinué qu'il devait être utile, profitable par des observations de fond, et convenablement gai. Les moyens de l'égayer et de l'assaisonner abondent, et peuvent se tirer des nombreuses balourdises, naïvetés, distractions même, échappées aux enfants, sans nommer les personnes, si cela est possible, pour ne pas blesser ni froisser les amours-propres. Ce n'est pas l'occasion de faire assaut de bel esprit, pour faire de la peine aux enfants, et un triomphe de cette nature coûte trop cher au cœur d'un père. Les observations de fond constituent le principal mérite d'un compte rendu; mais pour faire ces observations, il faut avoir vu, examiné et apprécié consciencieusement les petits travaux en question; il faut les avoir regardés avec attention, et les avoir corrigés. Or, Monsieur, les catéchistes font-ils sur ce point ce que prescrivent la raison et la conscience, l'intérêt de l'œuvre et des enfants? Je le sais, Monsieur, il y a impossibilité matérielle de tout visiter à fond; mais fait-on au moins ce qui est relativement possible et absolument utile? Je n'accuse pas, je ne juge pas, et ne veux pas condamner; mais je ne le crois pas.

Après le compte rendu, la partie de l'enseignement proprement dit doit être finie et terminée, et faire place à la partie sérieuse et pieuse du catéchisme, je veux dire les petits exercices religieux, tels que les petites vêpres et l'homélie, qui doivent produire la dernière impression et tout couronner. La physionomie du catéchisme doit changer en ce moment, et la transition doit devenir sensible. Ce n'est pas le tout de former l'esprit des enfants, il faut aussi former leur cœur à la piété. Toute la séance doit tendre à ce but, inspirer ce sentiment; mais la dernière partie surtout doit y être entièrement et exclusivement consacrée, et en revêtir tous les caractères. La direction d'un catéchisme doit être onctueuse, pénétrante pour le cœur, le nourrir à chaque séance d'impressions favorables, et développer en lui tous les beaux sentiments qui s'y rapportent. Tout dans un catéchisme invite le directeur à parler aux enfants le langage de l'amour de Dieu, lui en fournit l'occasion; tout lui en donne l'inspiration, les choses même les moins graves en apparence. La fin de l'enseignement catholique, c'est d'apprendre aux enfants le souverain bonheur, d'où ils viennent, où ils sont, ce qu'ils sont, et où ils vont selon la doctrine et les lumières de la foi; et si vous voulez, Monsieur, que je m'explique moins philosophiquement, c'est de leur faire connaître qu'ils sont en ce monde pour connaître Dieu, l'aimer et le servir, et par ce moyen arriver à la vie éternelle. Tout le reste doit être considéré comme un moyen d'atteindre cette fin suprême de l'homme.

En terminant nos entretiens sur ce grave objet de l'enseignement religieux, permettez-moi, Monsieur, de m'excuser auprès de vous des longs développements que j'y ai donnés, et de vous remercier en même temps du bienveillant intérêt que vous avez bien voulu y apporter, et que méritait sans doute plus la cause en elle-même, que la manière dont elle a été défendue.

Je suis, avec un très-profond respect,

Monsieur, ****.

LETTRE XXXII.

LES CONFESSIONS DES FIDÈLES.

Monsieur,

Après l'enseignement religieux, une des premières choses de l'ordre spirituel à organiser dans une paroisse, ce sont les confessions des fidèles. Le pasteur ne peut pas toucher à l'œuvre de Dieu elle-même, à cette institution divine si précieuse et si miséricordieuse; mais il peut et il doit la favoriser dans son exercice, en lui aplanissant les voies, et en la dégageant de toutes les causes qui pourraient l'entraver. Permettez-moi donc, Monsieur, de reprendre nos entretiens, et de vous faire part de mes impressions et de mes observations personnelles sur ce délicat et important sujet.

Le mal peut être assimilé à l'enfer avec toutes ses horreurs : il en a tous les caractères. Cependant, tout dans le monde conspire pour le faire commettre. Il est buriné et comme perpétué dans l'airain, vivant et animé sur le marbre et sur la toile; les arts le respirent, les pages de nos livres de littérature, de poésie, de philosophie même, en sont tout imprégnées. Quelle digue assez puissante peut-on opposer à ce débordement d'iniquité, à l'envahissement général de ce plus terrible des fléaux ? Après l'instruction religieuse qui doit tout renouveler, je ne connais pas de meilleur remède et de meilleur préservatif contre ce mal souverain, que la confession catholique mise en pratique et devenue populaire. Saint François de Sales, ce puissant génie de la science spirituelle, l'appelait, à bon droit, un des pôles de la vie chrétienne.

Il importe donc au plus haut point, Monsieur, au gouvernement diocésain et paroissial, de donner à cette grande et admirable institution divine une organisation éclairée et propre à la recommander aux yeux des peuples, d'en faciliter les moyens, d'en écarter les obstacles ou les préjugés. Une paroisse où la confession est fréquentée et en honneur, est une terre bénie au sein de laquelle germent et éclosent les fleurs des plus belles vertus. La confession est comme le thermomètre infaillible du degré de la ferveur ou de la froide indifférence d'un peuple donné.

Mais, indépendamment de la guerre violente que les passions ameutées n'ont cessé de livrer à ce beau dogme, et de la répugnance pénible qu'inspire à l'amour-propre et à la nature l'accomplissement de ce salutaire devoir, que de causes sourdes, latentes, sont venues et viennent, chaque jour, en entraver l'application pratique, tantôt du côté matériel, tantôt du côté personnel ! Au lieu d'en aplanir la voie, et de donner à la confession toutes les conditions les plus favorables, et aux fidèles toutes les facilités et toutes les commodités matérielles et accessoires qui sont possibles, les hommes, par une inconcevable inintelligence, se sont plu et se plaisent encore à environner le saint tribunal où siége la miséricorde, de mille difficultés de superfétation, de mille obstacles inutiles, de mille inconvénients qui en éloignent ceux qui hésitent, justifient la mauvaise volonté de ceux qui résistent, et ralentissent le zèle des vrais fidèles eux-mêmes. On dirait, Monsieur, que leur zèle aveugle est plus dangereux qu'une hostilité ouverte. Au lieu de faire que ce ministère sacré s'exerce dans les meilleures conditions possibles, et de donner aux fidèles toutes les satisfactions de convenances personnelles, locales et matérielles, en allant au-devant de tous leurs désirs, de leur faiblesse même, en abaissant pour eux toutes les barrières que la main des hommes ou l'imagination peut élever, en détruisant toute objection et tout prétexte au délai ou à la mauvaise volonté, on leur suscite, comme à plaisir, des embarras, des répugnances, des contrariétés, des épreuves, qui finissent par les détourner entièrement de l'accomplissement de ce devoir sacré. On sème sous leurs pas des pierres d'achoppement, on leur rend les sentiers âpres et tortueux. Je comprends bien, Monsieur, que le chemin du confessionnal ne doit pas être semé de roses ; mais pourquoi y semer aussi, comme à pleines mains, les ronces et les épines? Y a-t-il une raison de nécessité ou d'utilité à cela? Mon opinion est qu'il faut adoucir autant que possible, pour la nature, les questions de formes accessoires, puisque le fond doit être nécessairement crucifiant pour elle.

Tout le ministère pastoral a son centre dans la confession. Sans elle, pas de communion, pas de piété, pas de sanctification, pas d'union intime avec Dieu, et partant pas de salut. Les catéchismes, les prédications, tous les efforts et toutes les industries du zèle, doivent aboutir là. La confession doit être la conséquence logique de toute la doctrine apostolique, comme elle est le remède à tous les maux de l'âme, et le moyen de réforme le plus efficace pour les mœurs. C'est la plus nette et la plus concluante expression de la foi; c'est le mobile de toutes les grandes vertus, de toutes les grandes œuvres. *Donnez-moi*, disait un grand politique, *des peuples qui se confessent, et je me charge de gouverner le monde*. Tous les saints sont devenus saints par elle. Un curé, plein de l'esprit apostolique, doit donc y porter les fidèles, les y exhorter, les presser, les presser toujours en ami et en père, en introduire la pratique fréquente dans sa paroisse. Il doit surtout employer tous les moyens qui dépendent de lui pour les attirer, et écarter toutes les causes, même légères et accidentelles, je vais plus loin, même imaginaires, qui pourraient arrêter leur élan. Qui pourrait compter, Monsieur, les pensées mauvaises et les tentations qui s'élèvent, du fonds de corruption qui est dans l'homme, contre la confession? La mauvaise nature, l'imagination, tous les instincts mauvais, et surtout les suggestions du démon, se coalisent contre l'âme au moment où elle fait effort pour approcher du tribunal de la pénitence, et pour l'enchaîner fatalement dans le mal et l'indifférence. Ce seront souvent des motifs pareils, des prétextes futiles, des impressions non raisonnées ou non maîtrisées : le démon, de son côté, créera mille fantômes, suggérera mille inspirations mauvaises, fera jouer mille ressorts, pour empêcher l'œuvre de Dieu. Il faut donc, Monsieur, qu'au génie du mal on oppose le génie du bien.

Toutes les tentations, puériles, si vous le voulez, mais bien dangereuses, qui s'accumulent et s'amoncèlent en face du devoir, où prennent-elles ordinairement naissance? Quelle est leur source? Permettez-moi, Monsieur, de vous la révéler : parmi les tentations qui viennent assiéger les âmes qui veulent se confesser, les unes sont locales et accidentelles, les autres personnelles. Elles naissent rarement de l'institution elle-même, que l'on admire et que l'on respecte. J'explique ces deux sortes de tentations, et j'en éprouve le besoin.

La première cause des tentations que j'ai appelées locales est tirée du lieu même où le confessionnal est placé, et quelquefois de sa forme elle-même plus ou moins grotesque. C'est une chose bien importante que le choix des endroits destinés aux confessions. Il y a à cet égard des antipathies et des sympathies profondes, et qu'il ne faut pas oublier. Pour accomplir ce grand acte de la vie chrétienne, on n'aime pas trop la publicité, la clarté de la lumière, un lieu trop voisin du bruit et de la foule qui se heurte et se rencontre. On aime un lieu plus solitaire, plus isolé; et si l'on ne veut pas et si l'on ne doit pas vouloir une clandestinité absolue, on préfère être placé à une distance respectueuse de tout bruit, de tout mouvement, de toute investigation indiscrète et curieuse. Vous conviendrez, Monsieur, que ce désir est légitime, et que, indépendamment de la commodité et de l'agrément, il y a à cela une haute convenance, surtout pour nos églises de Paris, qui sont journellement battues de long en large par une foule de curieux et de flâneurs, pour me servir d'une expression familière, sans foi et sans principes, qui croiraient déroger à la dignité de leur raison et de leur caractère, s'ils manquaient, en traversant une église catholique, de protester, par quelques lazzis et quelques propos absurdes et fanfarons contre ses plus respectables pratiques, et surtout l'institution de la confession. Le bon sens chrétien doit sans doute mépriser ces censures basses et vulgaires, et ne pas les redouter; mais si la crainte de l'opinion et du respect humain ne doit pas nous influencer dans nos devoirs, nous prêtres, pourquoi exposerions-nous les fidèles à cette tentation, sans aucune raison d'utilité? Pourquoi exigerions-nous d'eux gratuitement des sacrifices héroïques pour leur nature? Pourquoi ne nous ferions-nous point infirmes avec les infirmes (et tout le monde l'est plus ou moins), en leur donnant toutes les convenances locales pour leurs confessions? Cela est tellement sérieux, Monsieur, que c'est très-souvent un écueil contre lequel toutes les velléités viennent se briser.

De plus, que d'âmes bien chrétiennes et bien délicates, en butte à des persécutions domestiques à cause de leur piété, qui sont condamnées à recourir aux sacrements furtivement et à la dérobée! Il y aurait pour elles de graves inconvénients à être vues et remarquées. Ce serait une cause de mésintelligence, de récriminations et de perturbation dans la famille. Elles ont donc besoin de trouver un lieu plus solitaire et plus caché, où elles soient moins exposées à ces disgraces qu'elles ont à redouter. La prudence le demande impérieusement.

Il y a encore, Monsieur, des natures craintives, timides, tremblantes, pour lesquelles la confession est extrêmement pénible, et produit toujours une grande commotion de frayeur jusqu'à s'en trouver mal. L'isolement du lieu, le silence qui y règne avec ses précieux avantages, les rassurent, les mettent plus à l'aise, et rendent leur confession moins pénible, plus consolante et plus satisfaisante pour leur piété. Il y a de plus des convenances de délicate pudeur à respecter inviolablement, et c'est au sentiment et au tact à les indiquer : un pasteur de paroisse serait donc bien peu intelligent des mystères du cœur humain, et bien aveuglément ennemi des intérêts des âmes, s'il n'attachait pas aux placements des confessionnaux, et aux lieux destinés à entendre les confessions, une haute importance spirituelle. La question de symétrie, les règles même du goût et de l'ornementation purement matérielle, doivent y être subordonnées.

A Dieu ne plaise, Monsieur, que je veuille ni directement ni indirectement supprimer dans nos églises le symbole du dogme de la confession, soustraire aux regards ce qui en est le signe et l'instrument sacré, et faire du tribunal de la pénitence un tribunal secret, invisible, et dans lequel les arrêts d'une miséricorde ineffable se rendent à huis clos ! Non, Monsieur, mille fois non : les confessionnaux sont, à mon avis, les monuments catholiques de nos églises, et leurs plus beaux ornements dans l'ordre des idées morales et spirituelles. Malheur à quiconque cacherait la pénitence comme on cache les crimes mêmes, enlèverait à nos confessions leur publicité ! ce serait un véritable attentat contre l'idée catholique. Mais, tout en conservant à cette miséricordieuse et touchante institution son caractère public, il y a des règles à suivre et des convenances à garder dans l'intérêt général du bien. Ainsi, par exemple, quel est le pénitent qui voulût se confesser au milieu de la foule, du mouvement, du flux et du reflux de personnes qui vont, qui viennent, qui regardent, qui écoutent, qui sont étonnées ? Il faut, pour s'y résigner, un grand courage, une générosité héroïque, que l'on ne peut pas attendre du commun des fidèles ; ce serait même les exposer à une gêne compromettante que de le tenter. Ce serait donc une maladresse à un chef de paroisse d'échelonner les confessionnaux de son église sur la voie publique et les passages les plus bruyants et les plus fréquentés : ce serait comme une provocation continuelle à la dissipation, et rendre la confession pénible pour le prêtre, infructueuse et odieuse pour les fidèles; ce serait faire acte de peu d'intelligence en organisation spirituelle, et exposer la persévérance des âmes pieuses à une rude épreuve.

Le choix du lieu affecté aux confessionnaux n'est donc pas indifférent; il influe sur la pratique, et devient une cause de tentation, d'hésitation et d'éloignement, ou un moyen de conservation, d'attraction et de persévérance, selon qu'il est plus ou moins bien adapté à son but. Il contribue nécessairement plus ou moins à la fréquentation de la confession, selon qu'il a les convenances désirables ou non.

Ce n'est pas tout, Monsieur, sur cette question. Si le lieu non approprié aux besoins de l'œuvre peut être un écueil fatal et une occasion de désertion, le confessionnal lui-même produit le même effet, et donne des résultats analogues, selon sa forme, sa commodité, sa propreté.

J'ai eu l'honneur de vous dire plus haut, Monsieur, que souvent le salut des âmes tient à des riens, à des accidents ; et les accidents ne se reproduisent nulle part autant qu'à l'endroit de la confession. Il faut si peu de chose pour arrêter les âmes indécises, chancelantes dans le chemin de la vertu! Combien qui se complaisent dans les ajournements indéfinis, et qui sont heureux de trouver une défaite, un prétexte pour n'en pas sortir! Il faut tant de dextérité, tant d'adresse, tant de bonté pressante, pour attirer les hommes à la vertu et les y enchaîner! Oui, j'ai rencontré des âmes vacillantes, capricieuses, fantasques, qui, ne trouvant pas dans le confessionnal où elles venaient s'agenouiller aux pieds du prêtre toutes les conditions de commodité, de propreté, de formes à leur goût, éprouvaient une certaine répugnance à s'y confesser, et finissaient par prendre en antipathie le confessionnal, le confesseur et la confession. Ces exemples de défections soudaines, imprévues, comme également de retours subits occasionnés par des causes analogues, mais en sens inverse, ne sont pas rares. Prêtez l'oreille au bruit public, écoutez tout ce qui se dit, recueillez toutes les plaintes, et vous verrez si j'ai raison d'attribuer une certaine influence, dans le domaine de la confession, à l'absence ou à la présence des convenances locales et matérielles : tant il est vrai que tout doit tendre à recommander le sacrement, et à faire respecter et honorer le prêtre qui l'administre, dans la décence qui doit régner au dehors et dans toutes les circonstances extérieures. N'est-ce pas profaner ce sublime ministère et l'outrager dans sa dignité, que d'y affecter des confessionnaux d'une forme surannée, grotesque, sans propreté, tout vermoulus et tout disloqués ? On semble, Monsieur, ne pas savoir que c'est Notre-Seigneur qui y siége, qui y exerce lui-même la miséricorde dans la personne de son représentant.

Il faut relever l'institution divine de la confession jusque dans ce qui en est le signe et le symbole touchant. Si l'on a un soin pieux de tout ce qui tient à l'ornement de l'autel et de nos chaires évangéliques, je ne vois pas pourquoi ils ne s'étendraient pas jusqu'aux confessionnaux. Le luxe, l'élégance, la prodigalité des dorures y seraient aussi contraires au bon goût qu'au véritable esprit du sacrement. C'est un défaut dont on n'a pas su se préserver dans quelques églises de Paris, en voulant y apporter quelque amélioration utile sous ce rapport. Ce que l'on aime, Monsieur, ce qui convient pour nos confessionnaux, c'est une propreté constante, une convenance religieuse, une simplicité de forme pleine de bon goût, et une décence parfaite et digne du sacrement.

Après ces considérations sur les circonstances extérieures de la confession, et qui ne touchent pas à l'essence du sacrement lui-même, mais qui exercent plus ou moins d'influence sur ceux qui s'en approchent, je me propose, Monsieur, dans notre prochain entretien, de vous parler du confesseur lui-même et de la confession.

Je suis, avec un très-profond respect,

Monsieur, ****.

LETTRE XXXIII.

LE CONFESSEUR ET LA CONFESSION.

Monsieur,

De tous les rôles du prêtre, de toutes ses fonctions sacrées, celle de confesseur est la plus étonnante et la plus extraordinaire. Que fait un prêtre qui siége dans un confessionnal? Il y représente Dieu; il y reçoit les échos du cœur et de la conscience, les épanchements de l'âme tout entière, des communications qu'on ne ferait pas à l'ange lui-même. Il balance dans ses mains les destinées éternelles des peuples. Quel rôle! quel ministère! Comment les entrailles du prêtre ne seraient-elles pas profondément émues toutes les fois qu'il intervient ainsi, au nom de Dieu, dans le domaine le plus intime et les intérêts les plus sacrés de l'âme? L'inviolabilité de la conscience, que l'on a si souvent et si pompeusement proclamée, n'existe pas pour lui. Pour lui, et pour lui seul au monde, elle s'épanouit, elle se manifeste tout entière. Il aura le dernier mot de toutes les passions du cœur, de ses désirs et de ses sentiments. Au confessionnal, il verra la jeune fille venir à lui comme à un père, lui révéler tous les mystères de son cœur, tous les écueils de ses premières années, et toutes les embûches tendues à son innocence. L'enfant accourra lui confier la garde des fleurs de son innocence et de sa candeur, afin qu'il les protége contre le souffle des vents et la fureur des orages. Le vieillard, sur la pente rapide de son éternité, l'appellera son père, et viendra lui confier aussi les dernières heures de cette pénible journée qu'on appelle la vie. Il aura des conseils pour les uns, des remèdes et des préservatifs pour les autres, et surtout de la tendresse et de la miséricorde pour tous. Que d'émotions douces n'éprouve-t-il pas en exerçant ce sublime ministère, qui est si beau, même au seul point de vue philosophique et humanitaire! Il est là l'ange consolateur et réparateur de toutes les infortunes morales et spirituelles; c'est lui qui panse toutes les plaies saignantes encore, essuie toutes les larmes et adoucit toutes les souffrances : c'est le plus touchant ministère du prêtre.

Le prêtre me paraît bien beau, Monsieur, quand je le rencontre au lit de douleur des malades, administrant les derniers sacrements à ses frères mourants, et leur ouvrant les portes de l'éternel avenir. Il me paraît également beau et sublime quand il annonce la parole de Dieu, et la bonne nouvelle du salut aux pauvres et aux petits; quand il fait balbutier le nom de Jésus à l'enfant du peuple : mais je le trouve plus grand et plus magnifique encore au tribunal de la miséricorde. Le confessionnal, c'est son poste de gloire et d'honneur. Quelle attribution du prêtre plus capable de lui révéler la grandeur de son héritage sacré, de lui faire comprendre sa valeur ineffable, de le remplir tout entier de la poésie divine de son état, des sublimes émotions qu'inspire au cœur cette auguste fonction, à nulle autre pareille? N'est-ce pas le prêtre qui refait et régénère les consciences, refond les âmes et les renouvelle, convertit les loups en agneaux, et les lions en de timides colombes? C'est un artiste divin qui rend partout à la noble image de Dieu ses premiers traits et toute sa beauté primitive effacée, flétrie et défigurée. S'il est pénétré de la grandeur et de la beauté de cette mission, il s'y dévouera tout entier ; il s'y sacrifierait même et s'en ferait le sublime martyr, si cela était nécessaire. Du sein de sa tombe glorieuse jailliraient des milliers de vies. Il donnera au confessionnal tout son cœur et tout le temps dont il pourra disposer. Il n'y aura pas de sacrifices qu'il ne s'imposera pour répondre à tous les vœux des fidèles. Il aura ses heures fixées, sans doute; mais, dans la fixation de ces heures, il consultera plus les convenances des pénitents que ses convenances personnelles. On le verra toujours et on le trouvera toujours au devoir. Il se multipliera avec les besoins. Il saura que là où est la moisson, là doit être le laboureur ; là où est la vigne, là doit être l'ouvrier. Il ne distraira de son temps que ce qui sera indispensable aux autres devoirs de sa place.

Rien de plus incompréhensible, Monsieur, au point de vue du ministère et de la foi, que le système de temps à l'usage de quelques confesseurs pour entendre les confessions des fidèles; on dirait des officiers publics, politiques ou administratifs, qui fixent fort à leur aise des heures de bureau et d'audience pour l'expédition des affaires : ils prélèvent, comme à regret, quelques heures sur leur semaine, leurs journées peut-être, qu'ils voudront bien consacrer à leur clientèle spirituelle, fort limitée du reste, avec une précision et une rigueur mathématiques, en dehors desquelles ils sont invisibles, introuvables, ne sont plus prêtres de fond; et toute demande pour des besoins urgents est regardée comme inopportune, importune même, et par conséquent traitée comme non avenue. Comme si les mathématiques étaient apostoliques, pas plus que gouvernementales! Est-ce que le confesseur est un homme de bureau? Est-ce qu'il vise au confortable de la vie, comme un citoyen-bourgeois ou un bourgeois-citoyen? Est-ce qu'il peut, au point de vue de la foi et de la justice stricte surtout, puisqu'il prend part au budget de la paroisse, calculer si largement pour sa personne et si parcimonieusement pour le pauvre peuple? Il n'est pas rare, Monsieur, de voir dans les paroisses des prêtres qui en font plus que dix, et dix qui en font moins qu'un. D'où vient cette différence entre un homme et un homme, un prêtre et un prêtre? Pour moi, Monsieur, je ne trouve jamais le prêtre plus heureux, plus admirable, plus prêtre, que lorsqu'il siége dans un confessionnal, au milieu d'une foule immense de malades spirituels qui demandent à être plongés dans la piscine sainte pour en sortir guéris et purifiés. Il n'y a rien de plus édifiant pour les fidèles, de plus consolant pour la religion. Les méchants, les incrédules, les impies eux-mêmes éprouvent une sorte d'émotion surhumaine en voyant ce beau spectacle : ils sentent profondément que là où le peuple afflue ainsi, il y a un prêtre généreux, des entrailles de miséricorde, un cœur qui compatit, un ami dévoué, un père qui console et qui aime. Il sort de lui, pour chaque pénitent riche, pauvre, innocent ou pécheur, comme une vertu qui fortifie, et des dons qui ne peuvent descendre que du ciel. Au contraire, quel sujet de douloureuse tristesse de voir non loin de lui des confessionnaux déserts, abandonnés, rarement occupés! Pourquoi cela, Monsieur? Ne serais-je pas trop sévère, trop dur, en vous disant que le fidèle n'y est attiré par rien? Il y trouve un homme, rien qu'un homme, pas un père; il reçoit un accueil froid, indifférent, glacial quelquefois. Rien d'onctueux, de paternel, de miséricordieux. Sa confiance n'est encouragée par aucune parole de bonté et de douceur, et sa conscience s'ouvre difficilement et avec gêne. Les mots s'arrêtent sur ses lèvres; il n'ose parler. Autant son cœur se dilatait ailleurs, et sous une autre influence spirituelle, autant ici il se resserre comme involontairement. Quelle en est la cause? C'est la disposition dominante du confesseur lui-même qui se communique à son malheureux pénitent, j'allais dire patient. Le froid dissout, et une douce chaleur vivifie et ranime tout.

Il faut donc, Monsieur, que le confesseur appartienne tout entier, de cœur et de temps, aux fidèles qui veulent s'adresser à lui, et qu'il se prête à toutes les exigences des diverses positions, et aux besoins de tous, ouvriers, ouvrières, domestiques, hommes de bureau, hommes de peine, etc. N'est-ce pas une chose pénible, que de voir de pauvres gens du peuple prévenir le lever du soleil, prendre sur le temps de leur repos qui leur est si nécessaire, pour pouvoir se confesser, et ne pas trouver chez le prêtre une correspondance empressée à encourager et à servir ces généreux efforts du zèle et de la foi? N'est-ce pas un spectacle douloureux, scandaleux même, que de voir de bonnes ouvrières, ou des employées de magasins, user de toutes les industries, traverser toutes les difficultés pour arriver au bonheur d'approcher des sacrements et satisfaire aux aimables et pieuses inspirations de leurs cœurs chrétiens, et n'avoir que le chagrin de voir les admirables combinaisons et toutes les industries de la piété la plus généreuse échouer tristement et demeurer sans résultat, par la mauvaise volonté ou la coupable indolence d'un confesseur? On y revient une fois, deux fois, trois fois sans se rebuter, et trop souvent sans être plus heureux.

Faisons bien sincèrement notre procès, Monsieur, et notre accusation : humilions-nous devant Dieu. Nous, prêtres, nous manquons aux fidèles plus souvent que les fidèles ne nous manquent : je le dis sans amertume pour aucun de mes confrères. Je suis peut-être le moins étranger de tous à ces profondes misères, et j'en dois gémir pour mon compte personnel. C'est un grand malheur et un grand sujet de douleur pour la religion. Dans Paris surtout, où tout est journalier et décisif en bien comme en mal, l'absentéisme systématique du confesseur, un ajournement, un retard d'un jour, d'une heure, peut entraîner la perte d'une ou de plusieurs âmes. C'est souvent un malheureux naufragé qui veut aborder au port : il lutte contre la fureur des flots et contre les écueils; il nous tend une main suppliante : si nous sommes sourds à sa voix, les flots vont l'entraîner et l'engloutir sans retour. C'est quelquefois un homme envahi par l'incendie, et qui nous appelle à son secours; si nous tardons, les flammes vont le dévorer : Dieu a parlé aujourd'hui à cette âme; elle répond à sa voix, et nous, ses ministres, les ministres de ses miséricordes, nous ne sommes pas là pour la recevoir, pour lui ouvrir nos bras et notre cœur, pour aller au-devant de ce retour! S'il ne faut jamais renvoyer au lendemain le bien que l'on peut faire la veille, c'est surtout, Monsieur, en matière de confession. Il y a des inspirations subites, des illuminations soudaines, des impressions du moment, des décisions généreuses, des heures mystérieuses et solennelles pour les âmes : malheur au prêtre qui, par négligence et sciemment, ne saurait pas les comprendre, les pressentir, et en profiter!

Je termine ici, Monsieur, notre entretien sur le confesseur, en me réservant, si vous le trouvez bon, de le reprendre un autre jour; je continuerai cet intéressant sujet sur un ton moins animé et moins chaleureux, comme il convient au langage de la vérité et de la sagesse.

Je suis, avec un très-profond respect,

Monsieur, ****.

LETTRE XXXIV.

QUALITÉS DU CONFESSEUR.

Monsieur,

Le prêtre qui entre au confessionnal doit y apporter toutes les vertus angéliques pour compagnes et pour cortége, la pureté du cœur et la pureté d'intention, qui sont, comme dit l'auteur de l'*Imitation*, les deux ailes sur lesquelles l'homme s'élève jusqu'au ciel : tout alliage humain, tout mélange terrestre doit en être banni. Il y est plus qu'un homme, et il doit, dans un certain sens, y être comme étranger à ce qui est de l'homme, excepté à la compassion et à la pitié. Sur ce tribunal, le plus respectable et le plus miséricordieux du monde, où il est assis, il fera monter avec lui cette liberté et cette indépendance de jugement qui lui sont nécessaires; il se prémunira, en tout, contre la prévention et le préjugé, qui sont toujours une source amère d'injustice et de malheur. La prévention dénature et empoisonne les intentions les plus pures, met le bien à la place du mal, et le mal à la place du bien. On sait ce que peut un juge prévenu contre un accusé, ou contre une cause soumise à son tribunal. Ce n'est plus le bon sens, ni la sagesse, ni la raison impartiale, qui délibèrent et décident; c'est la passion qui inspire et prononce. Un confesseur qui entre au confessionnal sans cette sérénité et ce calme de l'âme qui se place au-dessus de la région des impressions ou des préventions gratuites contre les personnes, confessera mal, appréciera mal, jugera mal : il ira de suspicion en suspicion, de défiance en défiance; il agira sous l'influence si dangereuse de l'injuste prévention, et aboutira à une faute, à un déni de justice dans l'ordre le plus sacré. Il sera injuste dans le droit, injuste dans le fond, injuste dans la forme. Il aura, pour les personnes ainsi mises en prévention, un accueil froid, un ton sec et dur, des procédés peu gracieux, et presque impolis. Il les écoutera avec peine, les attristera par des reproches immérités et des paroles amères, et finira par les aliéner de lui et de la confession; et tout cela proviendra d'un jugement préconçu. J'ai vu souvent de ces âmes mises comme au ban de l'opinion, dans certains cercles et dans certain monde, par quelques personnes qui sont toujours prêtes à jeter la pierre au prochain, parce que probablement elles ne se sentent jamais coupables, et qui étaient parfaitement innocentes de tout le mal qu'on leur imputait, et que l'on tendait à divulguer et à faire accréditer dans le public. Dans cette cruelle situation, Monsieur, où nous pouvons tous être placés demain, dans cette persécution morale de l'injustice de l'opinion, à qui en appellera la victime? A quel tribunal recourra l'opprimé? Quel sera le juge impartial, incorruptible, exempt des préventions du vulgaire, qui le protégera et défendra les droits de son innocence, si ce n'est le confesseur, ce juge inaccessible aux influences de la chair et du sang, l'ami et le père de tous selon Dieu? Le confesseur devra donc bannir avec soin, de son tribunal, de son esprit et de son cœur, toutes les influences dangereuses, toutes les préventions et les préjugés du dehors; imposer silence à toutes ses impressions personnelles, ne pas distinguer entre les Grecs et les barbares, mais voir à ses pieds des frères, des âmes dignes de sa compassion, de son intérêt et de toute sa miséricordieuse tendresse. Elles viennent à lui spontanément, librement; il doit les accueillir en père, les consoler, les fortifier, et laisser passer les préventions et l'injustice des hommes. Heureux donc le prêtre dont le cœur sera toujours ouvert à tout ce qui souffre, à tout ce qui est ulcéré, à tout ce qui est poursuivi par l'injustice de l'opinion des hommes en affaires, en relations, comme en politique.

Il faut en convenir, Monsieur, il est bien difficile de se défendre contre la prévention : elle entre en nous presque malgré nous. Tout la fait naître et la propage; une parole, un regard, un bruit, un soupçon, un rapport, une plainte : toutes nos impressions se convertissent en préventions. Nous nous prévenons contre tous et contre tout, souvent sans motifs. Rien n'échappe à nos préventions, ni les classes sociales, ni les États, ni les gouvernements. Il n'est pas jusqu'aux rues, jusqu'aux maisons même qui y sont enveloppées avec tous leurs habitants; nous croyons si facilement le mal et si difficilement le bien du prochain! Dans cette fatale disposition, nous ne raisonnons plus; l'imagination et la malice font tous les frais, grossissent tout; et là où il n'y a pas l'ombre du mal, l'ombre d'une faute, l'ombre d'une mauvaise intention, nous mettons, par des insinuations malignes, un noir projet, une faute grave, des crimes peut-être : là où il n'y a pas une paille légère, nous voyons une poutre par le prisme de notre imagination. Vous avez été sans doute à même, Monsieur, dans votre ministère pastoral, de rencontrer ces tristes exemples de la prévention, et d'en constater les regrettables effets. La prévention est sourde et aveugle : elle ne sait ni considérer, ni écouter, ni délibérer librement. Le prêtre y est plus exposé que tout autre, et il doit la redouter d'autant plus que ce serait en lui qu'elle aurait les plus graves conséquences. Ce seront tantôt des rapports défavorables que l'on accourra lui faire officieusement contre tel ou tel pénitent, contre telle ou telle pénitente; tantôt une confidence, une communication, une insinuation, une accusation en règle, qui lui arriveront par des voies détournées et mystérieuses : s'il est appelé surtout à confesser plusieurs personnes de la même famille ou de la même maison, il est bien difficile qu'il ne reçoive quelques impressions plus ou moins défavorables aux personnes, par le malheureux défaut trop commun que l'on a de se confesser pour son propre compte, et un peu aussi pour le compte des autres. Si le père et la mère ont des préventions ou des griefs contre leurs enfants, si les maîtres en ont contre leurs domestiques ou subordonnés, on voudra qu'il les partage, et on le priera même d'y faire intervenir son ministère. Si le prêtre ne veut pas se compromettre ni compromettre son ministère, il saura s'affranchir de toutes ces préventions, et demeurera dans la plus parfaite impartialité en exerçant sa triple fonction de juge, de médecin et de père. Malheur à lui, s'il discerne entre les personnes, et s'il fait acception de rangs, d'âge et de positions!

Si la première qualité du confesseur est d'être libre de toute funeste prévention, sa seconde qualité, son honneur même est d'être exempt de toute partialité et de toute acception de personne. Il doit appartenir à tous indistinctement, et se doit tout entier aux riches et aux pauvres. Il y a une gloire qu'il lui est permis d'ambitionner et de rechercher : c'est celle de se voir recherché, demandé, aimé et environné de nombreux enfants spirituels, accourant à lui du fond du triste réduit de la pauvreté, du milieu de leurs travaux et de leur labeur, comme à leur ami et à leur père. Il se réjouira et surabondera de joie d'être, sur le théâtre de toutes les infortunes populaires, en pleine moisson apostolique.

Il deviendra le guide de la jeune fille du peuple, son conseiller intime et désintéressé, à travers toutes les phases si variées et si périlleuses de sa laborieuse existence. Son intérêt et son dévouement pour son bonheur et sa conservation la suivront partout, dans tous les dangers : à l'atelier où ses jeunes années s'écoulent, dans la vie de famille à laquelle elle sera appelée. Il sera comme son second père, son second ange gardien et son protecteur, contre tous les piéges et toutes les séductions du vice. Quelle service ne rendra-t-il pas à la famille de cette jeune enfant, et quelle reconnaissance ne lui devra-t-elle pas? Sa mère, qu'il aura comblée de bonheur en sauvegardant par son zèle et ses paternels conseils l'innocence et les beaux sentiments inculqués à sa fille, le bénira, et viendra, heureuse et contente, le conjurer de la conduire elle-même dans la voie de la piété, et de la consoler dans toutes les vicissitudes de sa pénible vie. Le père, à son tour, profondément touché de l'intérêt qu'il portera à sa femme et à son enfant, et de tout le bien qu'on lui en racontera, l'aimera, lui aussi, et viendra avec confiance se mettre sous sa direction, et lui révéler tous les mystères de sa conscience et de son âme. Il ne voudra pas se séparer de sa famille, qu'il aime si tendrement, dans ce beau mouvement vers les destinées éternelles. Voilà le prêtre et son œuvre, Monsieur : il sera l'homme de l'ouvrier, l'homme de l'atelier, l'homme du magasin, l'homme du petit enfant, l'homme du vieillard, l'homme de tous, parce qu'il est l'homme de Dieu, *homo Dei*.

Que je plaindrais le prêtre, Monsieur, s'il en existait dans Paris, qui aspirerait à composer sa clientèle spirituelle d'un petit nombre de personnes choisies et privilégiées, et qui aurait pour système d'exclure de son confessionnal les classes pauvres et ouvrières ! Ce système serait le plus stérile d'une part, et le plus condamnable de l'autre : il n'est admissible ni discutable dans aucune hypothèse, sous aucun prétexte ou raison colorée. Saint François de Sales n'a jamais été plus admirable à mes yeux que dans cette heure célèbre qu'il consacra à entendre la confession si ennuyeuse et tous les rabâchages de cette vieille femme, dont il parle dans ses œuvres. On dira peut-être : « Il faut ménager les susceptibilités, ne pas heurter les préjugés : Dieu a donné à certains prêtres comme une mission spéciale auprès des classes riches, comme nous voyons dans les premières missions de la Chine des missionnaires se vouer à la conversion des mandarins, et des missionnaires se vouer à celle des parias. Ils se condamnaient même à ne pas se voir, pour ne pas éveiller l'ombrage des castes jalouses au milieu desquelles ils vivaient. » Quand on examine, Monsieur, les vues, les motifs, le mobile de ces héros de l'apostolat, leur esprit de sacrifice, le martyre moral qu'ils s'imposaient ainsi pour amener le règne de l'Évangile, ah ! on comprend leur conduite, on l'admire, on l'aime ; mais il n'y a ici aucune parité entre les deux situations ni entre les intérêts. Le cas des missionnaires est tout exceptionnel et unique, et ne peut être invoqué comme une règle. « Dieu, disent-ils, a varié ses dons : ils ont reçu celui de comprendre mieux les classes élevées et de les diriger. » Je ne vois aucune théorie de cette étrange nature, ni dans l'Évangile, ni dans les enseignements catholiques, ni dans la vie et la conduite pratique des saints. Je n'ai jamais compris qu'il y eût une vocation sacerdotale spéciale pour les riches contre les pauvres, ou pour les pauvres contre les riches. « Je suis débiteur de tous, disait l'apôtre, et nous nous devons à tous. »

Permettez-moi, Monsieur, non pas de me citer comme pouvant servir de modèle en quoi que ce soit, mais de vous faire part des impressions que j'ai éprouvées dans la pratique, touchant cette question qui nous occupe. La Providence m'a appelé à exercer le saint ministère pendant plusieurs années auprès de ceux que l'on nomme les grands du monde, et jusque dans les palais des rois. Il m'a été donné souvent d'être témoin de ces scènes touchantes, et de remplir ces rôles qui ne se rencontrent que pour le prêtre seul. J'ai vu, Monsieur, non sans une grande émotion, la main du prêtre qui venait de bénir le petit-fils des rois, bénir un instant après, avec un égal bonheur, le petit-fils du pauvre : j'ai vu cette même main, qui venait de bénir des têtes couronnées, appelée, par une transition immédiate et un contraste frappant, à bénir la tête de pauvres esclaves africaines couronnées du joug de la servitude, disgraciées de la nature, du climat et de la naissance. Vous qui sentez si bien toutes les véritables grandeurs du prêtre, vous comprendrez toutes les impressions que ce spectacle doit laisser dans une âme sacerdotale : voilà les deux extrémités et les deux mondes dont le prêtre doit être l'apôtre et le père. Tout autre système n'est qu'une illusion d'un profond amour-propre plus ou moins bien voilé, et ne peut jamais se justifier devant Dieu. Malheureusement, Monsieur, nous avons tous une disposition funeste à rechercher tout ce qui peut nous flatter. Nous aimons à avoir la vogue du grand monde, les faveurs de l'opinion, la distinction des relations : de plus, il y a plus de facilité, moins de gêne et de peine dans les confessions des classes aisées. L'éducation y est plus élevée, l'instruction religieuse plus développée : la tâche est plus facile, le ministère moins embarrassé. On se comprend mieux. Avec les classes pauvres, au contraire, il y a plus de peine : l'ignorance, l'absence d'instruction, le manque d'éducation, créent mille embarras et partant mille sujets d'ennui pour le confesseur. La douleur, la souffrance, la détresse, murmureront souvent leurs tristes plaintes et leurs gémissements à son oreille, et contristeront son cœur. Il ne peut pas, il ne lui est pas permis d'y être insensible ou indifférent, ni de demeurer avare des consolations et des encouragements de son ministère. Ce n'est pas tout, Monsieur; il lui faudra même quelquefois faire l'aumône corporelle avec l'aumône spirituelle : tout cela est vrai. Mais de quel côté sont les bénédictions de son ministère? de quel côté est le cœur de Notre-Seigneur? Vous qui hésitez et qui doutez, répondrai-je, goûtez, et voyez combien le Seigneur est doux pour le prêtre du pauvre, et combien il se plaît à l'inonder de consolations ineffables! C'est pour lui une véritable terre promise, où coulent le lait et le miel.

Pour vous, Monsieur, votre vie, vos exemples, votre dévouement pour les pauvres, sont connus; et c'est pour moi une joie réelle de vous communiquer mes sentiments personnels sur cette portion du troupeau privilégiée de Notre-Seigneur, étant convaincu que votre cœur pastoral les partage entièrement.

Je suis, avec un très-profond respect,

Monsieur, ****.

LETTRE XXXV.

QUALITÉS PRATIQUES DU CONFESSEUR. — SUITE.

Monsieur,

Je reprends l'intéressant chapitre de la confession au point où nous l'avons laissé. Nous continuerons à examiner quelques-unes des vertus pratiques indispensables au prêtre appelé à exercer ce ministère si délicat, justement appelé l'art des arts. Mon intention n'est pas de traiter ici *in extenso* des vertus d'un bon confesseur, ni des vues élevées et des motifs si purs qui doivent inspirer une direction spirituelle, mais seulement de présenter quelques observations ou considérations sur quelques-unes des précieuses qualités pratiques qu'il doit posséder.

Le prêtre, en entrant au confessionnal, doit y introduire avec lui, outre les deux vertus dont j'ai déjà parlé, une patience invincible et à toute épreuve. Il faut y être tout entier. Le premier devoir du confesseur est d'écouter, d'écouter tout, d'écouter jusqu'au bout, sans trahir le moindre signe de mécontentement, d'impatience ou d'inattention. C'est, il faut l'avouer, Monsieur, quelquefois bien pénible; mais c'est une des conséquences de cette sainte fonction. On ne peut pas nier qu'il se rencontre des natures de pénitents qui peuvent en abuser, qui en abusent même en surchargeant leurs confessions de récits, de hors-d'œuvre, de détails fastidieux qui n'y tiennent ni de loin ni de près. Dans ce cas, il faut adroitement les ramener de ces excursions lointaines, de ces courses vagabondes, les concentrer sur le fait consciencieux, et trouver le précieux secret de réduire et d'abréger la confession sans en blesser l'intégrité, nuire à l'effet du sacrement, ou heurter la personne.

Quand on vient s'emprisonner ainsi souvent pour une journée tout entière dans un confessionnal sombre, étroit et obscur, où l'on respire à peine, il faut y apporter une âme tout armée d'une patience angélique, et oublier toutes les préoccupations personnelles ou extérieures. Il faut que le prêtre qui y est appelé prépare son âme par la prière au grand ministère qu'il va exercer, qu'il se recueille, et sonde ses dispositions non-seulement morales et spirituelles, mais même physiques. S'il sent toute sa nature inclinée vers l'irritation, s'il a lieu de craindre de contrister et de blesser quelqu'une de ces âmes qui se confient à lui, et qui doivent lui être chères comme la prunelle de ses yeux, qu'il s'arrête un moment, et qu'il laisse tomber cette disposition dangereuse et redoutable : semblable à une eau en ébullition, son âme agitée trouvera toute sa paix après un moment de repos, et, pour ainsi dire, toute sa limpidité. Alors il ira au confessionnal, et il y sera plein d'une douceur inaltérable pour les pauvres pénitents, déjà assez tremblants devant Dieu pour qu'au moins ils ne le soient pas devant les hommes. Il y sera digne de lui, digne du prêtre, digne de son ministère, digne du Dieu de douceur et de miséricorde qu'il représente.

Tout homme qui est appelé à traiter les affaires publiques, à gérer les intérêts des autres, à gouverner et à conduire les hommes, doit s'attendre à rencontrer beaucoup de peines, beaucoup de déboires, beaucoup de contradictions, beaucoup de difficultés. Il y a dans toutes les dignités, dans tous les honneurs de ce monde, un côté pénible, onéreux. Saint Augustin, en parlant des grandeurs humaines, disait : *Hic honorant, ibi onerant*, faisant allusion au jugement de Dieu. Il aurait pu dire, il me semble, Monsieur, avec vérité : *Hic honorant, hic onerant*. L'homme abonde de tant de défauts, de tant de maladies, de tant de misères, que, toutes les fois qu'on veut lui être utile, il faut se résigner à beaucoup d'ennuis. Cela étant, quand on a le courage et les talents nécessaires pour remplir les grandes charges publiques, dans quelque carrière que ce soit, il faut commencer par se renoncer soi-même et se désintéresser personnellement. Il faut surtout pouvoir compter sur une patience à toute épreuve, autrement ne pas s'en mêler : on est destiné à avoir affaire à toutes sortes de personnes, à communiquer avec tous les caractères sans en heurter aucun, avec tous les tempéraments sans en irriter un seul, avec toutes les opinions et tous les caprices sans en contrarier aucun, si cela était possible, avec toutes les ignorances et toutes les passions sans en exciter aucune; or, pour convenir à tant d'éléments divers, pour ne pas au moins les tourner contre soi, quel calme et quelle patience héroïque ne faut-il pas? Il faut plus que de la patience, il faut une sorte d'impassibilité morale que rien ne saurait vaincre. Ce n'est qu'à cette condition que l'on peut réussir. S'il en est ainsi, Monsieur, dans l'ordre civil, social, politique, n'est-ce pas surtout dans l'ordre du gouvernement spirituel des âmes que cette patience précieuse devient doublement nécessaire? Si tout homme qui exerce une magistrature temporelle parmi les peuples doit élever son âme, comprimer tous ses bouillonnements et la maintenir toujours dans une région sereine, comme un pilote expérimenté demeure calme et tranquille au milieu des flots courroucés, que dire, Monsieur, du confesseur qui exerce une magistrature sacrée dans le domaine des consciences? Sa patience ne doit-elle pas s'élever à la hauteur de son caractère et de son œuvre? Ne doit-elle pas prendre une autre nature en lui, échanger son nom contre celui de magnanimité, et devenir une longanimité que rien ne saurait vaincre?

Quelle souplesse, quelle flexibilité, quel flegme sublime ne faut-il pas au prêtre pour bien gouverner et bien diriger les consciences du peuple! Il a à conduire des intelligences de toutes sortes d'instincts opposés; il a affaire à la fois à l'habileté consommée et à l'extrême simplicité, à la finesse et à l'imbécillité, à la grandeur et à la petitesse, à des raisons droites et à des raisons tortueuses; c'est quelque chose qui ressemble à ce mystérieux banquet de l'Évangile, où il y a moralement et spirituellement des borgnes, des aveugles, des sourds, des boiteux.

Voilà, Monsieur, comment est composée la famille spirituelle du confesseur. Vous savez quelle est la tâche des maîtres de l'enfance, et combien elle est laborieuse et pénible : parmi les enfants à former, les uns sont prompts, les autres sont lents; les uns ont trop d'ardeur, les autres en ont trop peu; les uns sont doués d'une grande sagacité, d'une heureuse mémoire, de beaucoup de docilité; les autres, au contraire, ont une intelligence rebelle, une mémoire ingrate, une grande opiniâtreté, un mauvais caractère. Le chef-d'œuvre des maîtres est de deviner la nuance de nature de ces petites plantes, de leur faire produire, par des années de soins et de patience, des fruits, chacune selon son espèce et ses dispositions. Voilà, Monsieur, une petite expression et comme une image de l'œuvre du confesseur. Il est chargé aussi de former des enfants de Dieu, et d'en faire, non pas des citoyens de l'État, mais des citoyens du Ciel; non pas des hommes, mais des chrétiens. La tâche est belle, sublime; mais quelle patience, quelle longanimité ne demande-t-elle pas? Pour y réussir, il faut que le confesseur commande en maître à sa nature, qu'il en réprime toutes les saillies, en enchaîne tous les mouvements, en comprime tous les bouillonnements; en combatte toutes les mauvaises passions. Il faut qu'il la surveille sans cesse, qu'il la tyrannise saintement, qu'il refoule promptement au dedans de lui toutes les émotions de mauvaise humeur, de mécontentement et de colère; qu'il laisse apparaître toujours le même calme, la même sérénité d'âme, la même égalité de caractère, de ton, d'accent, de geste; en un mot, qu'il sache se dominer en vainqueur. C'est là le prodige de la grâce, et un don bien précieux, mais bien rare. Heureux les pénitents qui ont le bonheur de rencontrer un tel directeur, un tel médecin, un tel père!

Un confesseur irritable, Monsieur, compromet tout son ministère : s'il ne sait pas exercer sur lui-même cet empire dont nous avons parlé, s'il ne sait pas commander aux mouvements de sa nature, si surtout il n'y travaille pas, et lui lâche les rênes, il ne s'honorera pas, il n'honorera pas la confession, mais il la rendra excessivement pénible, redoutable, odieuse même, et fera plus de mal que de bien. Pour peu que l'on ait l'expérience de ce ministère auguste et du cœur humain, on ne peut se dissimuler, Monsieur, que l'accomplissement de ce grand devoir de la confession inspire une répugnance invincible à certaines âmes même pieuses, et leur est extrêmement pénible. Il ne leur faut rien moins que toute la puissance d'une forte conviction catholique, la souveraine autorité de l'Église et de son divin fondateur, pour s'y soumettre, et le faire avec toutes les dispositions chrétiennes. S'il en est ainsi, et c'est la règle générale, ne convient-il pas d'avoir égard à cette disposition universelle, d'y condescendre et d'y compatir? ne convient-il pas de tenir compte de ces impressions et de ces sentiments, et d'entourer le saint tribunal de toutes les formes de douceur et d'aménité qui en rendront l'accès plus facile, moins pénible et moins redoutable ? Ne mettons pas en défaveur, par nos vivacités et nos brusqueries personnelles, le ministère de la miséricorde et de la charité, et cela sans bénéfice et sans compensation aucune.

Je suis, avec un très-profond respect,

Monsieur, ****.

LETTRE XXXVI.

CONFESSEUR. — DÉFAUTS A ÉVITER.

Monsieur,

Encore un entretien sur la confession, et j'espère que ce sera le dernier. Je regretterais beaucoup de ne pas vous communiquer toutes mes idées sur cette grande institution divine et sur sa pratique; elles n'ont peut-être pas un grand prix ni une grande valeur : je vous en laisse l'appréciation dans votre tribunal secret, et compte toujours sur votre bonté et votre indulgence.

Une des plus précieuses qualités d'un confesseur, c'est de n'être ni systématique, ni personnel, ni absolu dans ses principes de direction ; vous savez tout le mal qu'ont fait les systèmes en politique, en philosophie, en éducation, en économie ; l'esprit de système est dangereux partout, mais dans le domaine de la conscience plus que partout ailleurs. On rencontre assez souvent des confesseurs, pieux d'ailleurs, vertueux, saints même, qui ont la manie de se créer, *à priori*, un système de direction, de le caresser de préférence à tout autre. Il aura toutes leurs faveurs et toute leur prédilection; à les entendre, il doit renouveler toutes les consciences, et ramener l'âge d'or dans le monde spirituel. Son application bien conseillée, bien faite, ne peut manquer de produire ses conséquences, et ses conséquences ne sont rien moins que la perfection et la sainteté; alors ils se hâtent de se mettre à l'œuvre, de le faire connaître et de le propager : ce système préconçu, qui doit enfanter tant de merveilles, il faut l'expérimenter, non pas *in corpore vili*, ce qui serait peu de chose, mais sur ce qu'il y a de plus grand, de plus sacré, l'âme et la conscience de chaque pénitent. Ils l'imposeront à tout venant, proscriront d'autorité toute autre voie suivie jusque-là comme pernicieuse, et finiront par bouleverser les consciences, à force de les tourmenter et de les systématiser, bon gré mal gré. Les philosophes ont dit : « Périsse le monde plutôt qu'un principe! » Pour eux, ils diront : « Périsse la piété, périsse la paix de la conscience, plutôt que notre système! » Un esprit systématique, qui est rarement un esprit juste, est très-souvent opiniâtre et orgueilleux. Les dernières conséquences de cette dangereuse disposition ne sont pas seulement la singularité et la monomanie contenues dans le cercle des opinions libres, mais la rébellion portée jusqu'au schisme et l'hérésie. Qu'on en interroge la lamentable histoire, et elle répondra.

Je l'ai déjà dit plus haut, Monsieur, indépendamment des grands principes de morale et de direction qui ne varient pour personne, il y a dans chaque conscience comme une fibre particulière, par laquelle elle touche à Dieu. Elle a sa manière propre de lui parler, et Dieu a une voie mystérieuse par laquelle il lui communique ses inspirations : elle a son genre particulier, sa voie secrète pour aller à Dieu, et Dieu a une parole particulière pour l'appeler à lui. Il y a en nous une union admirable du chrétien et de l'individu : c'est l'unité dans la diversité, et la diversité dans l'unité. C'est comme dans le monde planétaire : chaque étoile, chaque planète est soumise aux lois générales du mouvement, et a cependant sa loi particulière de gravitation vers l'astre roi. C'est encore comme dans une famille bien unie : tous les enfants sont unanimes à rendre à leurs bons parents tous les devoirs sacrés du respect, de l'amour ; mais chacun d'eux les traduit à sa manière, a ses petits procédés, sa manière individuelle d'exprimer ses sentiments, sa nuance en amitié, en respect, en amour. Il en est ainsi, Monsieur, dans la grande famille catholique : chaque caractère, chaque cœur, chaque conscience a son cœur propre, sa nuance, son individualisme dans la piété, si je puis m'exprimer ainsi ; et c'est au confesseur habile et sage à étudier ces nuances si délicates, à les saisir et à les diriger, et non à les comprimer, à les changer ni à les torturer systématiquement.

J'ai toujours pensé, Monsieur, que l'initiative d'une direction ne devait pas venir d'une idée, mais de ce phénomène constaté ; pas du confesseur, mais de la grâce et du pénitent, quand il est éclairé : mon opinion est que la mission du prêtre consiste à l'aider, à la former, à la perfectionner. Quand on élève un enfant, il faut prendre garde de devancer sa nature, et se contenter de la suivre; quand on dirige une conscience, il faut aussi prendre garde de devancer la grâce, mais se borner à la suivre et à l'exciter doucement. C'était l'opinion du pieux et judicieux Fénelon. Le confesseur doit donc toujours accepter, comme base et racine de direction, celle qui existe, celle que chaque âme s'est faite à elle-même d'après son bon sens catholique, ses propres inspirations et ses lumières; et son rôle doit consister à l'éclairer, s'il y a lieu, à l'élever et à la diriger.

Que cette variété des phénomènes moraux et spirituels dans l'immutabilité et l'unité est admirable, Monsieur! Si le concert des choses matérielles du monde visible nous transporte et nous étonne; s'il nous était donné de voir ce beau concert moral et spirituel du monde des sentiments et des consciences, quel ravissement nous en éprouverions! Au lieu de travailler à détruire cette ravissante diversité de nuances dans les phénomènes de l'âme, nous devrions en bénir et louer Dieu, et ne pas y porter une main sacrilége, par une vaine complaisance pour nos systèmes personnels. Pourquoi changer une direction qui est bonne, naturelle, toute spontanée, et qui n'implique aucun faux principe, ni aucune fausse conséquence? Pourquoi aller à l'encontre des indications naturelles et providentielles de la grâce? Pourquoi vouloir s'obstiner à former une conscience d'après ses idées propres, et d'après les règles de sa propre direction personnelle? Éclairez, cultivez, édifiez, perfectionnez, mais ne détruisez pas : un bon directeur, à mon avis, Monsieur, ne doit jamais subtiliser en direction, ni entortiller les âmes par des systèmes, ni révolutionner les consciences, sous prétexte de les réformer. La direction la plus simple, la plus naturelle, la plus spontanée, comme le sont en général celles du peuple honnête et chrétien, est la meilleure. Le mieux est ennemi du bien. Un confesseur habile, prudent et expérimenté, se donnera garde d'y toucher. Il se bornera à modérer, à redresser, s'il y a lieu, à diriger ce qui existe, mais non à le troubler. Je me défie toujours de ces prêtres qui ont le zèle âpre de la vertu, sans avoir la vertu du zèle; qui ont la manie des directions préconçues, systématiques; qui s'en vont colporter partout leurs recettes et leurs systèmes, et les offrir comme un remède souverain contre tous les maux de l'âme, et donneraient facilement à sous-entendre qu'ils ont reçu du Ciel des illuminations et des dons privilégiés à cet égard. Ce ne sont, trop souvent, que de dangereuses hallucinations d'imagination, ou de pieuses illusions qu'une malheureuse présomption aspire à traduire en pratique : c'est là ordinairement le résultat d'un jugement faux et dépourvu d'un sens droit.

Il y a encore un point qui est naturellement voisin du

système : c'est l'habitude (je ne dis pas le défaut) d'imposer d'autorité la confession, d'en déterminer les jours, les époques périodiques, les termes bien rapprochés de huit jours, quinze jours; et cela à des âmes qui n'y sont pas portées ni disposées, autrement on ne le leur imposerait pas. Je ne condamne pas cette méthode, je l'approuverais même pour certaines solennités pieuses et dans certaines limites; mais j'en signale les dangers, surtout si les termes sont très-rapprochés. Un directeur doit être très-sobre à créer de son chef des obligations à ses pénitents : ce principe ne tendrait à rien moins qu'à violenter indirectement les consciences; à devancer la grâce, et à rendre, après un certain laps de temps, la confession odieuse. Une confession libre, spontanée, vaut mieux que six confessions de commande et forcées. Je ne veux nullement ici prêcher l'insouciance, l'inertie, le laisser-aller dans la direction des fidèles; mais je regretterais toujours que le confesseur intervînt d'autorité et personnellement dans les confessions fréquentes et périodiques de ses pénitents, au lieu de les y amener par une douce, paternelle et persuasive influence : il réussira plus à exciter le zèle sur ce point par une bonté pressante et une charité attrayante, que par une contrainte dangereuse et odieuse : de plus, il me semble qu'il y a quelque chose d'indélicat au juge à citer ainsi par voie de contrainte à son propre tribunal. Dans les cas rares et exceptionnels où cela peut être nécessaire, j'aimerais mieux que l'impulsion vînt d'ailleurs, et de quelque personne en droit de la donner. Bannissons, Monsieur, de la direction des âmes toute manie de système. Pour moi, je demande tous les jours à Dieu de m'en préserver, et de n'avoir jamais le malheur d'imposer une conscience personnelle aux autres. Respectons celle d'autrui et ses inspirations. Dirigeons toujours dans le simple et dans le vrai. Réformons, s'il y a des torts, des préjugés, de l'ignorance; mais ne déformons jamais.

Un grave inconvénient qui se rencontre aussi, Monsieur, dans la direction, et que je ne peux pas ne pas vous signaler, c'est de surcharger les âmes de trop de pratiques à la fois, de corollaires pieux, de trop de superfétations; car, après tout, ces pratiques doivent être comme les auxiliaires et les plantes nourricières de la piété, comme ses mamelles, mais ne doivent jamais l'étouffer. Je respecte infiniment toutes les plus petites pratiques autorisées par l'Église, comme je le dirai plus tard, et les crois d'une grande utilité pour la piété populaire surtout, mais quand on en use avec discernement et une sage sobriété. Conseillées indiscrètement et sans mesure, elles embarrassent les consciences, usent leur énergie et leur vitalité, diminuent leurs forces en les éparpillant, et en les noyant dans trop d'exercices secondaires à la fois. Le premier devoir comme le premier but du confesseur, doit être de former, avant tout, des consciences éclairées, catholiques, larges et généreuses, au point de vue des grands principes de la doctrine et de la belle piété, et d'influer peu ou pas du tout, au moins directement, sur la question des petites pratiques de dévotion, les encourager avec prudence, et en laisser toute l'initiative aux personnes elles-mêmes. En fait de direction, il y a une grande sagesse à savoir s'abstenir à propos, et à demeurer plus souvent négatif que positif, si ce n'est dans les cas d'une utilité réelle et démontrée : c'est le moyen de ne jamais compromettre son autorité, de ne pas aller trop loin, et par là même de n'avoir pas le déplaisir de ramener son char, et de reculer. On dit que la sage lenteur est le caractère propre de toute bonne diplomatie : comme il faut un peu de celle-ci partout, je crois que ce principe convient assez bien à une habile direction spirituelle, en fait de nouvelles pratiques ou de nouveaux exercices à adopter. La question de l'ascétisme spirituel est une des plus délicates et des plus difficiles de la direction : un zèle fougueux, impétueux, empressé, ne réussit jamais au confessionnal ; mais le succès couronne toujours le zèle calme, prévoyant, charitable, et selon la science.

J'aurais encore, Monsieur, beaucoup d'autres questions à examiner avec vous, sur les défauts qui se glissent dans la direction. Comme cet examen nous mènerait trop loin, j'ai pensé qu'il valait mieux l'ajourner, en vous promettant de le finir la prochaine fois.

Je suis, avec un très-profond respect,

Monsieur, ★★★★.

LETTRE XXXVII.

CONFESSEUR. — DÉFAUTS A ÉVITER. — SUITE.

Monsieur,

Dans notre dernier entretien, je vous ai parlé d'une lenteur sage et louable à introduire dans le mode de direction, par rapport à toutes les nouvelles pratiques de piété ou associations spirituelles qui se présentent. Celle-là, je l'approuve, je l'aime et la conseille; mais il y en a une que je suis loin d'approuver et de conseiller : c'est celle que l'on apporterait à entendre les confessions des fidèles. Contre celle-ci, je me prononce résolûment.

Les confessions trop longues ont les plus graves inconvénients; rien ne fatigue tant les personnes et ne leur rend la confession plus fastidieuse. Les longs interrogatoires, les longues exhortations sont ici hors de saison : ce qui convient, c'est un juste milieu. Le *devota mediocritas* peut aussi avoir ici son application. Le talent de questionner, et qui est si précieux, consiste à ne pas trop insister et à le faire en peu de mots.

Un confesseur expérimenté et habile laissera toujours son pénitent s'expliquer librement, sans l'interrompre, accuser toutes ses fautes sans coupure, et suivre l'ordre qu'il voudra et la marche qui lui conviendra, pourvu qu'il parvienne au but; son rôle est d'écouter le tout attentivement. S'il a des éclaircissements à demander sur des choses graves, capitales, il le fera avec bonté, prudence et adresse, sans poser ses questions trop crûment, et d'une manière trop onéreuse et trop pénible pour celui qui s'accuse. Il lui fera une petite exhortation paternelle, onctueuse, pleine de douceur et de miséricorde; il évitera même de faire trop ressortir d'une manière particulière la partie la plus pénible et la plus humiliante de la confession. S'il y a quelque écueil à lui signaler, quelque sacrifice à lui demander, il obtiendra tout par les instances de la persuasion, de l'amitié et de la bonté. Sous une forme suave et amicale, il arrivera à son but, et fera plus de conquêtes à Dieu et à la foi que plusieurs confesseurs aux formes impératives, décisives, absolues et tranchantes.

En matière spirituelle, à mon avis, Monsieur, il faut procéder et débuter par l'insinuation de la charité, continuer par l'insinuation de la charité, et finir par l'insinuation de la charité. La méthode *ex abrupto* ou *ab irato* ne vaut rien, et jette de l'odieux sur les personnes et les choses. Le confesseur doit être sobre en questions, surtout importunes et maladroites, et court dans ses exhortations, dans lesquelles il mettra le plus d'onction qu'il pourra. Ce qu'il doit éviter surtout, ce sont les tâtonnements, les minuties, les irrésolutions, les lenteurs mortelles. C'est un grand exercice de patience pour un pénitent que d'avoir affaire à un confesseur tatillonneur dans sa direction, qui cherche toujours une solution et qui ne la trouve jamais. Ce défaut provient souvent d'un manque de coup d'œil et de pénétration. Un confesseur éclairé, exercé, prudent, discerne presque immédiatement, autant qu'il est donné à l'homme de connaître les cœurs, l'état moral et spirituel d'une âme pour le présent, ses dispositions pour l'avenir. Il décide, il prononce, il conclut, il porte une sentence judiciaire, avec une sorte de certitude morale.

Dans cette vaste capitale surtout, Monsieur, rien de plus précieux que des confesseurs éclairés, décisifs et concluants. On y est constamment appelé, comme vous le savez, à prononcer sur des cas très-épineux instantanément, à réconcilier avec Dieu des consciences ténébreuses, chargées d'infidélités et d'iniquités même, et cela au jour courant, à l'heure même, sans pouvoir renvoyer au lendemain, et sans ajournement possible. Il faut un jugement bien exercé et bien privilégié pour saisir et apprécier en quelques minutes toutes les phases morales et spirituelles qu'a parcourues un pauvre pécheur qui vient se jeter dans vos bras accidentellement, providentiellement, si vous le voulez, après de longues années d'égarements, pour toucher du doigt sa plaie véritable, y porter le remède, et lui dire avec confiance : *Mon fils, allez en paix; vos péchés vous sont remis.* Devant de tels cas, le prêtre ne peut pas se récuser, ni reculer, ni refuser son ministère : ce ne serait ni sage ni miséricordieux. Le flot qui a déposé à ses pieds ce pauvre naufragé le reprendra demain, s'il ne le recueille pas, et l'emportera loin, peut-être pour jamais. La fameuse théorie des épreuves et des ajournements doit, Monsieur, recevoir de fréquentes modifications, et les signes extraordinaires de contrition doivent être admis largement dans les confessions des paroisses de Paris. *In concursu duorum malorum quæ simul vitari nequeunt, minus est eligendum.* C'est la lettre qui tue et l'esprit qui vivifie, et notre direction doit être une direction selon l'esprit et non selon la lettre.

Je finis ces considérations en répétant encore que le prêtre doit être constamment bon, paternel, miséricordieux vis-à-vis des pénitents, quels qu'ils soient, enfants, vieillards, hommes, femmes. Il y a une parole qui se trouve dans presque toutes les méthodes de direction, par rapport à la confession des personnes du sexe, et que je n'ai jamais pu admettre. La voici, Monsieur : *Sit sermo brevis et austerus.* On répète sur tous les tons, on accepte comme un principe cette parole sentencieuse. Pour moi, je serais tenté de m'élever contre l'autorité dont elle semble être en possession depuis longtemps, et de la discuter et d'en contester même l'application, surtout dans sa dernière partie. Il faut être toujours dans les bornes de temps convenable relatives aux circonstances, mais sans précipitation, ni ces manières empressées qui troublent et compromettent l'œuvre spirituelle. Voilà pour le *sermo brevis*; mais ce que je ne puis jamais conseiller ni admettre sans un bon commentaire qui adoucisse la crudité de l'expression, c'est le *sermo austerus*. L'homme de Dieu ne doit être austère ni dans les principes, ni dans le ton, ni dans les paroles, ni dans l'esprit, ni dans la forme. Je crois, Monsieur, que saint François de Sales, Fénelon, et tant d'autres, eussent été de mon avis, et que je pourrais, sans témérité, affirmer que leurs exemples y ont été contraires. L'austérité qui est conseillée ici exclut la bonté et la vraie paternité dont un confesseur ne doit jamais se dépouiller ni dans le fond ni dans la forme, et m'est, par conséquent, odieuse. On peut être l'homme du monde le plus angélique, faire l'œuvre des âmes de la manière la plus angélique, et être en même temps l'homme le plus doux, le plus suave, le plus onctueux même dans la parole. Ces dernières qualités n'impliquent jamais aucune atteinte aux règles sacrées de l'aimable modestie. Celle-ci, comme dit saint François de Sales, doit être donnée en garde à la charité, qui nous en tiendra toujours bon compte. Je rejette donc, quant à la lettre et quant au sens qu'on lui donne, ce mot *austerus* comme inconciliable avec l'esprit et les exemples de Notre-Seigneur, des saints, et, partant, avec le cœur miséricordieux du confesseur lui-même.

Je ne veux pas, Monsieur, abuser de votre patience;

encore quelques observations, et je termine. Je ne veux pas discuter ici les qualités ni la méthode d'une bonne direction : je dirai seulement que l'art de bien confesser s'apprend rarement dans les méthodes, mais est l'œuvre du cœur, de ses inspirations et de l'expérience. A part les principes, qui sont invariables, et les règles fondamentales, que l'on doit respecter profondément, je crois que les bonnes méthodes de direction sont très-rares; elles me paraissent presque toutes propres à faire faire fausse route aux confesseurs, à les paralyser, à leur enlever leur spontanéité de bonté, de tendresse, de paternité, de miséricorde, sans lesquelles aucune direction n'est pleine ni féconde; elles les glacent, leur imposent des règles impitoyables et des rôles qui les contraignent, enchaînent leur cœur et leur spontanéité, leur donnent une fausse attitude, et les placent souvent en personnages guindés, froids et insensibles devant leurs pénitents baignés de larmes et profondément émus, au lieu de les placer en pères et en consolateurs. Elles respirent toutes trop d'art, et pas assez de cœur et de naturel; elles ont presque toutes une tendance fatale, qui est de constituer le confesseur dans un état de défiance continuelle et de prévention exagérée et ombrageuse vis-à-vis de ses pénitents, et de lui faire entrevoir toujours la contagion qui le menace.

Il en est de la confession comme de la prédication. Si on en retire le cœur, on lui enlève sa vie et toute sa puissance. L'on réussira à faire du confesseur un homme qui remplit une fonction, un rôle, mais non plus un ministre de la tendresse, de la miséricorde et de la charité. Si l'on veut lui tracer sa route, sa manière d'être, de parler, sa personnalité, en un mot, si l'on essaye de lui imposer une direction mathématique, géométrique, et de prétendre mesurer ses paroles, son silence, on en fera un instrument retentissant, un pédagogue tout au plus, mais pas un confesseur de la loi nouvelle, ni une douce image du Sauveur. Est-ce que l'on peut, Monsieur, imposer de froides règles et de sèches formules à l'homme de Dieu qui voit à ses pieds le repentir qui demande grâce; qui voit couler les larmes du regret; qui entend les cris aigus et les sanglots de la douleur; qui reçoit les épanchements les plus intimes de l'âme? Est-ce que son premier devoir, sa première règle n'est pas de suivre les inspirations de son cœur et de sa charité? Est-ce qu'il ne doit pas l'épancher tout entière sur les infortunés qu'il voit à ses pieds? Est-ce qu'il ne lui suffit pas, pour être habile et bien accomplir sa noble tâche, de consulter les belles pensées de la foi, de son ministère, et le cœur de Notre-Seigneur lui-même? Est-ce qu'il se serait rencontré un homme qui aurait eu la témérité d'imposer une froide méthode à un saint Ambroise, arrosant ses pénitents, tous indistinctement, des larmes de sa tendresse et de sa miséricorde? Est-ce que les règles que suivaient les François de Sales, les Ignace de Loyola, les François-Xavier, les Vincent de Paul, et tant d'autres, n'étaient pas les meilleures? Est-ce que la règle et la méthode indiquées par le cœur et le zèle ne sont pas les premières, antérieures et supérieures à toutes les autres? Qu'on me donne un prêtre plein de foi, plein de loyauté, plein de cœur, plein des grandes idées des institutions catholiques, un homme à larges vues et à grand dévouement; et il saura bien, sans les règles et les méthodes écrites, trouver l'art de bien confesser, de bien diriger : cet art naît du cœur et de la charité. Il mettra son innocence sous la garde de cette vertu royale, et elle saura la défendre et la sauvegarder. Malheur au confesseur qui se rend trop esclave des questions de formules et de la lettre dans ce grand ministère! Ne mettons jamais surtout inutilement des barrières aux œuvres divines. Dans toutes les administrations, l'œuvre de Dieu souffre (on ne saurait en douter) de mille formalités qui l'entravent, l'embarrassent et l'arrêtent. Élargissons, comme disait Bossuet, les voies de Dieu, et ne rendons pas les sentiers de la vertu, déjà si escarpés, plus rudes et plus difficiles.

Je termine enfin, Monsieur, nos entretiens, trop longs sans doute, sur la confession; mais vous conviendrez avec moi que le sujet est on ne peut plus important, et que nous, prêtres, nous ne sommes pas toujours à la hauteur de ce premier des ministères de notre sacerdoce. Si nous étions tous des confesseurs à la manière des Ambroise, des François de Sales, des Ignace de Loyola, des Philippe de Néri, nous verrions bientôt la face de cette cité immense se renouveler, et des jours plus heureux renaître pour nous. Prions Dieu, Monsieur, de bénir ce vœu le plus ardent de notre cœur.

Je suis, avec un très-profond respect,

Monsieur, ****.

LETTRE XXXVIII.

PRÉDICATIONS.

Monsieur,

La parole de Dieu est l'expression de sa pensée, de sa sagesse, de ses desseins de miséricorde sur l'homme, et des moyens qui lui sont donnés pour arriver à sa fin suprême. Le premier prédicateur de cette parole adorable a été Jésus-Christ lui-même, le Verbe de Dieu, le Verbe incarné, qui l'a rendue sensible et comme palpable dans sa personne. Sur le point de quitter la terre, il choisit douze hommes, à qui il donne le don et le privilége d'être ses continuateurs. Il les envoie comme ses missionnaires, et leur enjoint de disséminer cette parole dans le monde, et de la prêcher à toute créature : *Prædicate Evangelium omni creaturæ...* Suivons le cours de cette parole divine. Quelle majesté! c'est une lumière vive qui rayonne de toutes parts, une flamme ardente qui se propage partout. « Je suis venu, dit le Sauveur, apporter le feu sur la terre : et que désiré-je, sinon qu'il s'allume et qu'il brûle de plus en plus? » Le prophète n'appelle-t-il pas cette même parole un feu brûlant, *Ignitum eloquium tuum vehementer?* Quelle force, Monsieur, et quelle puissance dans cette parole qui doit tout soumettre à son empire! Quel rôle elle doit jouer, quelle part elle doit avoir dans cette régénération universelle qui se prépare! Jésus-Christ a résolu, dans sa sagesse adorable, de convertir le monde par elle, et il a voulu en être le premier prédicateur. Les miracles lui sont venus en aide, mais la prédication a tout précédé.

C'est une des plus grandes illusions de nos protestants d'outre-Manche de vouloir faire de la propagande avec des livres. Ils auront beau les répandre par millions sur tous les points du globe, tout cela n'est rien sans la parole. C'est une lettre morte, un livre scellé pour les nations. Un simple missionnaire, sans ressource et sans puissance, paraissant au milieu des peuples sauvages, les convertira par milliers avec quelques paroles sur ses lèvres bénies, et plus encore dans son cœur; tandis que les cargaisons de livres dont sont remplis les flancs des vaisseaux britanniques n'enrichiront pas le monde d'une idée féconde, et surtout d'une vertu : tous leurs efforts seront frappés d'impuissance. Pour féconder cette parole, il faut avoir reçu de qui de droit la mission de l'annoncer. On aura beau dresser des tribunes ou des tréteaux, convoquer les peuples, se délivrer complaisamment des lettres de créance, et s'ériger en docteurs et maîtres : sans mission, pas de prédication; et c'est Notre-Seigneur qui choisit et qui envoie. Il n'a pas besoin de génie et de talent, c'est lui qui les donne. Est-ce que celui qui a créé le soleil, il y a six mille ans, ne peut pas en détacher une étincelle et la communiquer au moindre de ses prêtres fidèles? Voyez les douze apôtres choisis, dont la plupart étaient de pauvres bateliers de la Galilée. En nous, prêtres, Jésus-Christ est tout, la pensée de notre pensée, et la parole de notre bouche : voilà pourquoi notre parole est si puissante et vaut plus qu'une armée. Augustin lit, réfléchit, discute, raisonne, combat ; il ne résiste pas à la parole triomphante d'Ambroise, et dépose le bandeau de l'erreur.

Cette parole est le complément des divines Écritures elles-mêmes ; elle explique les mystères, aplanit les difficultés, dissipe les doutes. Elle a remué le vieux monde païen, enfanté des prodiges dans la primitive Église et dans tous les temps. Pouvons-nous lire sans admiration l'histoire des apôtres et des chrétientés naissantes? Refoulée dans les catacombes, elle y germe, elle y fermente ; elle ébranle et fait trembler le paganisme. On l'enchaîne, et sous les chaînes elle est libre, elle fait des conquêtes. *Verbum Dei non est alligatum.* Comme ce mot du grand apôtre est beau, Monsieur ! et comme il laisse loin derrière lui toutes les harangues des Césars et des empereurs! Saint Pierre, à son tour, dans cette fameuse prison Mamertine, au pied du Capitole, où il est jeté à la suite des Jugurtha et des Céthégus, prêche sous les murs du temple de Jupiter Capitolin, et convertit ses gardes eux-mêmes, dont il fait des martyrs. Que de légions de ces derniers elle enfante de toutes parts! La liberté lui est-elle rendue, elle paraît à la lumière; les faux dieux tombent, l'erreur se dissipe comme les nuages devant l'astre du jour; elle entre dans le monde, brillante et radieuse, comme le soleil entre dans sa carrière; elle le parcourt, toujours persécutée, toujours victorieuse. Voyez, Monsieur, un Xavier partant pour le Japon. Il mesure, de son œil d'aigle, le monde entier, les îles de l'Océanie, les Indes, le Japon. Où sont les armes de cet ambitieux? La croix et la parole! Le vieil empire de la Chine voit briller la première à l'horizon; la parole pénètre dans l'Asie, et bientôt tout marchera à la lueur de son flambeau. Sans la parole de Dieu la religion succombe: nous avons besoin de tribunes évangéliques. Pourquoi? *Fides ex auditu, auditus autem per verbum.*

Cette parole de Dieu, à laquelle rien ne résiste, est une et indivisible: elle ne peut pas varier, elle ne peut pas souffrir l'ombre d'une altération: *Ne adulteretur Verbum Dei.* Mais la forme change et peut varier quand il s'agit de l'annoncer aux fidèles. Saint Paul ne l'annonçait pas comme saint Pierre, pas plus que les autres apôtres; c'est donc cette forme, et le mode le meilleur pour remplir ce beau ministère de la prédication, qu'il s'agit d'étudier et de trouver.

L'éloquence est un des plus beaux dons que Dieu puisse départir à l'homme; elle lui donne une sorte d'empire sur les cœurs de ses semblables, et le sceptre des affaires. Elle commande et subjugue à nos tribunes politiques, entraîne dans les conseils des rois, apaise ou dirige les mouvements populaires, électrise dans les camps et décide des batailles; mais si elle joue un si grand rôle dans toutes les affaires de ce monde, c'est surtout dans nos tribunes sacrées qu'elle est puissante et irrésistible. Là tour à tour elle attendrit, elle convainc, elle épouvante, elle tonne et foudroie; là elle multiplie ses conquêtes, et devient, entre les mains du prêtre qui la manie bien, une arme à laquelle rien ne résiste. Jamais elle n'eut une tribune plus élevée, un organe plus saint, un but plus sacré, des éléments plus féconds. Elle balance les destinées du peuple, des grands, des riches, des pauvres, et résout les grands problèmes de l'humanité; elle a pour théâtre le monde entier, pour domaine l'éternité elle-même, et pour but les fins dernières de l'homme, c'est-à-dire toutes les idées primordiales qui touchent à son bonheur ou à son malheur à venir. Ses lieux communs, c'est l'Écriture sainte, l'autorité de l'Église, les vies et les exemples des saints; sa flamme, c'est l'amour de Dieu. Heureux donc le prêtre qui a reçu du Ciel ce don de la persuasion, ce privilége d'une éloquence tout apostolique! il est appelé à concourir au triomphe de la foi, et à étendre son empire par des conquêtes populaires infiniment plus précieuses que celles des Alexandre et des César.

Cette éloquence sacrée doit avoir une allure qui lui soit propre. Quoiqu'on ne puisse pas dire, Monsieur, que tout le succès de la parole de Dieu soit en raison de la forme de la prédication, puisqu'elle a sa puissance et sa vertu à elle propre et inaliénable, et que c'est Dieu seul qui lui donne son efficacité et non l'instrument; cependant on ne peut disconvenir que la manière de l'annoncer influe notablement sur ses résultats. Il y a, dans la prédication, l'élément divin : c'est la parole elle-même révélée, mais aussi un élément humain, une sorte d'individualisme dans l'organe et dans la forme; cet organe et cette forme sont au service de la parole divine, et chargés de l'expliquer, de la commenter, de la faire goûter et de la faire aimer : mais le grand problème, c'est de trouver la forme d'éloquence ou de prédication qui lui convient le mieux. L'éloquence n'a pas de principes absolus, immuables et invariables; c'est l'art d'instruire, de plaire, et surtout d'émouvoir le cœur, et, finalement, de persuader : c'est là son but et son vrai triomphe, et on peut la considérer comme un moyen d'y arriver; les diverses sortes d'éloquences ordinaires, judiciaire, parlementaire, militaire, ont moins de liberté qu'elle, et sont plus servilement assujetties aux règles de l'art. Pour l'éloquence sacrée, elle est plus indépendante, plus flexible, plus progressive, plus transformable; elle s'inspire dans le génie des peuples, et le fait briller et resplendir dans toute sa magnificence. Ainsi on la verra prendre une sorte d'âpreté avec les peuples sauvages, devenir plus douce, plus polie, plus insinuante avec les nations civilisées et lettrées ; elle se façonne à toutes les mœurs variables, et prend admirablement la physionomie et la couleur des circonstances. Elle se rapetisse avec les enfants, grandit avec eux, prend des allures martiales dans les camps, un caractère populaire avec les masses, devient grave avec la magistrature, majestueuse avec les princes, et toujours belle et digne par la grandeur de son objet.

Sans porter un jugement rétrospectif sur le passé, sans préjuger de l'avenir, permettez-moi, Monsieur, de vous dire franchement, et avec simplicité, mon opinion sur l'éloquence et la forme de prédication qui conviennent à notre siècle. Si nous étudions le génie et le caractère propre de notre époque; si nous observons bien le mouvement intellectuel, moral et religieux qui s'y opère, nous ne tarderons pas à remarquer que nous vivons dans un temps de polémique, de discussion, d'examen libre, de raisonnement : nous sommes en possession de la triple liberté de penser, de parler et d'écrire, et Dieu sait combien nous avons abusé et abusons encore de la plume et de la parole! Il y a eu sur ce point des excès déplorables : on a vu éclore de toutes parts des orateurs charlatans ou des charlatans orateurs; on a vu des rhéteurs pulluler dans nos assemblées politiques, foisonner dans nos barreaux, dans nos cercles ou dans nos clubs, et sur nos places publiques; la manie du parlage sous les toits et sur les toits, en plein vent, partout, a été portée si loin, que cette génération est comme saturée et lasse de ce dévergondage oratoire, qui a fait tant de mal. Elle a vu tant d'hommes aussi méprisables que coupables se servir de la parole pour dissimuler leurs pensées, et convertir l'art de bien dire en instrument de toutes les ambitions et de tous les désordres, qu'elle a fini par s'en défier comme d'un ennemi, et se tenir en garde contre ses séductions et son prestige comme contre l'art de tromper.

En France surtout, Monsieur, tout le monde se croit orateur et se pose en orateur; tout le monde disserte, discourt, pérore, et reçoit des applaudissements; la parole est devenue, par une étrange profanation, un moyen d'industrie et d'exploitation dans un certain monde. Ce n'est sans doute là, Monsieur, que l'abus et la coupable parodie du plus beau des dons; mais il faut dans la pratique tenir compte du fait général dont nous sommes témoins, et de la disposition publique. Nos tribunes évangéliques même n'ont pas su échapper toujours à cette influence du siècle; elles sont devenues, pardonnez-moi le mot, un peu bavardes, comme le dit M. de Maistre en parlant de nos tombeaux et de leurs longues et interminables épitaphes. L'éloquence est aujourd'hui chose commune et presque vulgaire dans nos rangs. Autrefois on devenait orateur avec des dispositions naturelles et de l'exercice; aujourd'hui on l'est en naissant. Autrefois, avant de paraître devant son auditoire, on prenait le temps de penser mûrement, on méditait son sujet pendant plusieurs jours, on s'en pénétrait, et alors même on n'abordait la chaire sacrée qu'avec un sentiment de crainte mêlé de respect. Nous avons laissé nos bons aïeux bien loin derrière nous : aujourd'hui nous avons des talents d'une fécondité désolante ; aujourd'hui on consomme force éloquence ; on parle deux, trois, quatre fois par jour, et, comme j'ai eu l'honneur de vous le dire, sans être épuisé ni moralement ni physiquement. Que pensez-vous, Monsieur, de ces prodiges oratoires, de cette activité de parole infatigable? Que pensez-vous de ce système qui réunit la vitesse et l'économie de temps, à l'économie du travail et de la peine? Y a-t-il donc de par le monde quelque machine à éloquence? veuillez me le dire. Hélas! non, Monsieur. C'est la manie du siècle, qui n'est pas tout à fait celui des lumières, mais celui du parlage. Cette faconde n'est autre chose qu'une abondance stérile, ou une pauvreté abondante que l'on débite avec une certaine facilité ou fatuité de parole, et surtout avec un aplomb imperturbable. Ce serait plutôt de la contre-éloquence, et une véritable profanation de ce beau talent dont le ciel est si avare. Comme il y a, aujourd'hui, des bureaux de style à tout prix, pour tous les genres, depuis le sublime jusqu'au trivial, il y a aussi des bureaux d'éloquence à tout prix et pour tous les genres, depuis l'éloquence parlementaire jusqu'à celle des tréteaux et des carrefours.

En présence de ces faits et de cette disposition du siècle, je crois et j'ai toujours cru que l'éloquence de la chaire devait se modifier, se transformer, pour n'avoir aucune affinité apparente avec ce charlatanisme éhonté de la parole, dont la saine raison et le bon goût gémissent. J'ai toujours pensé que le genre généralement adopté pour nos sermons, prédications, était un genre bâtard, et n'était pas surtout celui qui convenait à l'esprit de notre temps. C'est mon impression, et même ma conviction. Depuis Louis XIV jusqu'à nous, si nous comparons les orateurs sacrés, parmi lesquels il y a eu sans doute tant d'illustrations et de célébrités, qu'y voyons-nous? Ce sont les mêmes plans, la même architecture, la même disposition, le même cercle d'idées, en un mot, toute la forme obligée d'une tradition oratoire un peu surannée. Aujourd'hui surtout, Monsieur, si j'en excepte quelques orateurs de premier ordre, que sont nos grands sermons et nos grands discours de paroisse? N'est-ce pas ordinairement de la phraséologie oratoire, une éloquence bâtie à grands frais, et dont on voit les fils et la nervure? N'est-ce pas souvent une juxtaposition de pièces rapportées, quelque factum infécond, pauvre sous tous les rapports, et habillé de quelques lambeaux de pourpre plus ou moins bien cousus? Il n'y a là aucune des allures d'une éloquence populaire qui illumine et entraîne les masses : aussi, Monsieur, le résultat est bien peu consolant. On vise au mérite littéraire, aux effets d'art, aux applaudissements peut-être; et l'on oublie, comme les saints, de s'inspirer aux pieds de son crucifix, et de donner à ses paroles un caractère pratique, onctueux, et des allures vraiment apostoliques et vraiment populaires. Je ne sais pas si j'obéis en ceci à mon impression personnelle et à une mauvaise inspiration dont je dois m'humilier; mais je vous dirai, Monsieur, qu'il me faut faire un grand effort sur moi pour écouter jusqu'au bout ces sermons d'apparat qui se ressemblent presque tous, pleins d'une généralité insupportable, allant à tous les auditoires et n'allant à aucun, traitant de tout et ne traitant de rien, pleins d'un boursouflage et d'un pathos d'un goût bien médiocre. Ce sont de superbes abstractions : qu'en sort-il souvent? qu'en reste-t-il? rien : j'en renouvelle ici l'aveu bien humblement. Cette éloquence à grands renforts de poumons, de gestes, de mouvements véhéments, mais à faux, de ces grands éclats de voix qui crispent les nerfs, de ces pantomimes exagérées, n'est ni naturelle, ni juste, ni digne de l'apostolat. Tout cela ne va pas mieux à nos mœurs, à nos habitudes, à notre éducation, à notre cœur surtout. Nous sommes trop blasés sur ce genre, qui devient chaque jour de plus en plus vulgaire et trivial : ce n'est pas là cet art admirable de bien dire et de persuader qui doit faire briller la vérité à l'esprit et remplir le cœur d'une onction toute divine. Fénelon a dit, avec raison, *que la parole était la servante de la pensée et du vrai sentiment;* et Quintilien, définissant l'orateur, disait : *Pectus est quod facit disertos et vis sana mentis.* Sans instruction, sans érudition, sans la fécondité de l'intelligence et celle du cœur qui sent, pas de véritable éloquence.

Je crois donc que ce genre d'éloquence dont je viens

de parler a, parmi tous ses inconvénients, celui de ne satisfaire ni l'esprit ni le cœur, mais au contraire de les fatiguer, et de compromettre la dignité et l'efficacité de la parole de Dieu. Par ce galimatias sonore et clinquant, mais sans idées et sans élévation, nos orateurs prêtent le flanc à la critique, amoindrissent et obscurcissent la vérité. Il y aurait donc, suivant moi, lieu à désirer une réforme dans ce genre trop usé, trop suranné, trop habillé à l'antique pour des auditeurs blasés, comme le sont les nôtres, de toutes les émotions et de toutes les scènes de nos théâtres. C'est bien à nos chaires chrétiennes et à nos prédicateurs que l'on peut appliquer ces paroles et donner ce conseil : *Non nova, sed nove.*

Nous reprendrons une autre fois, si vous le permettez, Monsieur, le sujet si grave qui nous occupe. Je craindrais de vous fatiguer en prolongeant davantage notre entretien.

Je suis avec un très-profond respect,

Monsieur, ****.

LETTRE XXXIX.

PRÉDICATIONS. — SUITE.

Monsieur,

Après la critique, peut-être trop téméraire, que je viens de faire du genre d'éloquence sacrée adopté généralement jusqu'ici, et que le temps a consacré, vous êtes en droit de me demander quel genre on pourrait lui substituer. Je dirai de l'éloquence sacrée ce que Tertullien a dit de la prière, que l'art de bien prêcher, c'est de prêcher sans art. Le meilleur système de prédication, suivant moi, Monsieur, serait de trouver le secret d'intéresser toujours l'esprit, et en même temps d'entraîner le cœur. L'intérêt résulte de l'instruction, de l'érudition, de l'observation et de l'étude des mœurs. L'onction résulte de la manière vivement sentie dont on parle, et de l'émotion dont on est tout pénétré soi-même, et qui se transfigure au dehors et dans tous les traits. L'inspiration n'a rien de désordonné, mais elle ne peut pas être trop servilement assujettie à des règles; chez elle, un beau désordre est un effet du cœur, et vaut mieux que le compassé de l'ordre le plus parfait. Elle suit son propre mouvement personnel, c'est un don; il faut, dans la véritable éloquence, de la spontanéité d'idées, de la spontanéité de sentiments, de la spontanéité d'action même, de l'originalité, en un mot, de la richesse de pensées et de la richesse de cœur. C'est une sorte de magnétisme divin que le prédicateur doit exercer sur son auditoire; mais il faut que le fluide merveilleux s'exhale de lui, et de lui seul. Admirons, Monsieur, le phénomène qui se passe entre l'orateur et son auditoire : il se donne sans se déposséder; il donne son intelligence et ses idées sans s'appauvrir; il donne son cœur, ses sentiments, sans les affaiblir. C'est comme un artiste qui se peint tout entier, et se reproduit lui-même avec ses pensées, son cœur, ses impressions, ses inspirations, sur la toile. Il faut non-seulement, dans les idées et dans le sentiment, de la spontanéité, une grande conviction et un accent bien convenable à cette conviction; mais il faut même une sorte de spontanéité dans les mouvements du corps, dans les gestes de l'orateur, qui doit tendre à être toujours naturel et vrai :

Rien n'est beau que le vrai, le vrai seul est aimable.

L'éloquence, pour exister, doit réunir trois éléments : L'élément personnel; c'est l'influence heureuse et la puissance mystérieuse que le prédicateur tire de la considération personnelle dont il jouit auprès de son auditoire; c'est ce que l'on appelle les mœurs oratoires. L'élément intellectuel et sentimental; c'est la fécondité de sentiments et d'idées. L'élément physique, qui n'est autre chose qu'une heureuse aptitude d'organes au débit et à l'action oratoires. Ne parlons jamais, Monsieur, en acteur ni en déclamateur théâtral, mais soyons dignes et naturels : l'action doit naître du sentiment, comme le fruit de l'arbre.

Enfin, Monsieur, pour me résumer, et le faire d'une manière explicite, je vous dirai qu'à mon sens la meilleure forme à donner à la prédication de la parole de Dieu, c'est, après avoir bien fécondé son sujet par la méditation, en avoir embrasé et pénétré son âme tout entière, de le traduire, de le communiquer, d'en émouvoir les autres par un débit naturel, simple, mais animé et chaleureux. La prédication aujourd'hui la plus féconde doit être une véritable causerie de bon goût, mise à la portée de tous, pleine d'intérêt, de variété, animée, et parfois s'élevant jusqu'aux plus beaux mouvements oratoires, qui toucheront d'autant plus qu'ils seront spontanés, à propos, et naîtront d'eux-mêmes, des entrailles des idées et des faits. Ce genre permet les incidents, qui reposent en piquant la curiosité. Cette forme de prédication aura une méthode, un plan ; mais tout sera voilé, et ne présentera pas cette symétrie, ces plans faits comme au compas géométrique, et d'après lesquels le public connaît déjà en substance le commencement, le milieu et la fin. Vous savez que le Français aime beaucoup à voyager dans l'inconnu et vers l'inconnu, et à éprouver les émotions d'une douce surprise. Dans ces causeries savantes, animées, parlantes, étincelantes quelquefois de lumières, et surtout chaleureusement apostoliques, l'auditoire ne se fatigue jamais, et s'attend toujours à quelque nouveau jet qui illumine et profite à l'âme. Si l'auditoire est considérable, le prédicateur élèvera son ton, donnera plus d'ampleur à sa voix, rendra ses causeries plus solennelles, et leur donnera un petit caractère oratoire plus tranché, mais sans jamais en changer le genre. Mon Dieu, Monsieur, l'éloquence est comme la poésie : elle est en tout et partout; elle est dans les monologues, dans les dialogues, dans les entretiens, dans les récits.

Si nous voulons être éloquents dans nos prônes, dans nos allocutions, dans nos sermons, fécondons-les par l'esprit et par le cœur; mais rompons avec cette monotonie et cette uniformité banale de plans, d'idées, de débit, qui endort le public ou l'assourdit, mais qui, au fond, ne lui apprend rien ou peu de chose, ne le touche guère et ne lui inspire aucune générosité. Il sent que nous parlons à l'être en général, et comme abstractivement, mais peu à lui en particulier; nos idées et nos paroles passent au-dessus de lui, et vont expirer, vides et stériles, loin de lui, sans écho et sans résultat. Parlons au peuple, à lui-même; de lui, de ses intérêts, de ses devoirs, de ce qui intéresse sa conscience, son cœur, sa piété, sa foi, l'Église : racontons, plutôt que de nous livrer à une déclamation étourdissante. Discutons impartialement avec lui, ou mieux, pour lui et en sa présence, contre l'erreur; mais surtout, Monsieur, causons dignement, racontons, assaisonnons, intéressons, exposons, touchons, dans nos chaires évangéliques; mais ne crions pas, ne nous débattons pas, n'invectivons pas à droite, à gauche; ne faisons pas de campagnes inutiles contre des ennemis absents ou imaginaires; ne soyons pas tout essoufflés, tout haletants, mais tout émus, tout attendris, tout convaincus et tout naturels. Je ne puis pas me rendre raison de cette diversité de forme que l'on établit entre l'éloquence judiciaire, parlementaire, et l'éloquence de la chaire. Je ne vois pas pourquoi elles ne seraient pas sœurs, et pourquoi elles n'auraient pas quelques rapports de similitude, sinon pour l'objet, au moins pour la forme. Pourquoi donc, Monsieur, au barreau et à nos tribunes parlementaires, est-on si naturel, et à nos chaires chrétiennes pourquoi l'est-on si peu? Je sais que tout doit y être plus grave; mais la gravité n'exclut pas le naturel.

J'ajouterai, pour rendre ma pensée plus claire, qu'aujourd'hui le prédicateur doit viser et tendre à être plus professeur, éloquent sans doute, en chaire, que déclamateur, et ce que l'on appelle orateur. On sait ce que doit être un professeur modèle vis-à-vis de ses élèves; on sait quelle est son influence sur eux, sa puissance et son empire, et ce qu'il en peut faire pour la patrie et pour Dieu. Le prêtre aussi, par ce genre de prédication convertie en un professorat sublime, par cette forme d'enseignement, cette éducation morale, intellectuelle, catholique, sous forme de causeries, se fera écouter et même applaudir, ne fatiguera ni les organes ni l'esprit, aura des allures plus libres, tiendra toujours l'attention suspendue, formera une génération de fidèles pieux et généreux, de vrais disciples du vrai Maître. La plupart de nos prédicateurs me font toujours l'effet, dans le système en vigueur aujourd'hui, de gens qui remplissent une fonction obligée, qui jouent un rôle : dans le système qui a mes sympathies, je retrouve le missionnaire qui brûle du désir d'enseigner, d'être utile, de propager la lumière; l'apôtre plein du zèle de la gloire et de l'amour de son Dieu.

Je ne veux pas, Monsieur, être absolu, et bannir de la chaire catholique l'éloquence solennelle, belle, grande, magnifique, majestueuse. A Dieu ne plaise que je veuille le conseiller directement ou indirectement! mais je la réserverais pour des circonstances également solennelles, et encore je lui conserverais ce beau caractère de spontanéité, ces libres allures qui plaisent tant à l'esprit de l'auditeur, charment son oreille et touchent son cœur.

Je suis, avec un très-profond respect,

Monsieur, ****.

LETTRE XL.

PRÉDICATIONS. — ÉCUEILS A ÉVITER.

Monsieur,

Toutes les carrières de monde sont semées d'écueils. Il y a longtemps qu'on l'a dit. La prédication a aussi les siens, et c'est à vous les signaler que je veux consacrer les quelques entretiens qu'il nous reste à ouvrir sur l'éloquence de la chaire chrétienne.

Le premier écueil pour un prédicateur, quel qu'il soit, c'est de se produire trop souvent. Plus il est capable, distingué, recherché, plus le danger en est grand pour lui. Tout concourra à l'y faire tomber : son succès, les applaudissements, l'opinion de la multitude, ses pressants désirs, son zèle même, et surtout ses dispositions personnelles, l'y pousseront comme de concert, et presque irrésistiblement. L'habitude de prêcher devient comme un besoin et comme une passion, qui doit être contenue dans ses suggestions et dans ses excès. Toutes les gloires, toutes les renommées, tous les noms favorisés de l'opinion, ont à redouter son inconstance et ses caprices. La première condition de succès pour un prédicateur, c'est donc de ne pas trop se produire; il s'userait comme un vêtement. Le parfum le plus suave perd son odeur, le vin le plus généreux s'altère, la fleur la plus brillante se flétrit au moindre souffle de l'air. Il en est ainsi de la popularité du prédicateur. Le temps dévore les hommes les plus éminents en politique, en gouvernement, et les plus puissants talents, avec une rapidité étonnante : quand le peuple est face à face continuellement avec le même homme, quand il l'entend toujours, qu'il le voit toujours, avec le même genre, les mêmes allures, le même son de voix, les mêmes gestes, il finit par s'y habituer et s'en ennuyer, et s'en lasser même. Sa parole, ordinairement si animée et si émouvante, n'intéresse plus; l'attention n'est plus éveillée, le cœur n'est plus touché. Il se fait peu après comme un revirement dans l'opinion. On a de son éloquence et de son talent le dernier mot; on connaît son ordre de pensées, tout le cercle de ses idées, de son savoir, le fond de son trésor, et on n'en attend plus rien. Plus il insiste, plus il se produit, plus il s'use, plus il se dépopularise, et plus il hâte sa chute. Que d'infortunes oratoires, que de disgrâces de la faveur populaire ne pourrions-nous pas citer dans les rangs du clergé de cette capitale!

En général, le prestige attaché au talent et au mérite même tombe bien vite dans tous les lieux; plus on se prodigue, plus on diminue, plus on s'amoindrit; à Paris surtout, les auditoires courent après la vogue du moment, la nouveauté, la variété. Le peuple, naturellement bon, est d'une mobilité inconcevable, et éprouve comme un besoin de changer de décors, de scène et de personnages. Il ne faut pas lui imposer longtemps le même homme, ni le même orateur : quel que soit son mérite et son talent, il perdra chaque jour dans la faveur populaire, et finira par lui devenir insupportable.

D'une autre part, Monsieur, l'orateur chrétien qui parle trop souvent dissipe abusivement ses forces physiques, et toutes ses petites richesses intellectuelles et oratoires; de fait, il est plus pauvre et s'amoindrit, et surtout, à force de répéter les mêmes choses, il les sentira moins; il en sera comme rassasié lui-même. Cette impression se convertit en une tiédeur oratoire qui se communique à tous ses sermons ou prédications, et cette tiédeur le dispose et le conduit peu à peu au froid de l'insensibilité. Il faut donc ne pas se produire indiscrètement, ne pas prodiguer sa personne ni sa parole, sous peine de déchoir et de s'affadir inévitablement. Avec la plus grande habileté même, avec la plus grande réserve, avec la plus intelligente discrétion sur ce point, il faut un immense talent, des tours de force et d'adresse inouïs, une prodigieuse variété de ressources, pour ne pas subir, dans un temps donné, cette terrible disgrâce de l'opinion : aussi, Monsieur, un curé qui parle toujours, qui parle partout, qui parle de tout et sur tous les tons, finit par perdre tout crédit dans sa parole, endormir et ennuyer son auditoire. Ce n'est plus qu'un airain sonnant, une cymbale retentissante, sans propriété vivifiante ; et quand il monte dans sa chaire pastorale, il est loin de rencontrer ces flots d'auditeurs dont parle Boileau : le vide et le désert ne tardent pas à se faire autour de lui. On voit, Monsieur, de grands talents oratoires fournir une très-courte carrière, et complétement échouer, par l'absence d'une bonne direction et d'un sage esprit de conduite. Il n'est pas rare, au contraire, de rencontrer des talents ordinaires qui persévèrent et se soutiennent merveilleusement au même niveau dans le monde oratoire, par les ressources de l'art habile qu'ils mettent à ne pas se produire mal à propos. Ce phénomène se manifeste en tout, en politique, en administration, en religion. C'est un devoir sacré pour l'apôtre d'agir toujours, de faire le bien toujours, de faire entendre la parole de Dieu partout, de la faire retentir à toutes les oreilles et jusque sur les toits. Il en est comptable devant Dieu, ceci est incontestable ; mais la question n'est pas là ; elle est tout entière dans le choix, la variété, la nouveauté même de l'organe de l'orateur. Le pasteur a la mission, le droit et l'obligation de prêcher ; mais, dans l'intérêt de la parole de Dieu elle-même, il ne peut pas le faire toujours par lui-même et personnellement, à propos et hors de propos ; autrement il s'affadirait aussitôt, perdrait tout son parfum, et deviendrait, selon Fénelon, comme de la lie de vin, qui n'a plus ni vertu ni générosité : ce ne serait plus qu'un fantôme et comme une ombre de lui-même.

Le second écueil du prédicateur évangélique, c'est le choix du sujet. C'est un précieux et rare talent, Monsieur, que celui de savoir choisir son sujet : s'il est selon les besoins et les goûts de l'auditoire, fécond, plein d'à-propos et d'actualité, il prédispose singulièrement en faveur du prédicateur. C'est déjà un préjugé favorable qui s'établit : l'attention et la bienveillance lui sont acquises par avance, et s'il sait en profiter, tout présage un beau succès. Au contraire, si, dès le début, l'orateur annonce un sujet connu et rebattu, dont peut-être même la chaire retentissait encore hier, que l'on a mille fois entendu, et qui soit hors de propos, la première impression sera mauvaise ; il la verra se refléter sur tous les fronts, devenus sourcilleux. Un choix de sujet peu favorablement accueilli et goûté ennuiera : on le subira, mais son résultat, son fruit est connu d'avance ; il a été jugé et condamné sans être entendu. Aussi, Monsieur, ce n'est pas sans raison que l'on a dit que toutes les difficultés d'une prédication étaient dans les deux extrémités : tout dépend en effet de la première et de la dernière impression.

Il est donc important de bien choisir son sujet ; il ne faut pas le chercher dans les livres ni dans les sermonaires, mais le concevoir soi-même, le créer et le produire, l'extraire, pour ainsi dire, de son propre fond et des entrailles de son auditoire et de ses besoins. Est-ce que le cercle des sujets de prédications ne peut pas s'élargir ? Est-ce que la série de toutes les questions possibles est épuisée? Est-ce que le dernier mot de toutes choses a été dit? Est-ce que la dernière idée a été éclose en fait de prédication?—Non, Monsieur, mille fois non. S'il y a dans le sein de l'humanité un fonds de misères inépuisables, il y a aussi dans le sein de la religion et de la doctrine catholique d'inépuisables trésors de consolations, de force et de charité, pour y remédier : quand il est question de choisir son sujet, il y a certaines règles à suivre. La première règle est de ne pas parler des mêmes choses à des distances trop rapprochées, dans le même lieu, et surtout au même auditoire.

> Voulez-vous du public mériter les amours?
> Sans cesse en écrivant variez vos discours.

Cela dénoterait une grande infidélité de mémoire, ou une grande pauvreté d'idées, ou une négligence que l'on pourrait justement blâmer.

Il y a des prédicateurs qui n'ont pour tout bagage oratoire qu'une petite collection de sermons qu'ils colportent d'une paroisse à une autre, d'un auditoire à un autre. Ils n'y ajoutent et n'en retranchent aucune lettre. Ils reproduisent sur divers théâtres les mêmes idées, les mêmes mots : à tel moment donné, on trouve les mêmes mouvements, les mêmes inflexions, les mêmes pauses ; c'est un rôle que l'on remplit, et pas autre chose. Vous conviendrez, Monsieur, qu'avec un tel procédé un orateur ne tarde pas à être à découvert pour le public, et à devenir l'objet de sa critique et de sa censure. Ce système donnera, pour conséquences naturelles, les redites perpétuelles, la tiédeur dans le cœur et la froideur dans le débit, l'ennui et l'inutilité pratique pour l'auditoire. Une chose écrite de longue date ne peut ni inspirer ni échauffer l'orateur. Pour plaire, intéresser et toucher, il faut traiter des sujets nouveaux, ou au moins les rajeunir, leur donner un titre nouveau, une forme nouvelle, sortir du chemin battu, du cercle tant de fois parcouru, l'élargir, inventer et créer soi-même. Il y a tant de sujets éminemment intéressants, piquants, pratiques, actuels, féconds, auxquels on ne touche jamais! Tout est du domaine de la prédication, puisque l'Évangile a sa racine en tout, s'empare de tout, préside à tout, pour tout sanctifier. C'est lui qui mène le monde : il n'y a pas de champ plus vaste ni plus riche que celui qui est ouvert à l'orateur chrétien. Il peut donc varier ses sujets, les diversifier : toutes les idées, tous les ordres de créatures, toutes les institutions, tous les rapports, toutes les vertus, tous les intérêts, sont du ressort de la chaire. Tous les mondes relèvent de la prédication évangélique, et elle ne relève de personne. La foi catholique a sa racine dans toutes les idées et dans tous les faits. Il me semble donc, Monsieur, que le prédicateur qui prend le temps de penser, de méditer, de travailler, ne doit pas être si limité dans le choix de ses sujets. Il y a aujourd'hui des sujets qu'on peut appeler impopulaires pour des auditoires blasés, et surtout peu capables d'apprécier les bonnes choses ; il faut les énoncer sous un autre titre, sous une autre forme, et avoir l'air de les rajeunir. Il y a aussi des sujets graves, solennels, fondamentaux, comme les fins dernières de l'homme, au point de vue chrétien, qui doivent, suivant moi, retentir une ou deux fois chaque année dans l'enceinte de nos églises de paroisses, à des époques périodiques et saintes. Rien de plus nécessaire, rien de plus salutaire; mais je voudrais que l'on écartât tout cet appareil d'épouvantements, toute cette fantasmagorie d'imagination dont on les entoure trop souvent. La réalité de ces grands dogmes est assez puissante par elle-même pour fixer les pensées de l'esprit et pour remuer les cœurs, sans que l'on ait besoin d'y ajouter les lugubres descriptions d'une vaine poésie et un luxe de terreur.

En outre, pour bien prêcher, pour bien parler, il faut qu'il y ait dans la prédication, dans la parole, de la spontanéité, de l'originalité. L'originalité pique toujours l'intérêt, et est toujours animée et inspirée. Il faut que l'auditeur sente que c'est le jet de notre esprit et de notre cœur, que c'est notre propre fonds. Il faut de la méditation, de l'étude, de l'observation ; il faut que nous soyons pleins de nos idées, de nos convictions, de nos impressions personnelles, que nous les goûtions, que nous les aimions, et que par là même nous ne soyons pas indifférents à l'accueil qui leur sera fait. Or, Monsieur, si nous nous bornons à apprendre à n'être que les tristes échos des autres, à faire jouer seulement la mémoire, à nous affubler plus ou moins bien de la dépouille d'autrui, qu'arrive-t-il ? Il n'y a plus de spontanéité, plus d'originalité, plus de notre jet, plus de notre cœur et de notre âme; nous ne faisons plus que copier, débiter des pièces rapportées de droite et de gauche, plus ou moins heureusement choisies, plus ou moins artistement agencées. Ce n'est plus de l'éloquence, mais une réclame froide, languissante, monotone. Il y a, Monsieur, la philosophie de l'éloquence et de la prédication, comme il y a la philosophie de l'histoire; il faut l'étudier, et ne pas se borner à accepter des faits oratoires, à les reproduire mécaniquement, machinalement. Tout prédicateur doit prendre une certaine initiative, discuter et raisonner sa pratique. Ce n'est que par la méditation des besoins des peuples, des sujets à traiter, des idées à développer et à comparer, que l'on s'en imprègne, que l'on s'en remplit; que l'on s'approprie leur chaleur, leur vie, leur flamme fervente; que l'on creuse les sujets, qu'on les féconde; que l'on crée, que l'on élève son intelligence, qu'on l'agrandit; que l'on étend et que l'on élargit le cercle de son savoir et de ses connaissances; qu'on illumine son âme tout entière, et que l'on y fait descendre ce beau don du ciel que l'on appelle l'éloquence.

Le troisième écueil du prédicateur, c'est de ne pas savoir se borner, ni éviter les excessives longueurs. Il y a des hommes qui sont affligés, comme disait le célèbre Royer-Collard, d'une prodigieuse facilité de paroles; ils ne peuvent pas tarir. S. François de Sales disait des prédications trop longues, qu'elles étaient pleines d'inconvénients, et se nuisaient singulièrement à elles-mêmes.

Le milieu, ajoutait-il, fait oublier le commencement, et la fin fait oublier le milieu. Nous pouvons bien appliquer à la prédication ce que Boileau disait de la poésie et de la littérature :

> Qui ne sait se borner ne sut jamais écrire.

Sachons, Monsieur, nous borner dans nos prédications; rien de plus important. Mais quelle est la mesure de temps à y consacrer? A part quelques rares exceptions et quelques orateurs privilégiés, je crois qu'un prédicateur qui dépasse trois quarts d'heure, et surtout une heure, franchit la limite imposée par le degré d'attention, de patience, de tension d'esprit dont l'auditeur peut être capable. Les forces naturelles mêmes du prédicateur, fussent-elles herculéennes, s'arrêtent là; et s'il ne sait pas les respecter, il les fatiguera et les usera prématurément; et quand le corps est las, quand le serviteur est malade, tous les services souffrent. Il n'aura plus la même liberté d'esprit, de cœur et de mouvement, et compromettra tout son succès oratoire. Cette lassitude, cette langueur, qui s'annonceront en lui par des signes qu'il ne saurait dissimuler, se communiqueront à son auditoire. Il critiquera, se plaindra, murmurera, et surtout gémira et souffrira doublement, et emportera une impression pénible et fâcheuse.

Une prédication substantielle, féconde, animée, pleine d'idées et de sel apostolique, courte et onctueuse, laisse toujours à l'auditeur une impression heureuse, quelque bon mouvement, quelques pensées lumineuses qui le suivent partout. Une prédication trop longue, au contraire, éparpille l'esprit de l'auditeur, le noie dans une mer de paroles, d'idées échevelées, décousues, trop diffuses, ou trop entassées et trop accumulées. Il ne peut plus lier ses idées, les ramasser, les recueillir et les digérer : il s'y perd. L'expérience journalière, personnelle et étrangère, devrait servir de leçon aux prédicateurs à cet égard. L'on a quelquefois, Monsieur, l'étrange amour-propre de penser qu'un long sermon est une œuvre plus complète, plus recommandable, plus grande au point de vue oratoire, et indique chez l'orateur plus d'ampleur, plus d'abondance, plus d'haleine; sa carrière semble plus longue, plus glorieuse : c'est là un bien pitoyable raisonnement et un triste préjugé. Le mérite d'un prédicateur est moins dans la composition et les dimensions d'un sermon, que dans son appropriation à l'auditoire : c'est un moyen; il faut donc l'adapter à la fin. Une prédication longue est presque toujours tiède; et s'il m'était permis, Monsieur, de répéter ici le fameux mot de Mirabeau en parlant de Barnave, je dirais aussi qu'il y a bien des prédicateurs d'une abondance désolante qui ne sont que des robinets d'eau tiède.

Si vous le permettez, Monsieur, nous bornerons là pour aujourd'hui nos observations sur les écueils du prédicateur, et nous en remettrons la continuation à un autre jour.

Je suis, avec un très-profond respect,

Monsieur, ****.

LETTRE XLI.

ÉCUEILS DU PRÉDICATEUR — SUITE.

Monsieur,

Un nouvel écueil que je tiens à vous signaler, et dans lequel tombent beaucoup d'orateurs, même profanes, ce sont les mouvements faux. Je m'explique : j'appelle mouvements faux ces mouvements désordonnés, inattendus, traduits par de grands éclats de voix, par une gesticulation animée, une inflammation de visage, une agitation violente du corps, alors que rien n'amène, n'explique, ne justifie, n'est de nature à causer ni à produire un tel effet; c'est un emportement factice, calculé, mais bien maladroitement combiné ; c'est une petite tempête au milieu du calme général : de sorte, dit Cicéron, que l'orateur ressemble à un insensé ou à un homme ivre qui se débat au milieu de gens sages et tranquilles.

Tout mouvement oratoire vrai, chaleureux, présuppose toujours une idée, un sentiment qui remue l'âme, l'inspire et la pénètre profondément; toutes les fibres du corps ne doivent vibrer, oratoirement parlant, que sous l'essor et l'impulsion de l'âme. Un mouvement juste naît toujours spontanément du sentiment; mais là où tout est calme, paisible, là où tout marche uniformément, où aucun événement extraordinaire n'apparaît sur l'horizon, comprendrait-on les mouvements véhéments et semi-convulsifs du prédicateur? Cependant, Monsieur, ce phénomène oratoire, ou plutôt antioratoire, se reproduit assez souvent dans les chaires chrétiennes. Il n'est pas rare de voir un grand nombre de nos prédicateurs, même les plus honorables, tomber dans ce défaut, et ne pas mettre, entre l'idée et les sentiments qui constituent le fond du discours, et l'action du corps, que j'en appellerai la partie instrumentale, une harmonie parfaite. Souvent même on y remarque un désaccord, une désharmonie complète. Que de mouvements à froid et à faux! Ils éprouvent des transports et une surexcitation étonnante dans des parties de leurs discours d'une nature placide, calme, prosaïque et philosophique; et, par contre, ils ne manqueront pas d'être graves, composés, majestueux de dignité, dans des endroits d'une nature excitante, chaleureuse, attendrissante ou véhémente. Que de faux éclats de voix, que d'exclamations inutiles et malentendues là où tout demande un ton naturel, simple, un accent de conviction, d'intérêt et de bonté, et rien de plus! Que de gestes faux pour la même cause, que de contorsions des bras, que d'agitations inexplicables et injustifiables! Il arrive ainsi qu'il y a discordance entre l'idée et le sentiment et l'action qui les traduit, entre le prédicateur et l'auditoire. Celui-ci ne s'enflamme pas à tout propos, et pour le bon plaisir de l'orateur ; il n'est touché, ému, attendri, transporté, que par les sentiments réels, les mouvements non factices, mais vrais et sérieux, les émotions motivées et fondées en raison.

Cicéron raconte, je crois, de certains orateurs romains, qu'ils étaient étourdissants de bruit, et se débattaient dans les tribunes publiques, pour suppléer, par un enthousiasme apparent et factice, à leur pauvreté et à leur stérilité oratoires. C'est un stratagème qui fait ressembler l'orateur à un homme ivre ou fou, parlant à des hommes sages et jouissant de leur bon sens. Rien de plus pitoyable en effet, Monsieur, que tous ces efforts de poumons, ces véhémences de poitrine, cette surexcitation de physionomie, de gestes, de regards, de paroles, de personne, pour dire une chose toute simple, tout ordinaire, toute vulgaire quelquefois. Mon ami, vous voulez me dire qu'il fait froid ; que ne dites-vous : « Il fait froid ? » Il y a, Monsieur, dans ce défaut, toute une révélation : il annonce que le prédicateur est pauvre de son fonds, et qu'il a besoin de dissimuler cette pauvreté par un luxe de gestes et une grande exubérance déclamatoire ; mais cela ne fait illusion à personne : les lambeaux de pourpre dont il veut couvrir sa nudité la laissent à découvert, et la font ressortir plus tristement encore.

Je suis loin de vouloir retirer à l'action oratoire quelque chose de son prix et de son importance. Elle est l'organe du cœur, et le moyen providentiel de manifester au dehors ou mieux de répandre au dehors toute la vie des sentiments que l'on éprouve. Il faut que l'éloquence du cœur, la seule vraie, brille dans les yeux, résonne dans la voix, parle par le geste et par tous les mouvements du corps. C'est une flamme, il faut qu'elle brille; c'est un feu, il faut qu'il embrase : mais je réprouve hautement ce qui n'est que la profanation et une misérable contrefaçon de l'action véritable. Si l'orateur est tout rempli de son sujet, s'il en est plein, si toute son âme en est débordée, laissez-le parler, laissez-le rendre ses profondes convictions et ses nobles et pures émotions. Tous ses mouvements, ses élans oratoires, son air, sa voix, son geste, tout sera vrai, tout sera juste, tout sera sincère en lui ; ses larmes, sa joie, sa douleur, sa véhémence porteront l'empreinte de l'état de son âme, convaincront et entraîneront tous les cœurs.

Il y a sans doute, Monsieur, des études à faire pour corriger les défauts naturels dans l'action. L'éloquence instrumentale est le fruit de longs exercices. Il faut polir, façonner ce qui est l'instrument du sentiment de l'âme, mais ne jamais le faire mentir, ni l'en rendre infidèle interprète. Si la pensée est belle, élevée; si le sentiment est beau, généreux, riche, la nature physique, corporelle, instrumentale, en reçoit comme un avertissement secret, une impression subite, un mystérieux écho, une participation divine, et en devient l'interprète naturel par le ton, la voix, le geste, le mouvement; tout cela presque naturellement, sans effort et sans art. Ce n'est pas seulement la parole, mais le corps tout entier, qui devient l'organe de la pensée, et le messager, ou mieux, le poëte et le chantre du cœur. L'éloquence écrite est peu de chose à côté de l'éloquence parlée. La parole est un don si beau ! elle est toute chargée d'idées et de sentiments; elle produit un son, et ce son à son tour devient le dépositaire et le messager de ce mystérieux fardeau. Il se fait route, l'air lui sert de véhicule ; il frappe doucement à l'oreille de l'auditeur, et lui confie son précieux trésor: à l'instant la lumière se fait pour l'esprit; le cœur s'émeut, les yeux se remplissent de larmes. Qui a produit ce phénomène étrange, cette merveille? C'est ce son qui a brisé l'air et est venu retentir aux oreilles; ce son était chargé des plus hautes pensées, et surtout de toute la vie d'un cœur !

Ce que je dis de la parole, je pourrais le dire de tous les organes du corps dans l'action. Voilà pourquoi il y a dans l'éloquence un empire, une belle et sublime paternité. Quel phénomène et quelle admirable chose que le don de la parole et de l'éloquence ! Cette parole produit aussi quelquefois des sons vides, stériles, vains; ceux-là ne portent rien du cœur, et ne sont pas ses messagers; ce sont comme des nuées sans eau. Les sons qui partent du cœur sont pleins de vie, remplis d'amour et de charité, et portent de mystérieux trésors à tous les échos lointains, en fécondant tout sur leur passage. Quand nous sommes appelés à ce beau ministère de la prédication, à épancher nos cœurs et nos esprits sur le peuple, à le vivifier, à le nourrir, comme dit l'Apôtre, de la parole sainte, qui est esprit et vie, n'oublions pas que la prédication creuse, composée de mots, de sons et de phrases stériles, est la pire des prédications; fécondons-la, donnons-lui une âme, et les organes ne lui feront pas défaut, et ne lui refuseront pas leur concours pour se produire au dehors : l'action sera alors ce qu'elle doit être, le tressaillement de l'âme!

En attendant, Monsieur, que nous reprenions encore une fois ce sujet, sur lequel j'insiste peut-être beaucoup trop,

Je suis avec un très-profond respect,

Monsieur, ****.

LETTRE XLII.

PRÉDICATION. — ÉCUEILS A ÉVITER. — SUITE ET FIN.

Monsieur,

Ce qui serait encore un fatal écueil pour l'orateur chrétien, ce serait le plus léger oubli des bienséances, je ne dis pas oratoires, mais celles du prédicateur de l'Évangile. Il y a pour lui des bienséances de deux natures : les unes sont négatives et les autres positives. Les bienséances négatives consistent à s'interdire en chaire toute parole de reproche, de réprimande, toute allusion qui pourrait blesser l'auditoire ou une partie de l'auditoire. Il ne faut jamais convertir le rôle tout aimable, tout privilégié du prédicateur en une tribune de censeur, de satiriste : les traits qui doivent en partir doivent être tout enflammés de charité, et non trempés de fiel et d'amertume. Tout esprit de critique, de malveillance, est loin de convenir au prêtre et de s'allier avec le but de sa prédication ; il doit monter en chaire le cœur débordant toujours de bonté, d'amour, de bienveillance, de dévouement pour tous, et ne jamais y faire monter avec lui aucun sentiment d'aigreur ou d'amertume. Il devra faire sur son auditoire, non pas une fois, cent fois, mais toujours, une effusion de miséricorde, de tendresse, mais jamais une effusion brûlante de colère et d'inspirations passionnées. Les invectives, les paroles irritantes ne réussissent jamais nulle part, mais révoltent, indignent et scandalisent dans le prédicateur évangélique. Demandons à Dieu, Monsieur, comme ce célèbre orateur de la Grèce, de ne pas permettre qu'il nous échappe un seul mot, même le plus léger, qui pourrait blesser notre auditoire, et de ne procéder jamais *ab irato*, et par des formes et un accent de dureté, mais de respect et de douce suavité. S'il y a des observations pénibles à faire, ce n'est ni le lieu ni l'occasion pour l'entreprendre; il faut choisir une circonstance plus favorable, et les réserver pour un autre temps, où elles seront mieux accueillies et plus goûtées. Le prédicateur ne doit jamais les mêler à la parole de Dieu : ce serait un alliage fâcheux et nuisible.

Le meilleur système, la meilleure règle de conduite pour nous prêtres, c'est de dissimuler nos impressions personnelles quand nous parlons aux fidèles, et d'être tout disposés à jeter des roses à un auditoire qui ne nous aurait jeté que des injures. Il y a en cela, Monsieur, quelque chose de plus généreux, de plus digne du prêtre, de son caractère, de sa mission, et, par là même, de plus efficace pour la sanctification des âmes. La conduite contraire irrite, décourage, envenime, aliène les esprits et les cœurs, et amène souvent des conflits et des scènes bien déplorables. Ce serait une grande maladresse et un manque d'habileté de se plaindre, surtout amèrement et durement, d'un auditoire, devant lui. Si quelquefois l'on y est condamné, il faut le faire d'une manière si bienveillante, si aimable, si conciliante, qu'il soit évident pour tout le monde que c'est la plainte d'un cœur bon, d'un cœur qui aime, qui est dévoué, et qui n'est animé que du zèle, non pas de la passion, mais de la charité la plus tendre.

Un défaut qui se rencontre aussi dans beaucoup de prédicateurs, est celui de tout assombrir, et de présager continuellement de terribles malheurs. Ce sont les pessimistes, les alarmistes et les prophètes de malheur de la chaire chrétienne : ils ne cessent de menacer Jérusalem, et de prédire à leur auditoire pieux et fidèle des catastrophes, des événements sinistres. Ils parlent toujours du dépérissement de la foi, des mœurs, de la désertion des sacrements et des solennités de l'Église, des défections journalières dans les rangs de la piété, du petit nombre d'âmes demeurées fidèles. Ne faisons jamais, Monsieur, de ces tristes tableaux en chaire. Rien de plus maladroit, rien de plus dangereux : l'effet ordinaire qui en découle est d'influencer, dans un sens regrettable, les âmes vacillantes, hésitantes, lâches, et de fortifier, dans leur fatale résistance, les auditeurs opiniâtres. Cette prédication toute de découragement, d'une couleur noire, sombre, déteint sur l'auditoire, et achève de briser son courage et son émulation, au lieu de les ranimer : c'est bien là briser le roseau à demi cassé, et éteindre tout à fait la mèche qui fume encore. L'auditoire est un être collectif. Si un pareil langage décourage l'individu, il découragera ici une réunion d'individus.

Le cœur humain a toujours besoin d'être relevé, monté, excité, enthousiasmé : nous devons toujours donner à nos paroles, à nos prédications, à nos allocutions, un caractère enthousiasmant. Les peuples ne se mènent que par la raison et l'enthousiasme. Montrons toujours aux fidèles les tableaux et les exemples les plus propres à les inspirer, à les encourager, à les transporter; ils ne nous manquent pas, grâce à Dieu. Racontons-leur les progrès de la foi, le mouvement religieux, le rayonnement de la lumière évangélique dans tous les lieux du monde; disons-leur tous les trophées de l'apostolat catholique, ses triomphes de chaque jour. Montrons-leur la religion grande, large, généreuse, conquérante, avec toutes ses gloires sous le rapport de la sainteté, de la science, des lettres, des arts et de la vaillance de ses héros. Peignons-la, comme elle le mérite, des célestes et brillantes couleurs de sa physionomie divine; ne voilons pas mal à propos les traits si aimables de sa radieuse beauté. Ne faisons jamais de la prédication de mauvaise humeur, et sous une influence de mécontentement et d'aigreur; mais que toutes les paroles qui tombent de nos chaires chrétiennes respirent une joie douce et ouvrent les cœurs à l'espérance et à la confiance dans l'avenir. Ne contristons pas les pieux fidèles, ne les désespérons pas par nos pronostics et nos douloureuses et sombres prédictions; mais relevons leur courage, et répétons-leur que la foi a les promesses de la vie présente et de la vie future. Écartons, taisons tout ce qui est odieux, et montrons, proclamons tout ce qui est favorable. Voyez, Monsieur, les hommes d'affaires dans le monde, s'ils discréditent ainsi leur état financier ou commercial. Au contraire, ils ne manqueront pas, même au milieu d'une crise sérieuse et réelle, d'exalter leur succès, la confiance dont ils jouissent, le nombre de leurs clients, l'affluence toujours croissante de leurs chalands. Ici encore, les enfants de ténèbres ont plus de sagesse que les enfants de lumière.

Toutes les prédications, à mon avis, surtout dans Paris, doivent être conquérantes, être dirigées dans un esprit de propagande, et contenir un élément puissant de prosélytisme : en leur donnant cette tendance et cette direction, on obtient deux résultats à la fois, à savoir : de consolider le bien accompli, de renouveler les âmes fidèles dans leurs résolutions, de les intéresser à la propagation de la foi, de les enthousiasmer, et d'agrandir leur imagination catholique, de les faire entrer dans cet universel mouvement des nations vers la vérité religieuse, et, si l'on pouvait le dire, de les passionner pour l'apostolat catholique sur tous les théâtres du monde où il s'exerce avec tant de dévouement et de gloire; le second résultat, c'est d'étendre de plus en plus le règne de Notre-Seigneur, de gagner des âmes, d'élargir les voies de la charité, de conquérir et de faire de nouveaux prosélytes. Une prédication conquérante est éminemment conservatrice; et une prédication ne peut guère être conservatrice, si elle n'a pas un caractère de propagande : encore une fois, Monsieur, enseignons, convainquons, prêchons, mais essayons en tout d'enthousiasmer saintement et sagement les populations pour leur foi. Mais on dira : « C'est faire de la poésie à la place de la doctrine, donner dans l'imagination, compromettre la religion, dont la marche doit être grave et sérieuse; c'est trop s'exposer à un charlatanisme pieux qui menace trop souvent de s'introduire dans les choses de Dieu. » Je nierai, hardiment, Monsieur, la vérité de ce raisonnement, et la conséquence qu'on en tire. Ce n'est pas là faire de la poésie dans le sens défavorable du mot, mais c'est présenter le côté poétique, émouvant, merveilleux et vrai de la foi; c'est faire de l'enthousiasme juste, fondé en raison. Il n'y a rien qui soit riche en poésie, ni puissant et fécond en enthousiasme divin, comme la doctrine catholique : elle en est le seul foyer, le principe et le centre. Le beau est la splendeur du vrai, a dit Platon, et le vrai, c'est elle : tout ce qu'elle inspire sort d'une source pure et divine.

Enfin, Monsieur, le dernier écueil pour le prédicateur serait une altération quelconque dans sa considération personnelle. Il ne doit jamais oublier le *vir bonus* de Cicéron. Il y a dans un prédicateur, dans sa vie, dans l'opinion dont il jouit, un puissant auxiliaire pour l'influence de sa parole. Un homme juste, un homme vénéré de tous donne à ses discours une autorité morale et une force de persuasion que rien ne saurait ébranler : il faut au prêtre l'autorité d'une vie sainte et apostolique pour pouvoir prêcher fructueusement ; il faut qu'il paraisse aux yeux du peuple dans toute la beauté et la splendeur morales du prêtre. La négation et l'affirmation, le oui et le non, ne doivent pas se rencontrer en lui : affirmation de paroles et de mots, et négation effective d'exemples et d'actions ; ce serait une monstruosité dans l'ordre évangélique et spirituel. De plus, Monsieur, un prêtre saint est toujours mieux inspiré d'en haut : c'est un fait incontestable, et démontré par l'expérience. La prédication d'un saint, même avec des talents naturels moins remarquables, est la plus large et la plus féconde ; sa parole a plus d'onction, plus de vertu ; elle pénètre plus avant dans le cœur, le touche mystérieusement, et le subjugue par une puissance toute céleste. Ce n'est pas seulement un effet oratoire, mais il y a là une action divine. En outre, il parle à des fidèles plus favorablement disposés pour lui, pour sa parole, pour ses conseils. Il faut donc au prédicateur le crédit moral, l'éloquence de la bonne et de la sainte vie. Il y a des hommes dont la vue seule convainc, illumine, touche et persuade ; il y a comme une vertu secrète qui s'échappe d'eux ; leur présence muette et silencieuse parle, attire et convertit. Il y en a d'autres, au contraire, qui parlent comme des anges, dont toutes les paroles sont dorées d'éloquence, chez lesquels tout est obstacle, tout éloigne du but, tout déplaît. Rien ne persuade, rien ne convainc, mais tout semble plaider contre eux et conspirer contre leurs beaux discours. D'où vient cette différence, Monsieur, sinon de la vénération dont jouissent les uns, et du discrédit moral qui pèse sur les autres? Les peuples sont si susceptibles, si ombrageux, si exigeants à l'endroit des prédicateurs! Je n'en suis pas étonné; c'est une mission si haute et si auguste, que les fidèles, de concert avec les premiers pasteurs, doivent même veiller à la garde de son honneur de la part de ceux qui sont appelés à la remplir.

Je suis, avec un très-profond respect,

Monsieur, ****.

LETTRE XLIII.

SACREMENTS.

Monsieur,

L'état moral, l'état spirituel, le niveau de la piété d'une paroisse donnée, est en raison de ce qu'y est la fréquentation des sacrements. Le peuple a une expression admirable pour représenter une paroisse pleine d'animation, de mouvement et de ferveur, et dont l'église jouit des faveurs de la foule; il dit, dans son langage toujours plein de bon sens et de justesse, qu'il y a de la vie dans cette paroisse et dans cette église. On y trouve, en effet, Monsieur, un bien-être, une consolation, une jouissance intimes qu'on ne rencontre nulle part ailleurs. En y entrant, en y demeurant, on se sent meilleur, plus fort, mieux disposé pour le bien, plus chrétien, plus catholique; on y puise un principe de vie divine que le monde ne possède pas. Or cette vie, que le monde ne donne pas, est celle qui nous vient des sacrements: ni les pompeuses cérémonies, ni la magnificence des décors et des ornements, ni le nombreux clergé, ni l'harmonie des chants, ne sauraient la donner ; tout cela la sert, la soutient, la conserve, mais ne peut en être la source précieuse; son principe vivifiant, comme son plus pur aliment, est ailleurs. Là où elle est, les sacrements sont en honneur ; et là où elle n'est pas, ils sont désertés et abandonnés. Un curé intelligent, désireux de communiquer cette vie de piété et de ferveur à sa paroisse, comme le sont tous les vénérables curés de Paris, doit donc donner une grande attention et une grande impulsion à la fréquentation des sacrements, et particulièrement à ceux de la pénitence et de l'eucharistie, que saint François de Sales appelle les deux pôles de la vie chrétienne. On ne régénère pas les populations et les masses autrement.

Je ne reviendrai pas, Monsieur, sur ce que j'ai eu occasion de dire du premier de ces deux sacrements en parlant des confessions. Pour le second, le pasteur doit tendre, par tous les moyens qui dépendent de lui, à rendre la communion multipliée et fréquente dans son église ; il peut y contribuer puissamment en usant de toute sa haute influence. Il mettra cette pratique suprême de la piété en honneur et en gloire, en donnant une forte impulsion sur ce point aux fidèles dans sa direction pastorale, dans sa direction spirituelle, par mille moyens, mille recommandations, des associations saintes, des inventions plus industrieuses les unes que les autres. Il peut encore faire concourir à ce désirable résultat le zèle de son clergé, en inspirant cette pensée commune à tous les confesseurs, et en leur donnant comme une sainte consigne de diriger tous leurs efforts et toute leur influence vers ce but, afin que lui, ses prêtres, les âmes saintes, conspirent à l'établissement de la fréquente communion par une action commune et unanime.

Vous savez, Monsieur, que Paris est le centre de tous les vices, mais aussi le foyer de toutes les grandes inspirations catholiques. Parmi toutes les admirables inventions du zèle de cette légion de héros de la charité et de la gloire de Dieu, que notre belle cité possède dans son sein, il en est une qui m'a profondément touché, et attendri presque jusqu'aux larmes; j'ai vu avec bonheur des hommes du monde, de généreux chrétiens, pénétrés de la nécessité de renouveler la foi et les mœurs dans nos pauvres paroisses de banlieues, s'organiser et s'enrôler pour y travailler dans la mesure de leur pouvoir et de leur influence. Admirez, Monsieur, leur intelligence des choses de Dieu : ayant compris qu'aucune régénération n'était possible sans le bienfait et le culte pratique de la sainte eucharistie, ils se sont entendus pour aller tour à tour, par députation, communier publiquement, ostensiblement dans ces malheureuses paroisses, afin d'y ramener ainsi la foi et l'amour du plus auguste des sacrements, et, par ce moyen, une vie toute nouvelle. C'est en effet, Monsieur, le moyen le plus efficace, pour ne pas dire le seul et unique moyen. Cet exemple est bien consolant, et doit nous servir d'instruction et de modèle.

La sainte communion et la dévotion au saint sacrement sont unis par des liens bien étroits, et il semble que, logiquement, l'une ne puisse pas exister sans l'autre; aussi le digne et bon pasteur doit les embrasser simultanément, et ne pas les séparer dans les généreux efforts de son dévouement et de son zèle. Il devra donner à tout ce qui touche au saint sacrement un culte de privilège et de prédilection; c'est la dévotion fondamentale, suprême et souveraine de toutes les autres. Une église où elle est établie et en honneur sera toujours une église bénie et favorisée de la multitude, qui, sans raisonnement, sans discussion, ne suivant que les inspirations de son cœur et les instincts de sa foi catholique, aime toujours à se rappeler les beaux et touchants souvenirs des solennités de la sainte eucharistie, d'une première communion, et à venir épancher son âme au pied des autels, où réside substantiellement et réellement le Dieu qui console et qui bénit le pauvre et toutes les infortunes. Quand la dévotion au saint sacrement se retire du milieu d'un peuple, c'est le signe avant-coureur de la décadence de sa foi, et il n'y a plus à attendre pour lui que des catastrophes et une dissolution prochaine. Aussi, Monsieur, en voyant la tiédeur et l'indifférence de notre chère patrie, et surtout d'une grande partie de cette grande cité, par rapport à ce touchant mystère du chef-d'œuvre de l'amour de Dieu, quelques âmes pieuses et privilégiées se sont alarmées, et ont formé comme une sainte ligue pour relever le culte du sacrement auguste de nos autels; elles ont conçu la pensée de fonder une association d'âmes ferventes, destinée à propager, à étendre partout l'amour de la sainte eucharistie, à relever et à orner partout ses autels et ses sanctuaires. Cette association a ses exercices publics, comme nous avons le bonheur d'en être témoin dans quelqu'une de nos paroisses, successivement, pendant tous les jours du mois; et ses exercices cachés. Ces derniers consistent en ce que l'association a pour toutes les heures du jour, et même de la nuit, quelques-uns de ses membres qui sont délégués et désignés pour adorer Notre-Seigneur présent dans les saints tabernacles, et veiller avec lui. Vous voyez, Monsieur, combien cette œuvre est excellente dans son origine, dans son but et dans ses moyens. Elle existe déjà à Rome et dans une grande partie de l'Italie, sous le nom des Quarante heures et de l'Adoration perpétuelle; de sorte que, pendant tout le cours du mois, une paroisse, ou plusieurs à la fois, sont comme déléguées, au nom de tout un diocèse, pour rendre chaque jour au saint sacrement un culte public et solennel d'adoration et d'amour. Ce jour, dans la paroisse désignée par rang d'inscription, il est exposé pendant tout le jour, et les pieux et fervents fidèles se pressent autour de lui pour faire amende honorable à Notre-Seigneur, outragé dans l'institution la plus touchante de son cœur, et réparer, autant qu'il dépend d'eux, tous les blasphèmes et toutes les abominations dites ou commises contre lui. Cet exercice, si propre à ranimer la ferveur, se termine par une pieuse et consolante exhortation sur l'ineffable mystère eucharistique, et un salut solennel. Je n'ai pas besoin de vous dire, Monsieur, que ce jour est, pour chaque paroisse, le plus beau et le plus heureux du mois. Que de grâces et de bénédictions n'y répand-il pas? par combien de retours et par combien de conversions n'est-il pas marqué? Combien le cœur de notre Dieu n'est-il pas consolé, adoré, aimé, dans ces heures solennelles et mystérieuses où les âmes dévouées viennent s'entretenir avec lui? Que de témoignages bien délicieux de reconnaissance et d'amour n'en reçoit-il pas dans les ferventes et nombreuses communions qui se font dans ce jour béni, ainsi que dans ces entretiens solitaires et individuels, dans ces brûlants colloques de la nuit et du jour de chacun des membres de cette belle association, avec leur divin Ami? C'est cette grande institution que l'on a entrepris, avec un zèle béni de plus en plus, de fonder et d'établir aussi, dans notre vaste capitale, avec quelques modifications nécessaires. Déjà elle a été adoptée dans un grand nombre de nos paroisses, et y donne les plus consolants résultats ; elle se généralisera sans doute, et, grâce à la pieuse influence ou à l'intervention officielle de l'autorité diocésaine, elle ne tardera pas à recevoir une organisation fixe et régulière, au moins dans les paroisses *intra muros*.

Il ne faut pas se le dissimuler, Monsieur, l'introduction de cet exercice nouveau a rencontré une certaine opposition auprès de quelques curés bien vénérables de

Paris. Ils l'approuvent, en apprécient et en louent le motif et le but; mais ils allèguent, pour raison d'ajournement indéfini, le peu de ferveur des paroisses pour la dévotion au saint sacrement, et le petit nombre de véritables adorateurs. L'église serait déserte, disent-ils, et Notre-Seigneur demeurerait délaissé et abandonné: voyez plutôt nos messes et nos saluts du saint sacrement, les jeudis de chaque semaine : le petit nombre des fidèles qui y assistent, et que nous avons tant de peine à rallier, ne nous met-il pas en droit de conclure qu'il en serait de même pour le jour privilégié des Quarante heures? Il y a dans ce raisonnement, Monsieur, une apparence de vérité, un côté spécieux ; mais tout n'y est pas concluant. La conclusion pratique que j'en tirerais serait diamétralement opposée à celle que l'on voudrait en faire sortir. Les messes et les saluts du saint sacrement ne sont suivis que par un petit nombre de fidèles : cela prouve qu'il existe une tiédeur et une indifférence déplorables pour la dévotion au plus excellent et au plus auguste des sacrements, qu'il faut combattre par tous les moyens possibles. Cela prouve qu'il faut ranimer cette dévotion royale et souveraine qui menace de s'éteindre, et qu'il faut réveiller la foi des peuples à cet égard, puisque sa décadence amènerait inévitablement la ruine spirituelle de toute la paroisse et de tout un diocèse; c'est une question de vie ou de mort, d'être ou de ne pas être. Or, Monsieur, pour réussir, je ne connais pas de moyen plus puissant, plus efficace, que la propagation même de cette belle œuvre des Quarante heures et de l'adoration perpétuelle qui s'y rattache. Pour lui donner tout l'essor désirable, il est nécessaire d'y exciter les fidèles, d'y attirer le peuple; il faut de la publicité, de l'entrain, de l'élan, de la solennité. Le peuple, qui est toujours le même, et qui aime tout ce qui est cérémonie, pompe et spectacle, ne fera pas défaut. Il viendra une première fois, poussé par la curiosité pieuse et naturelle; il se retirera ému et content de ce qu'il aura vu, de ce qu'il aura entendu, de ce qu'il aura même senti; il prendra acte et date de la prochaine adoration, et il s'empressera d'y venir, et du rôle de spectateur bénévole il voudra y prendre une part réelle, ira s'inscrire parmi les associés, et s'asseoir au milieu d'eux. Les enrôlements iront en augmentant, sous l'influence du zèle; la ferveur pour le saint sacrement se ranimera, et les paroisses, jusque-là plongées dans une langueur voisine de la mort, se réveilleront et renaîtront à la vie.

C'est un principe élémentaire, Monsieur, que l'on ne recueille qu'à raison de ce que l'on sème; moins l'on fait de frais pour avoir du monde, moins l'on en a. Ne rien créer, ne rien fonder, sous prétexte que le monde n'afflue pas même pour ce qui existe, est le plus pitoyable des arguments. Moins l'on invente, moins l'on organise, moins l'on crée, moins l'on réussit. Il en est pour ce cas comme dans les institutions humaines et les affaires commerciales : plus on réduit, plus on restreint, plus on resserre son étalage, plus le public se retire, et moins on a de clients. C'est un système d'extinction et d'anéantissement, que d'attendre d'une manière béate et contemplative que les fidèles fréquentent les exercices pieux, pour les autoriser et les introduire. Est-ce aux fidèles à prendre l'initiative, comme ils l'ont fait quelquefois et dans certains cas dans les beaux âges de l'Église? Est-ce à eux à donner le mouvement? N'est-ce pas au chef, au guide, au pasteur de la paroisse, qu'appartient cet honneur et qu'incombe cette tâche? Qu'il écarte tous les obstacles à la communion, qu'il fasse tomber toutes les barrières devant la bonne volonté du peuple; qu'il se conforme à ses heures, à ses moments favorables, et qu'il se mette, lui et son clergé, à la disposition de sa piété; qu'il fasse souvent un appel à sa foi, à ses souvenirs, à sa piété, à son cœur catholique, touchant la présence réelle de Notre-Seigneur dans la sainte eucharistie; mais qu'il y mette tout l'entrain, toute la bienveillance, toute l'insistance d'un cœur brûlant d'amour pour son Dieu, et alors il verra avec bonheur les paroissiens répondre avec joie à la voix de leur bon pasteur. Ce qui mérite surtout son zèle, c'est de mettre la sainte communion en honneur et en pratique dans sa paroisse; il ne doit rien négliger pour cela. La fréquente communion renouvelle des paroisses tout entières, et les transforme admirablement. De plus, Monsieur, quelle consolation pour un pasteur de se voir placé à la tête d'un troupeau et d'une paroisse où Notre-Seigneur est connu, adoré et aimé, et où il compte de nombreux et fidèles adorateurs de son cœur et de sa présence réelle !

Je suis, avec un très-profond respect,

Monsieur, ****.

LETTRE XLIV.

EXTRÊME-ONCTION. — RAPPORTS DU PRÊTRE AVEC LES MALADES ET LES MOURANTS.

Monsieur,

Après les sacrements de pénitence et d'eucharistie, le sacrement que le prêtre est appelé le plus souvent à administrer, est, comme vous le savez, le sacrement de l'extrême-onction. Ce ministère fait naître pour lui des rapports, avec les malades et les mourants, d'une nature bien délicate, et souvent douloureuse pour son cœur : j'en ai déjà dit un mot, que je veux compléter ici.

La partie la plus difficile et la plus pénible du ministère sacerdotal est sans contredit le service spirituel des malades. C'est le champ de ses plus grands sacrifices, c'est aussi celui de ses mérites; c'est l'exercice le plus pur de la générosité et du dévouement. Tout y répugne à la nature; les forces physiques et les intérêts de la santé y sont même compromis et sacrifiés. Je ne connais rien de plus pénible que ces ascensions qu'il faut faire, souvent plusieurs fois dans le jour, jusqu'au sixième et septième étage de nos grandes maisons, pour y visiter le pauvre sur son triste grabat, consoler les malades, et aider les infortunés mourants, dont toute la vie a été une longue carrière d'adversité. Quand cela se renouvelle souvent le même jour, et même la nuit, la nature, à coup sûr, n'y trouve aucune satisfaction, aucun attrait, et n'y bénéficie guère pour son propre bien-être; la lassitude, les souffrances, l'appauvrissement de la santé et des forces en sont les conséquences ordinaires.

Ainsi il y a dans ces rapports du prêtre avec les malades, et surtout les malheureux, un véritable sacrifice du côté du corps et de la santé. Du côté des sens et de l'imagination, le sacrifice n'est pas moins grand. Nous n'aimons pas, en général, comme dit l'apôtre saint Jacques, à visiter une maison où règne la tristesse; notre premier instinct, notre premier mouvement est de la fuir et de nous en éloigner. Or, Monsieur, là où se trouve la maladie avec le cortége de toutes ses misères, la douleur avec ce qu'elle a de plus poignant, la mort même avec ses horreurs en perspective, là règne la sombre tristesse et le deuil, là, à coup sûr, retentissent, sourds et profonds, les accents de la plainte et les gémissements lugubres. C'est le spectacle auquel le prêtre est convié chaque jour, et qui est présenté continuellement à ses sens et à son imagination. Qui doute, Monsieur, que ceux-ci n'en soient péniblement affectés, contristés, et qu'ils n'en reçoivent les plus douloureuses impressions? Pour ne pas demeurer en deçà de ce devoir sacré pour sa charité et son zèle, que de répugnances n'a-t-il pas à vaincre, que d'émotions à comprimer, que de dégoûts à surmonter! et, ce qui arrive assez souvent, s'il est d'une nature sensible, d'une organisation accessible aux émotions, quelle violence n'aura-t-il pas à se faire, et quelle matière à sacrifice pour lui!

Indépendamment du spectacle de notre pauvre humanité affligée dans le plus petit de nos frères malades, il a encore à côté de cela le spectacle de la misère profonde, de la détresse et souvent du dénûment complet du pauvre; il a sous les yeux une mère et ses enfants aux prises tout à la fois avec la maladie, la mort et l'infortune; il est placé sur le théâtre de toutes les douleurs, témoin de toutes les larmes. Et puis, Monsieur, si la maladie est contagieuse, on en craint les influences: l'homme du monde déserte et fuit; mais le prêtre se rend, court et vole à l'appel des malades; il les prévient même, et n'attend pas qu'on le demande; il bravera tous les dangers, affrontera tous les périls. Plein d'une intrépidité sainte, il ira respirer l'air meurtrier du malade, approchera son oreille de son cœur pour en entendre tous les battements, et en recevoir tous les épanchements et les dernières confidences. Il accepte toutes les conséquences de sa sublime mission, la mort même, si Dieu le veut. Il ne calcule pas en allant au péril, et redit, dans un esprit, non plus de vaillance chevaleresque, mais de charité sacerdotale : *Fais ce que dois, advienne que pourra!*

Voilà bien des sacrifices réservés au prêtre dans ses rapports avec les malades pauvres et manquant de tout ; il y peut exercer toutes les bonnes œuvres à la fois ; mais il y en a une surtout, Monsieur, qui est la sienne, œuvre divine et suprême. Si le malade qu'il visite est menacé d'une mort prochaine, tous les parents et les amis prennent à tâche de le distraire de cette sombre et lugubre pensée ; on s'occupe de détourner ses regards de ce fatal événement prochain, et de lui voiler, pour ainsi dire, la physionomie glacée de la mort qui plane sur sa tête et attend sa victime. On le berce de chimériques espérances, de vaines illusions ; mais le prêtre, lui, en voyant écrouler le palais de boue, doit aviser à sauver l'hôte sublime qui l'habite : dans ce naufrage du corps, il doit pourvoir au salut de l'âme. A travers tous ces débris de la mortalité, il voit un principe immortel à sauvegarder ; il y a là une âme belle, glorieuse, toute teinte du sang du Sauveur. Elle a des destinées éternelles à ménager, un bonheur sans fin à obtenir et un royaume à conquérir. Alors, au nom de ces grandes destinées de l'âme, de ses fins dernières, de son avenir immortel, il doit intervenir dans cette grande scène de la mort ; il a un devoir de conscience et une mission sacrée à remplir, il ne peut y forfaire. Il faut dissiper les illusions, annoncer ou au moins faire pressentir la réalité terrible, et songer aux grands intérêts impérissables. Il propose son ministère de prêtre, et conjure le malade de confier à la religion, s'il n'a pas eu le bonheur de le faire jusque-là, les derniers jours et les dernières heures de sa vie. Quel rôle que le sien dans ces circonstances solennelles! Mais ce n'est pas tout. Ce rôle, si pénible qu'il soit, présente moins de difficultés avec les pauvres et tout ce qui porte le poids du jour et de la fatigue; ils n'ont connu de cette vie que le côté laborieux et crucifiant; ils y sont moins attachés, et leur sacrifice et leurs regrets sont moins amers. Il n'en est pas ainsi de cette classe de malades à qui les joies et les plaisirs ont toujours souri, qui n'ont jamais envisagé la vie par son côté sérieux, et qui n'ont cessé de poursuivre le vain fantôme d'un bonheur tout terrestre : c'est auprès de ceux-ci, Monsieur, que la tâche est rude, difficile et pénible. S'il arrive donc qu'il ait à traiter cette grande affaire des moments derniers et suprêmes avec ces malades et mourants qui ont passé de longues années dans une indifférence fatale de tout ce qui doit survivre à l'homme, peut-être dans une hostilité systématique et à la religion et au sacerdoce, quelle délicatesse, quels ménagements, quelle dextérité ne lui faudra-t-il pas pour se faire introduire et accepter! et après cette introduction à peine tolérée, il aura à dérouler le livre de la conscience, à en connaître toutes les phases, à faire descendre dans cet abîme la lumière, la contrition et le repentir, l'amour de Dieu, en un mot, à transformer ces âmes en quelques heures, en un moment peut-être. De quels prodiges de charité et de grâces n'aura-t-il pas besoin pour y réussir? Et cependant c'est malheureusement le cas qui se reproduit journellement pour le prêtre dans cette vaste capitale. Quel don d'insinuation ne doit-il pas posséder pour passer à travers tous les obstacles que l'on se plaît à multiplier sous ses pas, et arriver à son but!

Mais, Monsieur, je me hâte de le dire, si le lit des malades et des mourants est le théâtre de ses sacrifices et de ses fatigues, il est aussi celui de ses plus douces et de ses plus consolantes émotions; c'est comme un champ d'honneur pour lui. Qu'il est heureux quand il lui est donné de conduire une âme chrétienne au terme de sa carrière, et de la remettre, toute parée et tout éclatante d'innocence, entre les mains de son Dieu! C'est sa joie la plus pure de bénir et de sanctifier les derniers combats d'une vie de chrétien, comme sa jouissance la plus grande de la faire échapper à toutes les tentations qui redoublent à cette heure décisive; mais, pour y réussir, que de peines, quel labeur, quelle vigilance de tous les instants, quelle patience à toute épreuve!

Le sacrement de l'extrême-onction, comme toutes les circonstances qui le précèdent et celles qui l'accompagnent, offre donc un grand élément de sacrifice au dévouement des prêtres, et réclame d'eux une générosité sans bornes. Leur ministère a deux termes bien marqués: d'aider à bien vivre, et d'aider à bien mourir. Dans l'administration des derniers sacrements aux mourants et les soins pleins de charité à leur donner, ils peuvent en un moment fermer l'enfer et ouvrir le ciel. C'est donc le moment décisif et suprême.

C'est donc, Monsieur, pour un digne et saint pasteur, une œuvre bien précieuse à organiser dans sa paroisse, que celle du service spirituel des malades. Cette partie de son gouvernement appelle sa sollicitude au premier degré. La laisser souffrir, languir, serait comme un crime de lèse-humanité, et une coupable prévarication dans le sacerdoce. Cependant, Monsieur, ce service si important et d'un caractère sacré, qui touche aux intérêts les plus graves des âmes, se fait-il bien, s'accomplit-il à la grande satisfaction des fidèles et des besoins des malades? N'y a-t-il pas souvent à regretter, à déplorer même des accidents terribles, des surprises fâcheuses de la mort, toujours si prompte et si imprévue, occasionnées par des négligences et des retards inconcevables? N'a-t-on pas la douleur de voir chez le prêtre lui-même, officiellement chargé de répondre à tous les appels, mauvais vouloir, mauvaises dispositions qui se trahissent par mille signes? Si j'avais l'honneur, bien redoutable sans doute, d'être chargé d'une paroisse importante de Paris, je consacrerais tous les efforts de mon zèle à organiser ce service privilégié des malades et des mourants de manière à ce que jamais, sous aucun prétexte, il n'y eût une minute de retard à correspondre aux besoins et aux vœux des familles à cet égard.

Dans nos paroisses les plus populeuses, il serait à souhaiter qu'il y eût toujours un prêtre de garde supplémentaire, afin de parer aux absences éventuelles de celui qui l'est officiellement, et de ne jamais laisser la plus petite lacune dans ce service, dont les conséquences sont si graves. Il y a, Monsieur, dans nos sacristies, beaucoup d'abus sur ce point si capital, auxquels le clergé lui-même n'est pas toujours étranger. C'est au pasteur, qui doit tout sanctionner comme ayant la dernière responsabilité de tout ce qui arrive, à se faire rendre compte de tous les faits du jour courant, des plus petits événements qui touchent au spirituel, des moindres accidents, des cas d'appel et d'administration des malades. Il doit s'enquérir de la manière dont la chose s'est passée, de ce qu'est le malade, et s'il a reçu les sacrements. Il faut pénétrer jusqu'au fond des choses, analyser tout, et le faire, non pas un jour, une année, mais toujours. Je proposerais, je conseillerais même aux dignes curés de paroisse d'avoir, dans leurs sacristies, un journal ouvert où seraient relatées sommairement, jour par jour, par chaque prêtre de garde, toutes les circonstances spirituelles de son service. Ce serait comme le bulletin officiel du mouvement quotidien de la paroisse. J'en indique ici l'idée, Monsieur, sans vouloir en tracer le mode d'application. Le curé est la sentinelle chargée de veiller sur la tribu sacrée; c'est à lui d'avertir là où il y a à avertir, de reprendre là où il y a à reprendre, d'exercer son contrôle sur tout, de tout vérifier, sans vexation toutefois, sans oppression et sans tyrannie, mais par amour du devoir, en père, en apôtre et en pasteur responsable. Il ne saurait trop se rappeler ce que disait souvent un des plus saints évêques de France, qu'il sera sur la sellette au jugement de Dieu, jusqu'à ce que chaque brebis de son troupeau y ait comparu, et témoigné de son zèle et de sa sollicitude pour leur salut.

J'aime, Monsieur, à rendre au clergé de Paris toute la justice due à son mérite et à son dévouement. Sans doute les pieux ecclésiastiques de nos paroisses sont pleins de zèle et d'agilité pour voler auprès des malades, pour leur porter toutes les consolations de leur ministère : je ne veux pas et ne peux pas douter de cette vérité. Cependant ils sont hommes; ils peuvent être exposés aux petits calculs personnels : cela est si naturel! Il y a mille suggestions qui s'élèvent du fond de notre pauvre nature, si égoïste et si ennemie de la gêne et de la fatigue; suggestions qu'on n'aura peut-être pas toujours le courage de repousser ou de surmonter. C'est au curé, sur qui tout repose, à tenir compte de ces dangers, de ces mauvaises influences; à tout prévoir, à tout prévenir, et à tout régler et ordonner de telle sorte qu'on ne puisse jamais, sous aucun prétexte, s'excuser d'un retard ou d'une absence qui pourrait compromettre l'œuvre du ministère.

Après ces considérations générales, Monsieur, qui se rapportent toutes aux sacrifices, au dévouement, à la charité et à la parfaite exactitude que commande au prêtre consciencieux son ministère auprès des malades, nous verrons, dans notre prochain entretien, comment il doit se conduire dans la pratique et l'administration même des sacrements qu'il est appelé à leur conférer.

Je suis, avec un très-profond respect,

Monsieur, ****.

LETTRE XLV.

EXTRÊME-ONCTION. — RÈGLES PRATIQUES.

Monsieur,

Après les dispositions premières à prendre par rapport à l'exactitude et à toutes les convenances extérieures qui se rattachent au service des malades, j'arrive à ce qui en est l'objet principal, les soins spirituels et l'administration des sacrements. Le but final, c'est le salut des malades, ce sont leurs intérêts éternels. Le prêtre qui se dirige vers la demeure désolée du moribond porte dans ses mains une paix éternelle ou une guerre sans fin pour son âme ; c'est le ciel avec ses joies ineffables, ou l'enfer avec toutes ses horreurs : c'est cette terrible question qu'il est appelé à décider. Aussi avec quelle sainte frayeur doit-il s'avancer! comme il doit être pénétré de la grandeur de cette magistrature suprême qu'il va exercer sur le bord d'une tombe déjà entr'ouverte! Il a besoin de toute sa foi sacerdotale, de tout son zèle, de toute sa miséricordieuse charité, pour accomplir dignement et d'une manière consolante cette grande œuvre de son ministère, de laquelle, après tout, va dépendre la réconciliation de l'âme avec son Dieu, et son avenir éternel. Ce ne sera ni sans peine ni sans difficultés qu'il y réussira : il est destiné à en rencontrer beaucoup, et de toute nature. Les malades et les mourants auprès desquels il sera appelé peuvent se ranger en trois classes : la première est composée de fidèles pieux, réguliers, pratiquants; pour ceux-ci, la question spirituelle est claire, simple et facile : c'est le confesseur habituel qui a ordinairement la mission de les voir, de les consoler, de les assister, et, s'il y a lieu, de leur administrer les derniers sacrements. C'est le couronnement de sa charité, et le complément du ministère d'amour et de miséricorde qu'il a exercé auprès d'eux pendant la vie. Si même un pauvre malade ou moribond qui jusque-là n'a pas eu le bonheur de remplir ses devoirs religieux, et se trouve, par suite de son indifférence et de ses infidélités, privé d'un confesseur et d'un ami à son dernier moment, demande spontanément un prêtre à lui connu, et le désigne personnellement comme l'homme à qui il veut confier ses derniers secrets, ses derniers jours et son dernier soupir, ce serait manquer à tous les devoirs du cœur et de la charité que de s'y refuser : il y aurait en cela quelque chose de dur, d'inhumain, qui blesserait toutes les convenances et tous les sentiments qui doivent animer un cœur sacerdotal.

La seconde classe de malades ou de mourants comprend tous ces hommes qui ont eu l'affreux malheur de naître et de vivre dans une fatale ignorance des destinées de leur âme, ou dans une coupable insouciance de savoir ce qu'il en est, et une indifférence pratique de tout devoir religieux. Ils ne se sont jamais posés en ennemis déclarés et systématiques de la foi catholique; ils ne l'ont jamais attaquée ou méprisée, ni dans leurs paroles, ni dans leurs actes; ils n'ont eu qu'un malheur, qui a été de faire le principal de leur vie de ce qui en est l'accessoire, d'oublier leur dignité, leur noblesse et leur fin sublime, et de suivre tous les mauvais instincts de la nature brutale et grossière, mais sans hostilité formelle à l'endroit de la religion et de la foi. Leur vie a été une négation absolue et pratique de tout devoir chrétien. Cependant, Monsieur, quand une dernière maladie vient à les atteindre, que les dangers d'une mort prochaine deviennent imminents, il y a comme un réveil de ce sommeil de mort dont ils ont dormi toute leur vie. L'instinct de leur immortalité et quelques vagues impressions et souvenirs chrétiens agissent sur eux; ils demandent à confier leurs derniers moments à la religion et à son sacerdoce; ils savent qu'elle a béni leur berceau, et ils veulent qu'elle bénisse aussi leur tombe. Pour ceux-là, Monsieur, leur mal est profond, difficile à guérir; et cette difficulté siége dans l'ignorance même qui a été le principe et la cause de leur malheur. Si le temps est court, comme cela arrive presque toujours; si la mort hâte son œuvre de destruction et ne permet pas d'attendre, que faire en face de cette profonde ignorance des choses essentielles et de nécessité de moyen, et de tout ce triste passé qui en a été la suite? Il ne s'agit pas de consulter, d'ajourner, d'aviser à corriger le vice et le défaut d'instruction par la voie ordinaire : la mort est là qui presse, et qui ne le permet pas. Il faut alors, il me semble, Monsieur, leur inculquer rapidement et verbalement quelques notions des principaux mystères et des choses absolument indispensables; leur faire faire un acte de foi général sur toutes les vérités que l'Église enseigne; les aider dans leur confession, ne pas trop les embrouiller dans les détails, obtenir une connaissance sommaire et capitale de leur vie, leur inspirer les sentiments de regret et de contrition, et tous ceux que la religion demande de ses enfants en cette circonstance solennelle, par des paroles courtes, pénétrantes et bien accentuées, puis conclure sacramentellement. Si le temps le permet, si la mort accorde quelque moment de répit, on pourra et on devra continuer l'œuvre commencée, y revenir encore, se servir du ministère officieux de quelque personne pieuse, soit de la famille, soit du nombre des amis, pour aider les efforts et la bonne volonté du pauvre moribond. On arrivera ainsi à un résultat consolant. Dans toutes ces circonstances si pénibles et si délicates, le prêtre ne se départira pas des règles de la plus tendre charité, et s'entourera constamment des formes les plus aimables de l'indulgence, de la bonté et de la douceur. Ce sont là les véritables armes de l'apostolat, et avec elles on devient facilement maître de la place, et on réussit à s'y établir.

Il y a, Monsieur, une troisième classe de malades et de mourants dont les antécédents et dont les dispositions présentes alarment à juste titre, déconcertent et effrayent même le prêtre condamné à se présenter à eux, et à leur dire ces formidables paroles : « Insensés, cette « nuit même on va vous demander votre âme! » Ce sont ces hommes systématiquement philosophes, raffinés en irréligion et en impiété, dont toute la vie a été sinon une raillerie, au moins la négation hostile, non pas peut-être de toute la religion, mais de tout ce qui les gênait et contrariait leur orgueil ou leurs penchants dans ses dogmes, sa divine morale et ses sacrements. Ils auront dirigé contre la confession et la communion, et d'autres institutions divines, leurs épigrammes et leurs satires. De plus, admirateurs enthousiastes et disciples souvent hypocrites de maîtres passés en impiété, ils seront eux-mêmes imbus de mille préjugés contre l'Église, la piété, les prêtres, et en seront devenus, à leur tour, les échos et les propagateurs. En un mot, Monsieur, ils auront déchiré le sein de la religion leur mère, et seront devenus les enfants de sa douleur, au lieu d'être les enfants de sa joie. Mais voilà les heures solennelles de la mort qui arrivent : ils descendent au dedans d'eux-mêmes; la conscience prend le dessus, le chrétien ressuscite sur les débris de l'homme qui se meurt, et le philosophe s'évanouit. Les vaines fanfaronnades du bel esprit sont justement appréciées par l'âme éclairée, et placée en face du tombeau et des terribles problèmes qui vont se résoudre pour elle. Ils désarment en présence de leur éternité, et tendent une main suppliante à cette religion sainte qu'ils ont combattue toute leur vie, et elle s'empresse de les accueillir dans les bras de sa miséricordieuse tendresse. Mais, Monsieur, ces miracles de la grâce ne s'accomplissent pas toujours à l'heure de la mort, pour les ennemis de la foi, avec des circonstances si consolantes; les exemples même en sont malheureusement trop rares. On rencontre souvent en eux l'opiniâtreté d'un fol orgueil, ou la terreur vulgaire du respect humain, qui a joué un si grand rôle dans leur impiété. Si l'on parvient à vaincre leur résistance par les pressantes sollicitations de l'amitié ou de la famille, par des obsessions saintes et par des considérations même tout humaines et absurdes au point de vue chrétien, on leur amènera un de ces prêtres qu'ils auront tant de fois bafoués et méprisés : ils vont le voir de près, l'entendre, et converser avec lui, seuls à seuls, de leur vie, de leurs excès en tout genre, de leur âme, de leur conscience, et cela de la manière la plus intime. Quel tête-à-tête! quelle confrontation, Monsieur! C'est bien là l'extrême charité qui va au-devant de l'extrême misère : *Abyssus miseriæ invocat abyssum misericordiæ...* C'est avec cette classe de malades que le prêtre, si généreux qu'il soit, a besoin de courage, de zèle et d'habileté : il ne doit jamais reculer devant son œuvre, quelque difficile qu'elle soit; il ne doit pas hésiter à l'entreprendre.

Le premier mode de procéder avec eux, d'après mes idées, pour celui qui est appelé à les visiter, c'est de leur donner une bonne impression par sa bonté, par sa charité, par ses manières simples et miséricordieuses, et surtout d'être vis-à-vis d'eux comme en présence d'ennemis vaincus, c'est-à-dire généreux, magnanime de dévouement. Il importe, il est nécessaire, sous peine d'échouer, de dissiper du premier coup, par ses qualités personnelles, ces affreuses préventions dont ils ont été comme nourris contre le prêtre, toujours travesti et défiguré par la calomnie. Si la première impression est bonne, c'est comme une première goutte de la grâce qui tombe sur ce rocher endurci et insensible, et qui, peu à peu, le pénétrera et le brisera; c'est comme un baume répandu sur un cœur ulcéré par la haine et les préjugés. C'est ordinairement au prêtre à prendre l'initiative, et à faire les premières ouvertures de la conscience. C'est le moment critique, redouté de part et d'autre. Il a besoin d'invoquer la lumière d'en haut, et d'user de toute sa prudence. Il pourra préluder avec ces sortes d'esprits, en leur rappelant les beaux souvenirs chrétiens de leur vie, ceux de la famille, les exemples et les autorités de noms vénérés de tous jusque dans les rangs de la philosophie. Sous une forme de causerie amicale, on pourra amener la conversation sur les grandes fins de l'homme, la foi des siècles, la majesté de l'Église, l'autorité des saints, le bonheur et la gloire de la vertu; en un mot, on fera entendre quelques paroles courtes, substantielles, pénétrantes, onctueuses et lumineuses. Il faut éviter surtout les longues homélies, les tâtonnements; respecter même certains préjugés; ne provoquer aucune discussion, de quelque nature qu'elle soit, mais surtout irritante. Il ne faut pas devancer la grâce, mais la suivre et l'accompagner. Après quelques séances courtes, mais toutes remplies par le rôle de la miséricorde, on verra toutes les préventions s'évanouir, la glace se fondre, tout un cœur se dilater et se renouveler, et une conscience se purifier. Ce serait une grande imprudence et une grande maladresse de s'amuser à contredire ces esprits, las eux-mêmes de leur rôle de contradicteurs; de leur faire de longs arguments, ou de recourir à des voies trop détournées. Une grande simplicité, une apparente bonhomie même, beaucoup de bonté, ce quelque chose qui est un don de Dieu, et qui provoque la confiance et les épanchements de l'âme, réussissent plus auprès d'eux que les subtilités du raisonnement et les phrases ambiguës. Si le succès apostolique ne couronne pas toujours le dévouement du prêtre dans ces circonstances si épineuses et si difficiles, il n'aura pas au moins à se reprocher d'y avoir apporté quelque obstacle par sa faute personnelle.

Après avoir essayé, Monsieur, de tracer les principales règles que le prêtre doit suivre pour réussir dans son touchant ministère auprès des différentes classes de malades dont je viens d'avoir l'honneur de vous parler, il reste à indiquer quelques-uns des défauts qu'il doit éviter : si vous le permettez, ce sera notre tâche pour notre prochain entretien.

Je suis, avec un très-profond respect,

Monsieur,****.

LETTRE XLVI.

EXTRÊME-ONCTION. — DÉFAUTS A ÉVITER.

Monsieur,

Le premier défaut que doit éviter le prêtre, dans l'administration des sacrements aux malades, ce sont les excessives longueurs, les indécisions, les pertes de temps : rien de plus dangereux. Il doit viser au but, et arriver à une prompte conclusion par la voie la plus courte et en même temps la plus efficace. Les lenteurs, les tâtonnements, les questions superflues, les longs préambules, les préliminaires hors de saison, agacent les malades, les fatiguent, les font souffrir. Les familles elles-mêmes, qui s'identifient avec toutes les crises et les impressions de leurs pauvres malades, ont comme une répercussion douloureuse de ces irritations et de ces agacements qu'on leur cause comme à plaisir par ces langueurs fatigantes. *Semper ad eventum festina.....*

A Dieu ne plaise, Monsieur, que je veuille ici prêcher, conseiller, ni directement ni indirectement, une rapidité déplacée, ou une précipitation indécente! L'empressement essoufflé, impatient, trouble tout, empêche le calme et le recueillement, tronque et mutile l'être du sacrement matériellement et spirituellement, et compromet ainsi les intérêts et le salut de l'âme; mais ce qui convient, ce qui est à désirer, ce qui produit toujours un excellent effet, c'est une activité habile, calme, une hâte lente et mesurée, une grande précision de temps, un genre de procéder prompt, vif, le désir et comme une sainte impatience d'arriver à son but, et d'obtenir le précieux résultat vers lequel tout doit tendre. C'est là, suivant moi, Monsieur, un excellent principe de tactique spirituelle auprès des malades, avec lesquels, comme votre expérience vous l'a appris, il n'est pas bon de trop parlementer ni de trop discuter, surtout sur des questions secondaires et accessoires.

Ce serait aussi montrer peu d'intelligence, que de se préoccuper jusqu'au trouble et à l'hésitation des circonstances de lieux, des circonstances de personnes, des difficultés que l'on soulèvera, des objections sans fin que l'on présentera : il faut tout écouter, tout accueillir avec bienveillance, respect, mais sans perdre de vue le but où il faut arriver : il ne faut pas s'arrêter, mais gagner du terrain pied à pied, voir le malade sous un prétexte ou sous un autre, et ne pas le quitter sans avoir entamé la question spirituelle. Nous ne devons jamais, nous prêtres, nous déconcerter des répugnances ou des craintes exagérées des familles, non plus que les braver, les froisser ou les heurter de front et violemment; mais nous taire, mettre de côté les raisonnements, les argumentations, la logique des longues explications; nous insinuer dans la place, et nous en rendre maîtres. Il faut encore ici éviter l'excès de zèle et les allures trop brusques, et faire aux familles éplorées et aux malades qui demanderaient un ajournement de mauvaise volonté, et que leur état ne permet pas de leur accorder, une violence respectueuse, morale, et d'une sainte miséricorde. Si, au contraire, l'état physique et moral permettent de faire quelque concession, et d'ajourner, si le tact le suggère, il n'est pas inutile de voir les malades avant de se retirer, et de convenir avec eux du jour et du moment où ils seront disposés, en rapprochant le terme autant que possible.

Quand le prêtre a eu le bonheur, Monsieur, d'arriver au pied du lit d'un pauvre malade difficile et vacillant sur son consentement ou son invitation, et qu'il est parvenu à causer avec lui, de lui-même, de son âme, de son avenir, il rencontrera encore quelques difficultés avant d'en venir au fait important. Les prétextes les plus chimériques sont à l'usage des demi-volontés. Dans la première visite, il posera un jalon, bien imparfaitement peut-être, mais toujours utilement. Il est possible qu'il ne mène pas l'affaire spirituelle bien loin; mais en y mettant une grande bonté, une bonhomie apparente jointe à beaucoup d'habileté, il arrivera à un résultat prompt et complet, d'autant plus vite qu'il aura procédé activement, mais avec mesure et sagesse. Il devra surtout se donner garde de mettre dans sa conduite trop d'âpreté, ou de pressurer la conscience par des questions trop détaillées et trop minutieuses. Il faut faire grâce de quelque chose, et même de beaucoup de choses, pour une première entrevue, et se contenter d'un aperçu sommaire et général du passé. Le ministre du sacrement a fait un grand pas, et doit être satisfait du résultat, quel qu'il soit. Ce n'est peut-être qu'une ébauche de son œuvre; mais le premier préjugé est vaincu. Déjà le malade, si tourmenté auparavant, en éprouvera un bien-être moral et spirituel qui le disposera favorablement à continuer. Il sera comme allégé du poids de ses misères, son cœur sera plus content; il redoutera moins la présence du prêtre, tout l'inclinera même à la lui faire désirer : sa réconciliation avec sa foi, avec son Dieu, aura ainsi son couronnement complet, grâce à la tactique habile de l'homme de Dieu.

Le second défaut, Monsieur, que le prêtre doit éviter dans les soins spirituels à donner aux malades, c'est l'esclavage de la lettre, et l'asservissement aux questions de formes secondaires. Il arrive ainsi qu'on sacrifie souvent le principal à l'accessoire : la lettre tue, et l'esprit vivifie. Les hommes, et surtout les prêtres minutieux et judaïques observateurs de la lettre et des règles purement cérémonielles, compromettent ordinairement, par des scrupules exagérés, les grands intérêts et les grandes fins de leur ministère, en l'embarrassant, comme à plaisir, de mille formalités qui n'obligent pas, et ne sont pas expédientes dans un grand nombre de cas donnés. Je respecte, à coup sûr, Monsieur, et vénère, comme je le dois, toutes les prescriptions de nos rituels dans l'administration des sacrements, comme la haute raison et la sainte autorité qui les a dictées; mais je reconnais en même temps que leur application doit varier à raison des circonstances de lieux, de dispositions, de personnes. J'affirmerai même, Monsieur, qu'elles doivent se modifier et disparaître quelquefois, si la situation physique, morale et spirituelle du malade, si l'esprit de la famille et de l'entourage, aussi bien que l'intérêt du sacrement lui-même, le demandent. *Salus populi suprema lex.* Voilà la loi suprême; elle doit l'emporter sur toutes les autres lois dans un cas de conflit. Si le prêtre s'aperçoit que son ministère a été accepté avec peine, hésitation, et que tout autour de lui règnent des préventions et des préjugés; s'il n'est que toléré momentanément, qu'il se hâte de profiter de cette tolérance et d'agir; mais qu'il ne surcharge pas son ministère, et ne l'embarrasse pas de formalités accessoires qui, n'étant pas comprises dans leur sens allégorique et spirituel, seront peut-être mal interprétées et tournées en dérision. Dans ce cas, et dans mille autres semblables ou analogues, il vaut mieux avoir quelque condescendance sage, et pleine de raison et d'à-propos, pour les dispositions des personnes, que l'on s'exposerait à envenimer encore et à irriter par des formules et des prières trop longues. Il faut tout simplifier, avec convenance et décence; aller au but presque directement, aborder le lit du malade, traiter en ami miséricordieux l'affaire capitale, presque sans qu'il s'en doute. C'est un naufragé : ce n'est pas le moment de le haranguer, mais de le sauver quand il se noie. Qu'on ne se préoccupe pas trop des prières et des actes extérieurs, mais que l'on cherche avant tout, par la dextérité la plus apostolique et une affection toute loyale, à amener l'épanouissement libre de la conscience avec les conditions chrétiennes de foi, de contrition et de charité. Pour les choses accessoires, le tact et l'intelligence doivent indiquer s'il est expédient de les abréger, de les réduire, et dans quelle mesure. On tire des malades et des hommes, comme disait saint François-Xavier, non pas ce que l'on veut, mais ce que l'on peut, comme on le peut, et non pas comme on le veut.

Je le répète donc, Monsieur, quand on pressent et qu'on peut justement prévoir que telle formule ou telle forme contrariera vivement le malade ou les parents, les fera murmurer, heurtera leur ignorance et leurs préjugés, scandalisera même leur sens charnel, je conseillerais alors de prévenir cette dangereuse et fâcheuse impression en la modifiant, et quelquefois en la supprimant tout à fait : *Littera occidit, spiritus vivificat.* C'est au bon sens du prêtre à inspirer sa conduite selon les circonstances différentes dans lesquelles se trouve chaque malade en particulier.

Plus j'ai été à même, Monsieur, de faire des observations sur cette partie de l'apostolat du prêtre, plus j'ai philosophé et je philosophe encore sur ma pratique et les faits acquis à mon expérience, plus je les raisonne et les discute avec moi-même, plus il m'est démontré que le rituel, pour l'administration des sacrements, le plus simple, le plus court, le moins embarrassé et le moins embarrassant est en même temps et le plus sûr et le plus efficace. Nos rituels ne sont-ils pas généralement trop longs, surtout par rapport au sacrement de l'extrême-onction? et ne pourraient-ils pas être soumis à une révision à cet égard? Les hommes de nos jours sont si pressés, et nos malades sont si fatigués, et quelquefois si peu patients!

Le troisième défaut contre lequel le prêtre doit se prémunir dans les rapports si délicats de son ministère avec les malades, c'est la brusquerie et la roideur; il doit paraître au milieu des familles et au lit des malades portant l'aménité, la douceur et la sérénité d'âme dans son air, dans ses paroles et dans sa personne. Des manières dures, brusques, farouches, cavalières, déplaisent à tout le monde, et révoltent l'âme dans l'homme de Dieu et de son Évangile. Il faut qu'il sache s'assouplir à tous les caractères, se faire à toutes les situations, être égal à lui-même, en toute circonstance donnée, vis-à-vis des gens du monde, et surtout de tant de pauvres malades qui n'ont pas eu le bonheur d'avoir été initiés à la connaissance des premiers principes de la doctrine du salut. Bonté, piété et compassion pour eux. Pourquoi se fâcher contre eux? Ne vaut-il pas mieux et n'est-il pas plus digne du prêtre de les combler de tendresse, et de commencer le règne de la vérité par celui de la charité? N'oublions pas, Monsieur, ce que dit saint François de Sales, que *toute vérité qui n'est pas charitable procède d'une charité qui n'est pas véritable*: allons à eux en amis, en frères; traitons-les avec tous les égards qu'ils méritent et qu'ils ont droit d'attendre de nous; ne nous révoltons pas contre leur ignorance et leurs défauts, mais guérissons-les, et pour cela prenons les moyens convenables. Il est bien maladroit d'aller débiter à ces pauvres infirmes dans la foi et dans la doctrine les théories d'un ascétisme transcendant, et de leur parler la langue des parfaits : malheureusement ils ont plus besoin qu'on descende jusqu'à eux, que d'être élevés si haut ; ce ne sont que des enfants auxquels il faut donner le lait de la doctrine; tout autre procédé ne saurait réussir : on ne serait ni compris ni goûté. Il faut les prendre tels qu'ils sont, et où ils en sont de la grâce et de l'instruction, et ne pas leur parler le langage des anges et des séraphins. Il faut commencer par faire des chrétiens, faire tomber la croûte épaisse de leur ignorance, leur montrer le soleil de la vérité, et les faire marcher à sa douce lumière. Il faut les engendrer, pour ainsi dire, dans les bras de sa charité, les y porter, et les donner à Dieu; mais ne leur reprochons jamais ce qui a été le malheur de leur naissance, de leur éducation, et de beaucoup d'autres circonstances fatales de leur vie. Ne leur jetons pas la pierre, surtout sur leur lit de souffrances et peut-être de mort; ils sont plus à plaindre qu'à blâmer. Ne soyons pour eux ni durs, ni brusques, ni amers. Plus leurs infortunes spirituelles sont grandes, plus ils ont de droit à notre charité et à notre dévouement. Les dispositions si fantasques du siècle où nous vivons demandent que nous ne prenions jamais des formes ni des allures qui trancheraient avec notre caractère et ce que l'on attend de nous : nous sommes pour les hommes et pour leur salut, et nous devons tout faire pour nous concilier leur esprit et leurs cœurs par nos manières loyales, affectueuses pour eux, nos paroles, nos vertus, notre costume même. Ne les heurtons jamais, si nous aspirons à leur être utiles. Nous ne sommes pas, Monsieur, les hommes du siècle, mais nous vivons dans le siècle, nous marchons avec lui pour le gouverner et le sanctifier : d'une main nous touchons à Dieu, et de l'autre à l'humanité. Aimons-la donc dans ses membres souffrants, malades, éprouvés, et ne cessons de lui témoigner notre amour et notre dévouement.

Non-seulement, Monsieur, nous devons être affables et bons avec les malades et leurs familles; mais dans nos rapports généraux avec le monde, soit pour cause de maladies, soit pour d'autres raisons, il faut que nous nous étudiions à n'y être ni trop singuliers ni trop étrangers par aucun point. Il y a beaucoup de choses indifférentes d'elles-mêmes sur lesquelles il faut composer et transiger avec son époque et les circonstances. Que de préjugés contre la religion, contre le clergé, courent le monde, et qui ne tiennent qu'à des causes accidentelles, comme, par exemple, certains costumes un peu surannés, des allures par trop tranchantes avec celles du monde! Nous devons, d'une part, toujours présenter les traits et les marques distinctifs du prêtre, mais en même temps ne pas trop nous éloigner du monde par l'étrangeté, l'impopularité de nos manières, de nos allures, de notre costume même. Quelque chose de trop suranné, de trop grotesque dans la forme et le port de ce dernier, dans nos habitudes, nous exposerait à mille ennuis, à mille avanies, nous signalerait trop ostensiblement, déconsidérerait notre ministère, gênerait nos rapports avec le monde, et réciproquement les rapports du monde avec nous. Je n'hésite pas à penser, Monsieur (permettez-moi cette digression), que plus les costumes, le genre, les formes de nos vêtements se rapprochent des costumes, du genre et des formes des vêtements de la société où nous sommes appelés à vivre et à faire le bien, sans jamais se confondre entièrement avec eux, et sans jamais perdre le caractère distinctif et relatif à notre saint état, plus nos rapports deviennent faciles avec elle, plus nous pouvons nous y mêler, plus nous y acquerrons une heureuse popularité, plus notre influence pénétrera dans les masses. Nos ennemis, prévenus, ont peur de notre habit et nous fuient; nos amis eux-mêmes redoutent de nous aborder en public, de crainte que nous n'attirions trop l'attention et peut-être quelque défaveur sur eux. Nous ne pouvons pas le nier, il y a des costumes qui tranchent tellement avec ceux du temps, qu'ils effarouchent le monde et l'éloignent. J'ai toujours regretté que beaucoup de nos ordres religieux, de nos congrégations religieuses, fondées dans un but actif d'utilité publique, de dévouement au prochain, ne puissent pas modifier, d'après l'esprit et les exigences des temps, le costume primitif de leur fondation. Il est très-certain qu'un grand nombre de ces anciens costumes tranchent trop avec ceux de nos sociétés modernes, y paraissent trop étrangers, déplaisent à l'œil et à l'imagination, sont frappés d'une impopularité et d'une défaveur qui retombent sur l'institution elle-même et l'idée si belle qu'elle représente. Les costumes sont pour beaucoup dans cette guerre incessante qui se fait aux corporations religieuses. Les inconvénients de ces vêtements surannés sont d'effaroucher le peuple, de l'empêcher de se mêler à nous, de nous rechercher quand il en a même le plus vif désir ; ils tendent à nous isoler comme des êtres étranges, à nous rendre odieux, et, en nous isolant, à nous enlever toute action, toute influence, et à nous interdire la grande part que nous devons avoir dans le mouvement social. Il est donc bon pour le prêtre, sans rien céder ni sacrifier de son esprit, de ses devoirs, de ne pas afficher, dans ses rapports avec les malades et les familles, des airs trop mystiques, trop intérieurs, trop ascétiques, trop austères surtout, de peur d'effrayer et déconcerter le monde, si faible et si ombrageux. Il doit se montrer partout et toujours comme le type de la loyauté, de la simplicité, de l'affabilité, se faire tout à tous, infirme avec les infirmes, enfant avec les enfants, sage avec les sages : *Loquimur sapientiam inter perfectos.* Il y a même certains cas qui se reproduisent souvent dans la pratique, où il est obligé de respecter les préjugés des malades *in extremis*. Ainsi, rien de plus ordinaire que de rencontrer des hommes bien éloignés des choses de Dieu, qui consentiraient facilement à se confesser et à communier, mais refuseraient énergiquement de recevoir l'extrême-onction, si on la leur proposait de prime abord. La prudence et le tact de la charité exigent, il me semble, Monsieur, que, dans ces circonstances, l'on profite immédiatement de la bonne volonté des malades par rapport à la confession et à la communion, et que l'on écarte provisoirement la question, toujours si scabreuse, de l'extrême-onction. Les sacrements de pénitence et d'eucharistie sont ou peuvent être relativement nécessaires, et celui-ci ne l'est pas. *In concursu duorum malorum quæ simul vitari nequeunt, minus est eligendum.* D'ailleurs ils prépareront merveilleusement les malades à le désirer, à le demander et à le recevoir, par le changement qu'ils opéreront en eux. Si l'on prévoyait même qu'en l'imposant par une contrainte morale on dût troubler et bouleverser le malade, affecter trop sensiblement la famille, nuire surtout au résultat des deux sacrements indiqués plus haut, on ne devrait pas, suivant moi, hésiter à ajourner l'extrême-onction, en prenant toutes les précautions que la prudence commande pour que le malade ne meure pas sans la recevoir. Nous avons en présence deux ordres d'intérêts, représentés par deux sacrements relativement nécessaires, et un autre qui ne l'est pas. Dans un tel conflit, il faut aller au plus utile et au plus essentiel, et sacrifier provisoirement ce qui n'a qu'une importance secondaire. Aussi le meilleur système à suivre dans ces cas difficiles est de tendre, en premier lieu, à faire accepter la confession et la communion aux malades, et de les y disposer avant de prononcer à leur oreille le mot extrême-onction, qui les effraye, alarme et désespère les familles, et trouble tout. On veut bien entendre parler de la communion, qui n'implique pas l'idée du danger, d'un présage sinistre; mais bien rarement de l'extrême-onction, qui est comme un arrêt de mort, et on ne s'y résigne que dans l'extrémité. Il y a dans le *rituel* particulier du diocèse de Paris une clause pratique fort gênante sur ce point, et dont je veux vous dire un mot : c'est celle qui prescrit au prêtre de ne donner la communion en viatique aux malades, quels qu'ils soient et quelles que soient leurs dispositions de corps et d'âme, qu'après leur avoir préalablement administré le sacrement de l'extrême-onction. Cette règle, qui n'existe dans aucune théologie, ni, je crois, dans aucun autre diocèse, peut être sage sous certains rapports; mais n'est-elle pas trop sévère, et ne peut-elle pas compromettre d'autres intérêts de l'âme plus graves et plus importants, pour les raisons que j'ai eu l'honneur de vous présenter plus haut? Une chose bien certaine, et que j'ai eu occasion de constater dans la pratique, c'est qu'elle gêne et embarrasse souvent notre ministère, par la raison que l'on peut proposer assez facilement, et sans trop de négociations, la communion, qui implique la confession, à des malades auxquels on ne peut pas encore prudemment parler d'extrême-onction.

Je termine, Monsieur, cet entretien sur les sacrements à administrer aux malades, par un petit conseil que je me permettrai de donner au prêtre appelé à bénir les dernières heures et la dernière lutte des mourants. Je l'inviterai, lorsque les circonstances le lui permettent, à faire intervenir la religion dans les adieux de la famille, à convier tous les enfants, et même les parents du pauvre moribond, à venir s'agenouiller au pied de son lit de mort, afin de recevoir de sa main glacée une dernière bénédiction. Comme Jacob mourant, il se ranimera un moment pour les bénir dans leur avenir, et dans le voyage de la vie qu'ils vont faire à leur tour. Il n'y a pas de scène chrétienne plus attendrissante que celle qui a lieu ainsi sur le bord d'un tombeau : le souvenir ne s'en efface jamais dans le cœur des enfants.

Je suis, avec un très-profond respect,

Monsieur, ****.

LETTRE XLVII.

LE BAPTÊME.

Monsieur,

Après le sacrement de l'extrême-onction qui couronne la carrière mortelle du chrétien, il en est un autre qui est au pôle opposé de sa vie, et qui semble lui en ouvrir la carrière : c'est le baptême. Le prêtre prend l'homme sur les frontières du temps, et ne le quitte que sur les frontières de l'éternité, où il a mission de le conduire; il préside à toutes ses destinées, et devient l'ange tutélaire et visible chargé de l'accompagner dans ce court voyage que l'on appelle la vie. Un de nos grands écrivains catholiques a dit que la vie de l'homme était un errement perpétuel autour de la tombe : cette phrase est plus poétique que vraie. La vie est le premier pas vers le ciel, et la mort le second et le dernier ; et c'est le prêtre qui bénit l'un et l'autre.

Si le sacrement de l'extrême-onction et ceux qu'il confère aux malades sont pleins d'émotions pénibles pour lui, celui du baptême le remplit d'une douce et joyeuse allégresse. Il doit donc, Monsieur, avoir des ailes quand il est appelé à l'administrer aux petits enfants qui viennent de naître.

J'ai eu le bonheur pendant quelques années, les plus mémorables pour mon cœur, d'administrer ce sacrement de la régénération, et d'introduire, dans la véritable vie, de nombreuses petites créatures coupables et malheureuses avant que de naître. Je ne l'ai jamais fait, Monsieur, qu'avec un bonheur que je ne saurais raconter ; et quand, plus tard, la Providence a rendu ce bonheur plus rare pour moi, je n'ai jamais pu voir un de mes confrères verser l'onde sainte sur le front d'un petit enfant, sans éprouver le regret de ne pas le faire moi-même, et lui porter une sorte d'envie. J'aurais voulu avoir personnellement le privilége ineffable de briser les chaînes spirituelles de cette petite créature esclave, de la régénérer, d'être son père spirituel, de l'inscrire sur les registres de la grande famille chrétienne, de lui donner un nom nouveau.... Il me semblait qu'en ce moment les anges se réjouissaient, la sainte Trinité tressaillait d'allégresse. L'Église comptait un enfant et peut-être le ciel un élu de plus. C'est encore une de ces fonctions que je me réserverais de remplir souvent, si j'avais l'honneur d'être pasteur d'une paroisse dans Paris.

Au moins, à son défaut, le bon curé doit organiser et disposer tout ce qui touche à cette partie spirituelle de l'administration, de telle sorte que rien ne souffre matériellement, ni au point de vue des convenances, ni au point de vue du personnel. Si j'avais quelques considérations à présenter, quelques observations à faire pour exciter ou expliquer le zèle du ministre du sacrement, je dirais qu'il est dans une situation tout inverse de celle où il se trouve auprès des malades et des mourants, et que sa règle de conduite doit aussi être bien différente. Dans le dernier cas, les circonstances modifient singulièrement la loi sous le rapport matériel et accessoire ; dans le premier cas, au contraire, tout marche régulièrement, tout est dans une condition normale ; voilà pourquoi les règles tracées dans le rituel pour l'administration du sacrement de baptême doivent être observées et appliquées complétement, et deviennent obligatoires sous le rapport de l'accessoire et sous le rapport du principal. Du côté matériel, le prêtre a peu de difficultés à surmonter. Il a à surveiller le bon état des eaux des fonts baptismaux, et leur entretien convenable. Il aura soin de les faire renouveler partiellement, avec toutes les précautions nécessaires, de telle sorte qu'en demeurant moralement les mêmes, elles se modifient intégralement. Il soumettra, d'autorité pastorale, à une sorte d'invention et d'inspection périodique tous les instruments qui servent à l'administration. Il est bien à désirer que le personnel des employés qui est appelé à aider le prêtre dans ce grand acte, où il est délégué au nom de l'Église pour recevoir un enfant de plus dans son sein, soit convenablement stylé et dressé pour cette grande fonction. Les registres et les actes d'enregistrement demandent surtout un soin et une exactitude très-grands pour plusieurs raisons, dont la première est que ces registres doubles peuvent être et sont même visités par l'autorité diocésaine, et la seconde, qu'ils doivent passer aux âges à venir, et former les archives de la paroisse pour les générations futures. Tout le monde sait que, dans bien des embarras d'intérêts, les familles y trouvent de précieux renseignements, et que très-fréquemment les fidèles viennent consulter ces registres, et demander des extraits de baptême pour une première communion ou d'autres événements marquants de la vie chrétienne. Il faut y donner tous les soins typographiques ou calligraphiques qui en assurent la conservation, la durée, la bonne tenue. J'insisterais surtout sur la bonne qualité du papier et de l'encre, la lisibilité de l'écriture, la forme de la rédaction, et l'apposition régulière des signatures des parrains et marraines, témoins... Ces registres doivent être déposés dans un lieu réservé, et confiés à la garde d'un conservateur choisi parmi les membres du clergé, qui aurait en même temps la charge de délivrer les actes de baptême aux personnes qui viendraient en demander.

Dans l'administration de ce premier sacrement du chrétien, le prêtre doit se pénétrer tout entier de la grandeur et de la beauté du ministère qu'il exerce. Il remplira cette auguste fonction, sous les yeux de Dieu et de l'Église, en prêtre plein de foi, et procédera sous l'influence des grandes pensées et des sentiments que fait naître dans l'âme la vue de ce fils d'Adam, frappé d'anathème et de déchéance, qu'il va rétablir dans ses droits et réhabiliter pour l'éternité. Il répandra autour de lui l'impression dont il sera pénétré lui-même. Tout en lui annoncera et inspirera le respect, la sainteté, la grandeur du sacrement, son ton, sa parole, son regard, sa manière d'être et d'agir.

Souvent, et surtout à Paris, Monsieur, on donne à ces pauvres petits pupilles que l'on présente sur les fonts du baptême, pour parrains et pour tuteurs spirituels, des personnes bien peu propres à cette grande mission, et qui en sont même quelquefois tout à fait indignes. Elles n'ont ni l'intelligence de ce qu'elles sont, ni de ce qu'elles doivent être, ni la conscience des grands devoirs qu'elles s'engagent à remplir; c'est malheureusement un choix qui est fait dans des vues tout humaines, toutes terrestres, et en dehors des vues chrétiennes et spirituelles. Que doit faire le prêtre, Monsieur, le cas échéant? Doit-il hésiter à les admettre, leur adresser quelque remontrance ou observation? Sans doute, s'il voulait presser l'observation des lois de l'Église et de sa discipline, il pourrait ne pas les admettre, ou au moins ne le faire qu'à certaines conditions. Mais cela n'est pas praticable, ferait plus de mal que de bien, et il ne doit pas le tenter : il doit en gémir devant Dieu, et y suppléer personnellement, autant qu'il dépendra de lui, par quelques paroles bien courtes, claires, graves, qu'il leur adressera ou leur lira, sur leurs obligations touchant l'avenir de l'enfant et ses grandes destinées spirituelles. Je lui conseillerais même de les accueillir avec bonté et charité, pourvu qu'elles ne soient pas notoirement indignes par leur état, ou hérétiques, ou schismatiques. Il leur suggérera avec bonté leurs réponses, et suppléera à leur ignorance. Il leur rappellera à elles-mêmes le souvenir de leur baptême, et ne les congédiera pas sans leur avoir inspiré quelque bonne pensée, quelque bonne résolution, et laissé tomber du cœur du prêtre quelque bonne et édifiante parole : le prêtre doit rendre meilleur tout ce qu'il touche.

J'ajouterai qu'il y a entre le prêtre et l'enfant qu'il a baptisé une sorte de filiation spirituelle : il doit l'aimer, s'intéresser à lui, le patronner temporellement et surtout spirituellement. Quel est le prêtre, Monsieur, qui puisse voir avec une froide indifférence l'enfant qu'il a eu le bonheur d'engendrer sur les fonts du baptême ? Où est le cœur de prêtre qui serait assez insensible et assez dur pour ne pas s'émouvoir à la vue d'un tel pupille ? Ah! il m'est arrivé assez souvent, comme j'ai déjà eu l'honneur de vous le dire, Monsieur, de baptiser de ces aimables petites créatures ; mais je dois dire, la main sur le cœur, que je n'ai jamais pu les voir et les caresser sans éprouver une grande émotion, et comme le tressaillement d'une paternité spirituelle. Que la main qui a versé sur elles l'onde régénératrice se dessèche, si je venais à les oublier et à cesser de les aimer jamais! Je n'ignore pas, Monsieur, que dans cette population tourbillonnante et mobile de Paris, il est impossible au prêtre de paroisse de calculer et de connaître nommément tous les enfants qu'il a eu le bonheur de baptiser : aussi n'exprimé-je ici que les dispositions qui doivent remplir son cœur, et dont il fera l'application dans la mesure possible.

Les fidèles, soit par un effet de l'usage, soit pour une raison de commodité, choisissent, pour baptiser leurs enfants, certains jours de préférence à d'autres, comme les samedis, les dimanches. Ces jours, l'on est exposé à des encombrements, et par suite à des retards inévitables. Pour y remédier, que faire? C'est au prêtre de service à redoubler de zèle, d'activité, à se multiplier, s'il est possible, pour répondre à tous les vœux, et ne faire attendre ni souffrir personne : mais il doit avant tout donner à l'administration du sacrement et à la forme qui y préside toute leur plénitude de dignité, de convenance et de respect. Ce qui est nécessaire ici, comme en toutes choses, c'est d'éviter le gaspillage de son temps, et de ne pas le dépenser ou le perdre en causeries oiseuses, en parlage inutile, en graves riens, et en mille affaires qui n'en sont pas. Voilà, Monsieur, ce qui serait répréhensible et coupable, et ce que l'on doit empêcher. Avec de la méthode dans l'emploi de son temps, comme disait M. de Lamothe, évêque d'Amiens, on en trouve un peu pour tout.

Je borne et je termine là, Monsieur, les considérations générales que je voulais vous présenter sur les sacrements, leur administration et l'esprit qui doit y présider, attendu que j'ai eu déjà occasion de parler du mariage à l'endroit de l'administration qui s'y rapporte. Tout ce que j'en ai dit est loin d'être complet; mais j'aime à penser que les observations que cette précieuse étude nous a fournies pourront être de quelque utilité pratique à quiconque aspire à la sublime mission de conduire et de sauver les âmes.

Je suis, avec un très-profond respect,

Monsieur, ****.

LETTRE XLVIII.

ASSOCIATIONS ET INSTITUTIONS.

Monsieur,

Ce n'est pas assez pour un bon curé d'avoir l'esprit d'ordre, de conservation et d'organisation administrative; ce n'est même pas assez pour lui d'avoir l'esprit de piété, et de donner le mouvement et l'inspiration à ce qui existe; il doit de plus, comme je ne saurais trop le redire, avoir l'esprit de conquête et de propagande apostolique. Tout prêtre qui n'est pas comme dévoré du zèle de la gloire de Dieu et de la noble ambition d'étendre l'empire de Notre-Seigneur et de son amour, n'est pas propre au gouvernement d'une paroisse.

Il ne suffit pas de marcher en pacifique routinier dans les voies battues, il faut en ouvrir d'autres qui soient nouvelles, et élargir les anciennes, afin que les eaux de la grâce coulent par tous les canaux possibles, dans tous les sens et sur tous les points, pour fertiliser le vaste champ des âmes et de l'apostolat. Le vrai curé est semblable à un commandant de place, qui doit porter la défense partout où se trouve l'attaque, fortifier tous les endroits menacés, et ne rien négliger pour affaiblir l'ennemi, le repousser et l'anéantir. Dans ce naufrage général qui menace les âmes, doit-il rester pacifique spectateur, et ne pas tendre la main aux malheureux que les flots de l'iniquité vont engloutir? L'inertie est une calamité, Monsieur, dans le gouvernement pastoral. — Un curé borné est le plus pitoyable des curés.

En dehors de la marche régulière et ordinaire de la paroisse, en dehors de son mouvement spirituel accoutumé, et des moyens généraux d'enseigner et de sanctifier les âmes, que de moyens particuliers, spéciaux, locaux, individuels pour élargir le cercle du bien, pour le propager, le multiplier, le localiser, le généraliser même! Combien d'œuvres détachées, excellentes et éminemment utiles, à créer et à organiser! Combien de mines précieuses à exploiter dans le domaine spirituel! Combien de sources fécondes à ouvrir, et que l'on ne soupçonne pas! Combien d'institutions merveilleuses à concevoir et à fonder, dans l'intérêt des mœurs, de la piété et de la charité!

J'ai souvent regardé faire les enfants du siècle, et j'ai vu avec étonnement qu'ils avaient plus d'activité, d'esprit d'organisation que les enfants de lumière. Ils possèdent à un degré prodigieux le génie de l'intérêt, et l'art de faire arriver à eux les flots populaires. Voyez, Monsieur, tout ce qui surgit, tout ce qui s'élève, tout ce qui se crée chaque jour, sur tous les points de cette vaste capitale, dans un but tout matériel. Que d'intrigues, que d'inventions, que d'artifices pour réussir, et arriver à la fortune ou à une célébrité éphémère ! Voyez combien le génie du mal et du plaisir a d'activité et de fécondité de moyens pour grouper le peuple autour de ses temples, et jusqu'à quel degré il porte l'art des affiches, l'art des prospectus, celui des réclames et de la publicité. Nous nous pâmons d'admiration devant tout cela, et nous nous croisons les bras : nous sommes bien en arrière, Monsieur ! et cependant de quel côté est le plus puissant mobile, le plus beau stimulant, et les grandes ressources ? Pourquoi les chefs des paroisses, les pasteurs, ces hommes si influents, ne feraient-ils pas une sainte concurrence au génie du mal ? Pourquoi n'auraient-ils pas leurs saintes intrigues pour leur œuvre divine, comme il a les siennes pour son œuvre de perdition ? Pourquoi leur charité ne leur inspirerait-elle pas la même activité, la même fécondité pour inventer, créer, pour les diverses classes du peuple, des réunions pieuses et des exercices saints qui les attirent, qui les captivent, qui les intéressent, en les distrayant salutairement ? Le peuple, dont le fonds d'existence est si laborieux, a besoin de spectacle qui le délasse. Donnons-lui ceux de la piété : occupons-le, amusons-le même, si cela est nécessaire, mais utilement et saintement. Élevons autel contre autel, et formons réunion contre réunion ; disputons pied à pied le terrain à l'apostolat du mal par l'apostolat du bien. Usons, pour sauver les âmes, de tous les moyens dont il use pour les perdre; rivalisons de zèle, d'émulation d'habileté. Nos premiers efforts n'auront peut-être pas un plein succès, mais ne laisseront pas que de nous encourager. Peu à peu nos réunions se rempliront, se populariseront, et nous aurons ainsi la satisfaction et le bonheur d'avoir donné un branle salutaire à l'œuvre catholique. C'est ainsi que nos paroisses prendront de la vie, et présenteront aux fidèles le tableau le plus consolant.

Je sais, Monsieur, qu'il existe déjà dans presque toutes les paroisses des associations d'hommes et des associations de femmes, dites confréries. Elles se réunissent régulièrement les dimanches, et à l'heure du soir la plus adaptée aux habitudes des familles du peuple : j'en bénis Dieu, et je sais qu'il s'y fait un bien immense et incalculable. J'ai eu à cet égard les données de l'expérience les plus certaines, ayant eu la mission de diriger moi-même une de ces importantes associations pendant plusieurs années, et le bonheur d'y recueillir de consolantes bénédictions. Mais elles demandent une direction intelligente et habile qui leur manque trop souvent : dans beaucoup de paroisses elles vivent au jour le jour, n'ont qu'une existence précaire, et sont soumises à de nombreuses vicissitudes. Tous les éléments de bien et de propagande apostolique dont elles abondent sont étouffés et comprimés par une direction à courte vue, de terre à terre, qui les réduit aux mesquines proportions et au genre étroit d'une confrérie de quelques femmes dévotes, au lieu de les élargir, et d'en faire, sous le nom d'association, une seconde paroisse du peuple.

Les familles honnêtes des classes laborieuses affluent à ces réunions du soir, et en font leur joie, leur plaisir et leur bonheur. Beaucoup de causes heureuses leur interdisent les théâtres et les réunions du monde : des raisons d'argent, de toilette, de luxe, et mille autres motifs, concourent à les éloigner : si elles trouvent dans les pieuses soirées de leur paroisse des émotions douces, agréables pour elles, en même temps que salutaires et utiles, elles y viendront avec joie, et seront loin de regretter les folles joies du monde. Elles s'en retourneront, la jeune fille avec sa mère, le jeune fils avec son père, reposées, délassées, contentes et heureuses.

Ces associations, que l'on considère trop souvent, Monsieur, comme un accessoire, un appendice de superfétation à la paroisse, en sont le véritable aliment. Elles sont pour elles ce que les feuilles sont pour la plante, ses sources nourricières. C'est là que viennent se réfugier au pied des autels de Marie des légions de jeunes filles, anges de travail et d'innocence; c'est là qu'elles grandissent sous les auspices tutélaires de celle qui est leur mère et leur modèle, et respirent les plus belles vertus de leur âge et de leur sexe. On les voit, avec une joie toujours nouvelle, présenter aux fidèles, dans nos solennités saintes, le touchant spectacle et les gracieux symboles de la candeur, de l'honnêteté, de l'innocence et de la piété. Combien de jeunes ouvrières, formées précédemment dans les catéchismes aux aimables vertus de l'enfance, viennent y chercher les moyens de persévérer, et y apprendre l'art de demeurer fidèles! Rien de plus touchant, de plus attendrissant, que leur zèle pour leurs réunions, pour leurs chants, pour leurs pieuses cérémonies. Leur courage est invincible et au-dessus de tout éloge. Qui ne bénirait Dieu de les voir venir offrir à Marie le pénible labeur de la semaine, les veilles et les fatigues, les privations et les sacrifices qui l'auront marquée, et, par-dessus tout, leur cœur plein d'honneur et de vertu? Au pied de ses autels, sous son étendard maternel, elles se reposent, se consolent, se réjouissent, et oublient ainsi, par les charmes qu'elles y goûtent, toutes les peines et tous les ennuis de la vie. Plus tard, devenues elles-mêmes, si Dieu les appelle à cette vocation, épouses et mères de famille, elles transmettront à leurs enfants ce bel héritage des souvenirs de leur pieuse jeunesse et de leurs associations; elles y enrôleront leurs filles, et c'est ainsi que se formeront et se succéderont, dans la paroisse, les générations les plus pures et les plus angéliques.

Que d'éléments pour le bien il y a dans une paroisse, Monsieur! Que de ressources se présentent de tous côtés au pasteur! que de leviers puissants il a entre les mains! Que d'échos trouve dans le peuple la voix du zèle et de l'apostolat! Avec quel entraînement et quel bonheur ne se porte-t-il pas aux institutions et aux œuvres qui sont appropriées à ses habitudes, à ses instincts, à son genre, à ses besoins, à son allure!

Ce que je dis des associations de femmes, je le dirai des associations d'hommes. C'est un préjugé de penser que celles-ci ne peuvent pas s'organiser, ne peuvent pas réussir. Toutes les préventions fâcheuses, toutes les impossibilités imaginaires s'effacent devant les faits. Qu'on interroge les belles associations de Saint-Vincent de Paul et même de Saint-François-Xavier, dont Paris a eu l'honneur d'être le berceau, et qui couvriront bientôt le monde catholique tout entier; que l'on jette un coup d'œil impartial sur ces admirables sociétés, qu'on en examine le mouvement, que l'on en étudie les progrès et les éléments, et l'on verra quelles heureuses dispositions, quel dévouement et quel entrain pour le bien et le prosélytisme catholique il y a chez les hommes de toutes les classes, industrielles, commerçantes, ouvrières, qui les composent. Quel spectacle, Monsieur, de voir cette milice d'héroïques jeunes gens, l'élite de la génération actuelle et l'espérance de l'avenir, ambitionner et remplir, comme les émules des noms les plus glorieux de la charité, le rôle sublime de servants des pauvres, et leur distribuer, avec le bonheur des disciples d'un François d'Assise, l'aumône spirituelle en même temps que l'aumône temporelle! quelle leçon pour nous, Monsieur! C'est au cœur du pasteur à sentir toutes ces merveilles de générosité, à s'en emparer, à en être l'âme, la tête, le cœur et la main. C'est à lui de concevoir, de faire éclore, de développer ces prodigieuses créations du génie catholique, en nombre, en zèle et en ferveur! c'est à lui de tout alimenter, de tout féconder. Il recueillera selon qu'il aura semé : la terre arrosée de l'eau de la grâce n'est pas si ingrate et si stérile qu'il pourrait le penser. Voyez, Monsieur, quelle flamme et quelle ardeur chez ces jeunes hommes, chez ces honorables commerçants, industriels, bourgeois, ouvriers! Je ne dirai pas comme Napoléon : « Avec de tels soldats, comment ne pas vaincre? » Mais je dirai : Avec de tels apôtres, de telles légions d'apôtres, comment ne pas faire triompher la cause de Dieu et de la foi?

Ce n'est pas assez de gouverner une paroisse sagement, bénignement, placidement : ce n'est là qu'une qualité négative dans un pasteur. Il faut quelque chose de plus, le génie de l'activité catholique : *Satagite...* Mon Dieu, Monsieur, que d'hommes dont la sagesse tant vantée laisse tout tomber et mourir autour d'eux, et aboutit à la ruine et à la décadence! Une sagesse purement négative en gouvernement et en direction est voisine de l'inintelligence et de l'incapacité. Ce système a le grand avantage, il est vrai, de n'être jamais compromettant pour personne, ni vis-à-vis de personne. Il n'y a rien de plus conciliant qu'une abstention complète, et l'inaction absolue. On fait comme certains héros bien connus, on passe à côté des difficultés au lieu de les attaquer de front; ou, mieux encore, on les dissimule.

Mais cette sagesse est ennemie de Dieu, de la conscience, des intérêts sacrés des âmes, et rien moins qu'une faiblesse coupable ou aveugle, et une trahison de ses devoirs. C'est une paix fausse, superficielle, qui couvre de ses apparences trompeuses un mal réel, grave, qui mine et ruine le troupeau. Un curé à la hauteur de sa place doit agir, influer surtout, et se distinguer par un esprit de prosélytisme actif et une sage ambition apostolique. Comme le disait si bien le généreux François-Xavier : *Dans cette grande bataille des âmes, il ne doit pas être satisfait tant qu'il lui en restera une à sauver.* Cette ardeur de conquête doit dominer toutes ses actions, et servir de base à toutes ses mesures. Étendre le royaume de Dieu, et s'opposer au génie du mal, doit être la pensée intime et le but final de ses prédications, de sa direction, de ses œuvres, de tout son gouvernement pastoral. Il doit être apôtre, et le cœur d'un apôtre est toujours dévoré de l'esprit de propagande évangélique. C'est à lui de redire toujours, dans les vastes désirs de son cœur : *Seigneur, que votre règne arrive!*

Que j'aime, Monsieur, à me recueillir dans un sanctuaire où brûle cette flamme du zèle et de la conquête spirituelle! Que j'aime à rencontrer un de ces pasteurs-apôtres qui, plein de l'esprit primitif des saints, travaille infatigablement chaque jour à reculer les bornes du royaume de son Dieu! On le voit lutter corps à corps avec le génie du mal, et lui disputer pied à pied la possession des cœurs. Partout où il verra un bien à faire, un terrain spirituel à occuper, il essayera, il tentera d'y planter le premier son drapeau. Il embrassera, dans sa charité, tous les genres de bonnes œuvres; il créera un asile à toutes les infirmités et à tous les besoins de l'enfance, de la vieillesse, de l'innocence et du repentir; il multipliera les écoles de préservation et de persévérance avec une fécondité et une prudence toutes divines.

Mais ce n'est pas assez pour lui, Monsieur, d'être plein de ce généreux esprit de conquête, de fonder d'une manière quelconque des institutions destinées à propager les principes et les secours spirituels jusqu'aux extrémités de la paroisse; il faut les fonder viables, sur une base solide, et dans des conditions favorables pour l'avenir; et pour cela tout peser et tout mesurer avec la maturité et la prudence d'un jugement suivi. Le zèle, les désirs ardents, l'ambition apostolique, ne suffisent pas; il faut les contenir et s'en défier même, de peur qu'ils n'entraînent trop loin et trop vite. Monter une institution, créer une œuvre, est quelquefois facile; mais la soutenir, la conserver, lui donner une vie qui dure, est bien difficile et bien rare. Il faut donc, dans toute entreprise du zèle, songer à l'avenir, le prévoir, et ne pas voyager tout à fait vers l'inconnu; autrement on pourrait ressembler à cet homme de l'Évangile qui laisse sa tour à demi achevée, faute d'avoir tout prévu et calculé par avance, et mériter les mêmes reproches et les mêmes dérisions que lui. A part certaines lumières et certaines inspirations supérieures et surhumaines, il ne faut jamais commencer une œuvre qu'avec toutes les chances de succès et la certitude morale de la conduire à bonne fin. Le prêtre doit édifier sans aucun doute, entreprendre, agir, dilater, mais avec sagesse et discernement; il doit tout supputer, comme dit l'Évangile, avant de bâtir. Le trop de défiance abat, arrête; le trop de confiance et de présomption précipite dans l'abîme. Il faut, comme le petit oiseau, essayer ses ailes, commencer à voleter, faire des expériences non compromettantes. Le pasteur, dans les tentatives d'un résultat incertain, éventuel, pourra donner le concours de ses conseils, de sa protection, de son influence; mais il se gardera de le faire officiellement, et d'engager sa responsabilité personnelle : quel embarras, quel malheur pour lui, si l'entreprise échouait et aboutissait à une catastrophe! Si, au contraire, elle réussit, il la patronisera visiblement, ostensiblement, et il le fera de la manière la plus efficace, s'il y voit un fécond élément de bien : une telle règle de conduite pare à toutes les éventualités fâcheuses.

Voilà, Monsieur, comment j'entends l'activité d'un bon pasteur, et les créations éminemment utiles dans lesquelles elle doit se déployer, comme les associations pieuses, et les institutions destinées au soulagement de toutes les infortunes spirituelles et temporelles de sa paroisse. Dans notre premier entretien, nous verrons les conditions dans lesquelles elles peuvent réussir et prospérer.

Je suis, avec un très-profond respect,

Monsieur, ****.

LETTRE XLIX.

CONDITIONS DES ASSOCIATIONS DITES CONFRÉRIES.

Monsieur,

Les associations, de femmes ou d'hommes dont nous nous sommes entretenus précédemment, sont malheureusement soumises à mille vicissitudes et à des crises assez fréquentes. La question de personne y joue un grand rôle, et influe notablement sur leur bon ou mauvais succès ; leur première condition de vie dépend de leur sage et habile direction, et du prêtre à qui elle est confiée. Celui-ci doit réunir toutes les qualités voulues, qui ne sont pas peu nombreuses, et être capable de triompher de toutes les difficultés de l'œuvre. C'est le directeur qui élève ou abaisse une association pieuse, qui la fait ou la défait, la forme ou la déforme, selon qu'il convient ou ne convient pas, qu'il féconde ou ne féconde pas. Pour être directeur d'une association, surtout de femmes, il ne faut pas être un homme médiocre, ni même ordinaire, pour la vertu, pour la capacité, pour la sainteté. Il faudrait, s'il était possible, Monsieur, choisir entre mille un homme à peu près introuvable, qui ait le singulier privilége et le don si rare de convenir et de plaire à tout le monde par ses formes, son genre, sa parfaite régularité et surtout sa bonté, et qui possède un cœur de père, ouvert à tous, et ne respirant que tendresse et miséricorde pour tous. On serait tenté même de demander qu'il fût parfait, et affranchi de toutes les misères lamentables qui forment le triste cortége de notre pauvre humanité. Tout le monde sait, Monsieur, combien le cœur des femmes est bon, généreux, sensible, compatissant; mais aussi personne n'ignore combien leur imagination est vive et mobile, et combien l'esprit de critique, de dissidence, de mécontentement, a d'accès et d'empire auprès d'elles. C'est donc au directeur choisi à avoir par devers lui assez d'adresse, assez d'habileté, assez de mesure, assez de sagesse pour maintenir l'union, la concorde, la bonne harmonie, au milieu de tant d'éléments de division, de cabales, de coteries, de prédilections, d'individualisme. Tout l'équilibre de l'œuvre repose sur lui : une parole maladroite provoque la moquerie; un mot trop dur, une allusion, une plaisanterie innocente, mais déplacée, un reproche tout paternel, soulèvent des orages et des tempêtes. On fera des comparaisons personnelles, on se prononcera pour l'un contre l'autre, ou contre l'un en faveur de l'autre.

Voilà, Monsieur, pour l'esprit de la direction à imprimer à l'association; mais la tâche d'un bon directeur ne se borne pas seulement à lui inspirer un bon esprit, et à le conserver. Ce premier résultat est immense, je me plais à le reconnaître; mais il ne suffit pas. Il peut souffrir, diminuer, se perdre et s'évanouir dans les dispositions partielles qui seront prises. Dans toute association bien organisée, il y a des dignitaires et des élections de dignitaires qui offrent des difficultés dont la plus grande habileté même ne triomphe pas toujours : quelques précautions que l'on prenne, quelque impartialité qu'on y mette, quelle que soit la notoriété du mérite des élues, leur nomination et leur choix donnent lieu à mille chuchotements de l'envie, de la jalousie, du caprice ou de l'intrigue. Le directeur, qui y est toujours impliqué, peut en souffrir dans son autorité et son influence. Il fera donc bien de ne pas engager sa responsabilité trop avant, mais de procéder un peu constitutionnellement, et de faire toujours ses choix dans le sens des vœux et des suffrages de la réunion et de ses véritables besoins.

Outre les dignitaires, l'association possède ou doit posséder un chœur de chant pour ses réunions, ses offices particuliers et ses petites solennités périodiques. Ce chœur de chant, qui est plus ou moins nombreux, à raison du développement et des ressources de l'œuvre, peut aussi être plus ou moins dangereux, selon qu'il est bien ou mal composé et dirigé. S'il est sans discipline, mal assorti, il deviendra un terrible dissolvant et une calamité pour l'œuvre. S'il est, au contraire, animé de bonnes dispositions et bien conduit, il en sera le plus puissant auxiliaire. Il importe au directeur d'intervenir dans sa formation, dans sa direction; il y a là des intérêts d'une nature délicate à surveiller, et des dangers à écarter. Il ne se confiera qu'à un maître de chœur dont il soit parfaitement sûr, et de la moralité duquel il puisse répondre. Je lui conseillerais de se réserver toujours d'approuver et de sanctionner les admissions, de surveiller les exercices du chœur de chant, afin de tout encourager de sa présence et de prévenir toute cause de désordre.

Mais ce n'est pas tout, Monsieur : quand le directeur zélé a rempli toutes ces tâches qui sont du ressort de l'organisation, il lui faut aborder celle qui domine l'œuvre tout entière, qui en est le but et la fin, je veux dire la tâche si décisive, si précieuse de l'instruction et de la prédication de la parole de Dieu : tout doit aboutir à ce terme. Dans ces réunions populaires surtout, il doit donner à sa parole cette familiarité de bon ton, ce caractère de causerie de famille, et ce haut intérêt de la forme et du fond, qui décèlent un homme riche, capable, intelligent. De quelle fécondité ne doit-il pas être doué en effet pour parler souvent de tout, et à tous, dans la chaire, dans les avis, les communications, les intervalles, et le faire avec une variété et une fraîcheur de choses toujours nouvelles? Il faut, certes, qu'il ait un esprit bien meublé, bien pourvu, pour défrayer à peu près seul, scientifiquement et spirituellement, la pieuse avidité d'entendre de tout ce monde qui accourt à lui, et le faire, non pas d'une manière quelconque, mais à la satisfaction générale! C'est à lui de tout assaisonner, et de donner du prix à tous les exercices des réunions; et cela non pas une fois, mais toute l'année. Quelle richesse et quelle heureuse invention d'esprit ne lui faut-il pas pour rajeunir mille choses rebattues et connues, et ne pas s'user rapidement! C'est dans ces sortes d'assemblées, Monsieur, que le prédicateur doit surtout joindre, non pas l'utile à l'agréable, mais l'agréable à l'utile. Le directeur étant obligé de parler lui-même et de se produire souvent personnellement, il est nécessaire qu'il varie ses sujets, sous peine d'ennuyer, de fatiguer et de dégoûter son auditoire. Ce serait ici le lieu de rappeler tout ce que j'ai eu occasion de dire sur la prédication propre au siècle où nous vivons, et qui doit avoir son application dans cette circonstance. J'espère, Monsieur, que vous ne l'avez pas oublié, et que votre mémoire ne vous fera pas défaut; aussi je n'y reviendrai pas. Je dirai seulement, en observation générale, que l'association est la paroisse en petit, et qu'il doit y faire ce que le pasteur fait pour donner l'impulsion à celle-là. Dans chaque réunion, il adressera à son auditoire populaire une instruction courte, mais substantielle et bien choisie. Il la donnera sous une forme de causerie intéressante, aimable, onctueuse... Il évitera avec soin les efforts impuissants, les paroles creuses, les exhortations banales, triviales, toutes ces généralités rebattues qui disent tout et ne disent rien. Il traitera des sujets nouveaux, piquants d'application et d'actualité. Ce que l'on peut lui recommander surtout, c'est d'éviter les longueurs indéfinies, les phraséologies interminables, un parlage pauvre et stérile : une forme dramatique, dans le bon sens et le bon goût chrétiens et apostoliques, réussirait admirablement.

Indépendamment de l'instruction, le directeur a à remplir le rôle du père de famille, à porter son œil partout, et à pourvoir à tous les besoins : c'est à lui de tout ordonner, mais non d'exécuter. Ce serait une manie déplorable de vouloir intervenir personnellement et immédiatement en tout, et de prétendre être tout à la fois son suisse, son bedeau, son sacristain : ce serait la voie la plus directe et la plus prompte au discrédit moral, et à la perte de sa valeur personnelle. Il est la tête qui conduit tout, mais il ne doit être ni le pied ni la main qui agissent.

L'élément dominant et principal de ces excellentes associations de femmes est ordinairement formé de jeunes filles du peuple, de jeunes ouvrières pieuses, honnêtes, bien élevées, généreuses, mais assez souvent mobiles et ombrageuses. Leur uniforme dans les solennités est blanc, et présente un gracieux symbole des aimables vertus de Marie et de son innocence, qu'elles s'efforcent d'imiter. Elles ont le privilége d'accompagner, dans ce costume éclatant de blancheur, les processions du saint sacrement : c'est leur plus touchante manifestation publique. Elles constituent un des plus beaux ornements de cette belle cérémonie, et forment le plus angélique cortége à la divine Eucharistie, et présentent le spectacle le plus édifiant à la piété des fidèles attendris. En voyant cette blanche phalange de jeunes vierges laborieuses, vertueuses, heureuses de leur innocence et de leur persévérance, chaque témoin, leurs compagnes et leurs amies, envient leur bonheur, aspirent à s'enrôler parmi elles, et à être les dignes émules de leurs vertus. Ces processions doivent être bien organisées, bien ordonnées, et encouragées par tous les moyens possibles. Il est inutile de parler de la réserve, de la prudence, de la circonspection et des hautes convenances qui doivent présider aux divers rapports du directeur et des employés avec ces enfants privilégiées de la sainte Vierge. Le respect pour toutes et pour chacune, l'intérêt, la bonté, la protection du prêtre, doivent les environner en tout et partout. Celui-ci tempérera toujours tout ce que les répressions nécessaires auront d'amer et d'odieux, et fera les petites monitions, donnera les avertissements pénibles avec une grande circonspection.

Il y a quelquefois de petites dénonciations, des rapports, des plaintes officieuses, des accusations même. Le directeur, silencieux et muet, sans jamais encourager la délation, écoutera ces rapports, pèsera tout, remontera secrètement à leur source, sans rien insinuer, sans rien compromettre, et sans paraître même soupçonner qui que ce soit. Si les faits sont vrais, exacts, d'une nature sérieuse et grave, il avisera à y remédier par la voie la plus douce, la plus efficace, mais la moins irritante et la moins éclatante : si, au contraire, ils ne sont pas sérieux, il se bornera à donner un petit avis adroitement ; mais il se gardera bien d'en prendre texte à accusation, à reproche et à élimination. Le système d'élimination ne doit guère s'appliquer aujourd'hui ; il est trop odieux et fatalement irritant : l'élimination brusque et violente conduit ordinairement à la haine du prêtre et de la religion. Quand une enfant a eu le malheur de tomber dans une de ces fautes qui la rendent notoirement indigne de se mêler à ses compagnes, elle est presque toujours la première à se rendre justice, et à s'éloigner, toute confuse, du sanctuaire de Marie, où elle n'est plus digne de venir s'asseoir. Si elle devait être dangereuse pour les autres, une cause de trouble et de contagion, et si elle s'obstinait à venir aux réunions malgré les avertissements, il serait nécessaire alors d'user de l'énergie de l'autorité ; et encore recourir aux moyens de persuasion, avant d'en venir à ces extrémités qui ferment la porte au retour.

Tel est, Monsieur, le principal élément de ces diverses associations de femmes, dites confréries : il s'y trouve encore beaucoup d'éléments étrangers, et qui n'y tiennent par aucun lien proprement dit : aux membres inscrits et enrôlés viennent se joindre beaucoup de fidèles conduits par un motif pieux, ou quelquefois une oiseuse curiosité : c'est comme une petite ville dont tous les habitants n'ont pas le droit de bourgeoisie. Faut-il exclure tous ceux qui n'ont pas de titres et qui ne sont pas associés? Ici, je me trouve en présence de deux systèmes : celui qui consiste à donner aux réunions le caractère d'une confrérie exclusivement, et une direction tout adaptée au genre de piété des personnes qui en font partie, et, par suite, d'en interdire l'entrée à toutes les autres, ce qui restreint énormément le cercle du bien; et celui qui consiste à leur donner, tout en conservant l'association pour base, un caractère paroissial plus large, plus populaire, et à leur imprimer une direction plus apostolique, plus favorable à la propagande, et une impulsion analogue à cette fin. Ce dernier système, Monsieur, aurait toutes mes préférences. Vous me demanderez sans doute quelles seraient les raisons qui m'y détermineraient : les voici; je les tire toutes des grands avantages que j'y trouve :

Le premier avantage des grandes assemblées populaires de la piété est d'étouffer ces petites passions et cet esprit de cabale qui fermentent dans les petites réunions particulières, et qui vont jusqu'à compromettre leur existence, et surtout le bien que l'on pourrait en attendre. Leur second avantage est de renfermer dans leur sein un mouvement plus énergique, un principe de vie plus riche, plus abondant que dans les petites réunions; principe de vie plus fécond dont bénéficie l'association elle-même, dont elle s'alimente, et dont elle peut se glorifier jusqu'à un certain point. De plus, il y a eu en tout temps, et aujourd'hui plus que jamais, des préventions contre tout ce qui est exclusivement confréries, congrégations : elles sont en défaveur dans l'opinion peu éclairée du monde, et dans l'esprit public, faussé à leur endroit. On les regarde comme une superfétation de dévotion outrée : il n'y a pas même jusqu'au nom qui ne soit devenu impopulaire à un degré tel, qu'il vaut mieux se servir d'une autre expression en parlant aux fidèles et aux gens du monde. Mais quand ces associations sont protégées et comme couvertes par l'opinion publique, qu'elles revêtent la couleur et le caractère des grandes assemblées, elles ne tardent pas à recevoir une consécration populaire, et à obtenir tous les respects et tous les égards, comme des œuvres éminemment bonnes et utiles. Le dernier avantage du système des réunions publiques, c'est d'élargir la sphère du prêtre et le cercle du bien. L'apostolat s'exerce sur un plan plus large, dans des proportions plus grandes; le résultat sera nécessairement plus satisfaisant. Cela est de toute évidence et d'une rigoureuse logique. Le prêtre lui-même y trouve un plus puissant encouragement à son zèle, à son activité, à son dévouement.

Dans les assemblées de cette nature, Monsieur, il faut, je crois, des allures apostoliques, et l'entrain des missions dans les chants, les prédications, les intermèdes. Une forme trop cérémonieuse, trop guindée, un genre trop uniformé, trop solennel, ne vont pas au peuple qui les compose; il faut lui parler avec clarté le langage qui lui va, qui lui plaît, qu'il aime, celui du cœur; il faut lui faire toucher la vérité, la lui faire voir à découvert dans toute sa lumière et dans toute sa beauté; il faut s'entretenir avec lui comme avec une famille que l'on aime, mais le faire d'une manière affectueuse, intéressante, pleine de convenance et de dignité.

Tout en donnant à l'association un caractère public, paroissial, le directeur, dans sa sollicitude générale, n'oubliera pas la confrérie elle-même, qui en est le fondement: c'est le pivot autour duquel tout doit tourner. Il la verra en tout, la distinguera, l'encouragera par toutes ses attentions et par toutes ses paroles, et se montrera jaloux pour la conservation de ses privilèges, mais sans la compromettre, ni négliger le prosélytisme et la propagande populaire. Ah! Monsieur, que de joies pures, que de douceurs on goûte tous les dimanches, au soir, dans ces belles associations dont Notre-Dame des Victoires est comme la mère et le modèle; à cette heure du jour où tout recueille la pensée et le cœur, où la dissipation et le bruit ne viennent pas troubler l'oreille ni l'imagination, et où tout est favorable pour la semence évangélique! Jamais la parole de Dieu n'est écoutée avec plus d'attention ni recueillie avec plus d'avidité que dans ces délicieux moments; jamais elle ne porte plus de fruits. Les annales du mouvement religieux dans cette grande capitale constatent d'innombrables conversions marquantes qui ont germé dans ces réunions du soir. Combien, Monsieur, j'ai eu moi-même la consolation de le constater personnellement dans le cours des années où je participais à la direction d'une œuvre de cette nature! Dieu se sert de tout pour y attirer les âmes égarées, la musique, le chant, la forme elle-même; et elles se retirent plus ou moins touchées, plus ou moins attendries. Combien de nouveaux Augustins, de pauvres Madeleines qui y viennent par curiosité, et y retrouvent le repos, la paix et la vie! Personne ne s'en retourne sans en emporter une bonne impression, une idée qui demeure, un souvenir pieux; mais il faut que tout soit dirigé dans ce sens et vers ce but. Tout doit être, dans ces exercices du soir, une invitation incessante, un appel muet, mais éloquent, à servir Dieu et à l'aimer : tout doit parler à l'âme, le chant, les paroles des cantiques, le ton, l'air, la tenue de la chapelle, des prêtres, des fidèles; conspirer à ramener à la religion ceux qui en sont éloignés, et confirmer ceux qui ont le bonheur de la pratiquer.

Nous terminerons, Monsieur, cet important chapitre des associations dans notre prochain entretien.

Je suis, avec un très-profond respect,

Monsieur, ****.

LETTRE L.

ASSOCIATIONS D'HOMMES.

Monsieur,

Il y a aussi dans cette capitale, centre de toutes les œuvres de charité et de salut, comme de toutes les œuvres de perdition, plusieurs associations d'hommes éminemment utiles, dont les plus célèbres sont les sociétés de Saint-François-Xavier et de Saint-Vincent de Paul : l'une et l'autre sont alliées, sont sœurs, puisqu'elles ont la même mère, qui est la charité. Unies dans le but, elles varient dans les moyens. La première a été conçue, il y a quelques années, dans la pensée et dans le cœur d'un de ces prêtres obscurs de paroisse dont la vie s'écoule ignorée des hommes, mais belle et glorieuse devant Dieu, et s'est développée avec une rapidité étonnante. Son but est tout moral et tout spirituel; elle est destinée à répandre et à populariser la doctrine catholique dans les classes ouvrières, jusque-là plongées dans les plus épaisses ténèbres, livrées aux plus grossiers préjugés, et exploitées par tous les charlatans d'impiété présents et passés. Sa pensée intime et finale est de les régénérer en les christianisant, d'en faire des pères de famille honnêtes, des ouvriers courageux, des citoyens dévoués, et surtout des catholiques éclairés et fidèles. Sa constitution et sa direction ont une forme mixte, et participent à deux éléments: l'élément laïque et l'élément ecclésiastique. On y trouve quelque chose du cercle littéraire, scientifique, catholique surtout; mais on y trouve aussi tout ce qui distingue une association religieuse, le lieu qui est affecté aux réunions, les exercices pieux, la direction et la parole du prêtre : le concours du laïque, et surtout des excellents Frères de la Doctrine chrétienne, qui y apportent, comme à tout, un dévouement infatigable, est uni et soumis à celui du directeur ecclésiastique, commis à cette charge par l'autorité. La grande autorité est toute sacerdotale, toute pastorale.

Cette forme d'association a paru fort insolite d'abord, fort étrange. même : quelques vénérables curés en ont paru choqués, et n'ont pu se défendre de quelques préventions contre cette alliance et l'immixtion de l'élément laïque dans la question spirituelle, qui est exclusivement du ressort pastoral. Permettez-moi, Monsieur, de vous dire que ces messieurs ont pris l'alarme bien vite, et qu'il n'y a ici aucun empiétement sur le sacerdoce, ni aucune atteinte légère portée aux droits du curé, qui demeurent parfaitement complets et intacts comme avant.

Il n'y a aucune espèce de motif à ombrage ni à susceptibilité : la raison, l'expérience, les faits, tout se réunit pour justifier l'œuvre et son mode d'organisation et de fonctionnement. La présidence, la partie spirituelle, la direction de l'association, appartiennent de droit au curé; le laïque chrétien, lettré, zélé, lui vient en aide dans la limite de son influence et de sa compétence. Où est le mal? Est-ce qu'il est défendu au ministre de Dieu de faire un appel au concours de la science, de l'autorité, du crédit, de l'influence de bons et généreux laïques, qui sont souvent si admirables de zèle pour contribuer, en ce qui dépend d'eux, à propager et à répandre les saintes doctrines de la religion parmi le peuple, qui en a tant besoin? Nous devrions bénir Dieu de les avoir pour auxiliaires et pour précurseurs destinés à nous préparer les voies. Encore une fois, Monsieur, il n'y a rien là de contraire ni aux principes du droit canonique, ni à la hiérarchie, ni aux convenances catholiques. Les esprits et les cœurs étroits qui n'ont pas la grande compréhension des choses peuvent concevoir de l'ombrage, et s'alarmer d'une façon puérile des institutions les plus fécondes en résultats apostoliques; mais un pasteur intelligent et zélé doit s'empresser de les accueillir sous son patronage, de les soutenir, et de leur donner le concours le plus efficace. Je regarde comme une grâce précieuse et une faveur immense pour une paroisse, de posséder dans son sein une de ces généreuses associations d'hommes dont nous parlons. C'est un terrible rempart contre le mal, et un puissant moyen pour faire le bien.

Les conditions d'admission dans cette belle association ne sont pas difficiles à posséder. Pour y être affilié, il suffit d'être présenté au bureau du président par quelque membre connu ou personne recommandable, et d'être enrôlé personnellement sur les registres ; je crois même que chaque membre s'impose volontairement une petite taxe mensuelle destinée au soulagement des associés pauvres, dans un cas de chômage par suite de maladie.

Le véritable apostolat, Monsieur, dans toute l'acception du mot, ne s'exerça jamais mieux que par association, si même il peut s'exercer autrement. Le prêtre, individuellement pris, malgré son caractère sacré et l'influence naturelle qui s'y attache, ne peut rien de large, s'il ne sait pas organiser des associations ; il pourra s'agiter, se tourmenter, se sacrifier même ; mais il ne fera que des œuvres isolées, lentes, et sans retentissement ni portée. Empruntons encore ici, Monsieur, quelques leçons à l'école des enfants du siècle. Qu'est-ce qui se passe dans l'industrie, la science, le commerce ? Quelle n'est pas la puissance, quels ne sont pas les prodigieux résultats de l'association ? L'œuvre des âmes, les grandes conquêtes spirituelles, ne s'accomplissent jamais mieux que par elle. L'apostolat a besoin d'agents, d'envoyés, d'organes, de prédicateurs, de missionnaires, de moyens d'influence, de rapports d'amitié, de parenté, de science, de commerce, de politique même, qu'il fera servir à son but. Or, le simple pasteur est privé de tous ces avantages et dépourvu de tous ces moyens. Comment y suppléera-t-il, si ce n'est par la voie de l'association? Il trouvera en elle de nombreux coadjuteurs, de puissants auxiliaires, d'habiles organes auprès de l'ouvrier, auprès du pauvre, de zélés missionnaires dans la famille, dans les institutions, dans le commerce, dans la science, dans la politique. Il aura mille fils à faire mouvoir pour propager la vérité : ce seront là les cent trompettes, non pas d'une renommée fabuleuse et vaine, mais de l'apostolat le plus saint. Ce que j'aime à voir dans un saint évêque, dans un digne curé, dans un simple prêtre, c'est le génie du bien et de la conquête, l'esprit d'invention, et l'habileté de tactique et de stratégie apostoliques pour élargir les voies de l'Évangile et en ouvrir de nouvelles. Nous avons nos grands hommes dans la politique, dans la science, dans les camps et nos armées; nous avons aussi, nous, prêtres, nos grands hommes et nos modèles dans la milice du sacerdoce et de l'apostolat, comme les Ignace de Loyola, les François-Xavier, les Vincent de Paul, et tant d'autres. Quand nous lisons leur histoire si glorieuse, et que nous voyons la manière dont ils entendaient l'apostolat, la propagation de la foi, l'art de conquérir ou de conserver à notre foi catholique, non pas des âmes isolées, mais des provinces, des nations et des royaumes tout entiers, quel n'est pas notre étonnement et notre admiration! Quels vastes plans, quelles conceptions colossales que celles de ces géants de la charité et du zèle ! Qui n'a lu, Monsieur, avec une profonde admiration leurs savantes combinaisons pour conserver ou ramener à l'unité et à l'Église les grands États de l'Europe, que l'hérésie en avait détachés ou menaçait d'envahir ! Quelle ambition, quels cœurs, quels génies, quelle ardeur de zèle et de charité ! Ce sont là nos héros glorieux : honorons leurs souvenirs, leurs gloires et leurs trophées, et prions Dieu de susciter parmi nous de nombreux héritiers de leur dévouement, remplis, comme eux, du génie des grandes œuvres catholiques, qui sachent les concevoir et les accomplir.

Ce que je viens de dire de l'association de Saint-François-Xavier, Monsieur, pour sa constitution en apparence mixte, mais en réalité une et sacerdotale, je le dis de la forme et de la tenue de ses réunions. Des esprits étroits, rétrogrades ou tardigrades, ont encore censuré cette forme, et l'usage où l'on est d'y applaudir celui qui raconte, qui parle ; de mêler à la parole sainte quelques apologues, quelques compositions de poésie religieuse, quelques leçons d'histoire au point de vue catholique. Mon Dieu, Monsieur, cette critique est encore puérile, et un non-sens ; car la parole de Dieu, la religion, peut être dans la poésie, dans l'histoire, dans la science : elle a sa racine en tout. Que des hommes spéciaux, éminents de savoir et de piété, viennent, dans une association d'hommes, montrer cette affiliation de la religion à tout, et la faire bénir en tout, je ne vois rien là qui soit un empiétement sur les droits du sanctuaire, ou contraire à la gloire de Dieu et de l'Église : les applaudissements même, quand ils n'ont rien de bruyant, ne sont qu'une manière innocente de manifester son approbation et son adhésion. C'est l'idée religieuse elle-même que l'on applaudit. Tout cela en soi n'a rien d'étrange, et est très-propre à réveiller l'attention, à encourager celui qui parle et ceux qui écoutent. Ces moyens par eux-mêmes sont bons, et le but en est saint. Vous connaissez, Monsieur, ce mot si beau de saint Augustin, et qui a son application ici : *J'aime mieux*, disait-il, *commettre des barbarismes contre les règles de la grammaire, que de n'être pas compris de mon peuple.* Fénelon avait aussi pour opinion qu'il ne fallait pas hésiter de parler au peuple *un langage de mauvais goût, si c'était utile et nécessaire pour son salut.* Il en est de même de tout ce que nous entreprenons pour le bien spirituel des masses. De tous les moyens donnés, nous devons choisir ceux qui nous conduiront le plus sûrement à notre but, pourvu qu'ils soient honnêtes, et qu'ils ne blessent que les règles de la grammaire, peut-être même du bon goût.

Il existe encore, Monsieur, une autre œuvre qui se rapproche de celle dont je viens d'avoir l'honneur de vous entretenir, qui est même plus ancienne, et a pris aussi naissance dans notre ville de Paris. C'est la société de Saint-Vincent de Paul, composée de membres choisis dans toutes les classes et dans tous les âges. Cette société, si bien organisée de nos jours, et qui fonctionne avec tant d'ordre et de fécondité, se ramifie sur tous les points du monde, et est encore une de ces fondations dont l'origine est marquée au coin du miracle. C'est le grain de sénevé qui germe, se développe, et devient un arbre majestueux : que de pauvres familles, de petits enfants abandonnés et orphelins, y trouvent un repos, un abri, des vêtements et du pain ! Vous avez lu, sans doute, la statistique des prodiges de charité qu'elle a enfantés depuis son existence, et ceux qu'elle enfante tous les jours dans cette capitale. Comment, Monsieur, être témoin de toutes ces merveilles, sans élever les mains au ciel pour en bénir Dieu ? N'est-il pas surprenant de rencontrer des pasteurs qui ont l'incroyable tort de la voir avec peine établie sur leurs paroisses, de lui faire une sourde opposition, de la tenir en suspicion, se contentant d'être négatifs pour elle, et ne lui accordant qu'une existence précaire et de simple tolérance ? Je me plais à reconnaître, Monsieur, que toutes ces œuvres ont besoin d'être surveillées, contrôlées par l'autorité pastorale, mais aussi favorisées, protégées, soutenues efficacement par le pasteur. Ces œuvres sont les siennes, ou elles peuvent le devenir. Ce que font ces généreux citoyens, ces milliers de jeunes gens apôtres auprès des familles pauvres, ils le font au nom du curé, et au nom de la religion dont il est le ministre. Ils le soulagent, ils l'aident, ils le servent merveilleusement dans son œuvre.

Il y a, objecte-t-on, des abus, des scandales même quelquefois. *Necesse est ut eveniant scandala.* Il y en a dans les meilleures choses : partout où l'homme se montre, paraît, agit, il y appose toujours le cachet de sa faiblesse, de ses misères, et souvent de ses vices. Mais la faiblesse de l'ouvrier ne doit pas être imputée à l'œuvre, ni tournée contre elle : ce serait manquer aux lois de la plus simple logique, que de prendre, pour argumenter contre une œuvre éminemment utile, les abus qui peuvent de loin en loin se rencontrer dans ceux qui y concourent. J'y vois une raison pour surveiller les choix et les admissions de personnes, mais non pour attaquer l'institution elle-même. Si Dieu m'avait appelé comme vous, Monsieur, au gouvernement d'une paroisse, tous mes efforts auraient tendu, avant tout, à créer dans son sein ces œuvres et ces associations excellentes, qui sont aujourd'hui le plus puissant et, je crois pouvoir le dire, le seul moyen de féconder le sol le plus ingrat et le plus stérile. J'y aurais consacré toutes mes forces, toute l'influence dont j'aurais pu disposer ; et je ne doute pas que, Dieu aidant, je n'eusse eu la consolation d'en recueillir de précieux fruits.

Je suis, avec un très-profond respect,

Monsieur, ****.

LETTRE LI.

BIBLIOTHÈQUE PAROISSIALE.

Monsieur ,

A côté de ces œuvres mères dont nous venons de nous occuper, il y en a encore une qui en est comme l'appendice et le corollaire naturel : c'est la création d'une bibliothèque de paroisse, appropriée au peuple, aux jeunes gens, aux jeunes ouvrières, et aux pères de famille eux-mêmes.

L'instruction rayonne de toutes parts aujourd'hui, et se distribue avec une large profusion. L'amour de la lecture, le goût des livres, est devenu comme un besoin du jour. Il n'est pas toujours malheureusement excité par le désir d'apprendre, de cultiver son esprit, d'orner sa mémoire, d'ajouter à ses connaissances et de former son cœur. Non, sans doute, et c'est là une des causes de nos grands malheurs publics. La presse est une invention heureuse, admirable même : c'était ainsi que l'appelait Léon X. Elle peut exercer une influence vitale sur les mœurs, les croyances, sur la société tout entière : mais en est-il ainsi de nos jours, Monsieur?

N'exerce-t-elle pas au contraire une influence mortelle, placée qu'elle est hors des mains de la probité, de l'honneur, et du respect de la foi et des mœurs?

Quand un homme de génie voue son talent à la défense de la vertu et à la propagation de la vérité, son nom et ses ouvrages, devenus immortels, vont de génération en génération; sa mémoire est bénie partout. La mère chrétienne reconnaissante redit son nom et le titre de ses œuvres à ses enfants; la jeunesse lui rend un juste hommage; l'âge mûr le salue avec respect; le vieillard, dont il réveille les souvenirs, goûte un dernier charme à parcourir ses livres. Mais quand un auteur oublie l'alliance éternelle du génie et de la conscience; quand il ne cherche que le bruit avant tout et par-dessus tout; qu'il consacre son talent à flatter les plus mauvaises passions et les plus grossiers instincts, à perdre les croyances et les mœurs, il ne laisse plus qu'un nom redouté et une mémoire pleine d'horreur. Or, n'est-ce pas là le sacrilège abus que l'on fait aujourd'hui du talent? Ne voyons-nous pas des auteurs, brutalement impies et immoraux, s'attaquer ouvertement à Dieu, à la foi, aux mœurs, dans des poésies, des romans, des feuilletons obscènes, mis en circulation et au rabais? D'autres, plus adroits, plus dissimulés, plus élégants, attaquent certains dogmes, en respectent d'autres, idolâtrent la raison, et ne sont que des sophistes redoutables et dangereux. Les premiers eussent été bannis d'Athènes, et les seconds de Rome. Les uns et les autres sont tels que Caton les souhaitait à un peuple ennemi. Quoi de plus vil, Monsieur, comme l'a dit un publiciste moderne, que le génie séparé de la conscience? Ces auteurs immoraux tuent la raison publique, en mettant tout en question, en appelant le doute sur tout; ils tuent la conscience des peuples, en sapant leurs croyances. On parle de réforme morale; mais elle est impossible avec des écrivains sans pudeur et sans frein, qui font l'apologie de tous les désordres, de tous les vices. Si, comme dit M. de Bonald, la littérature est l'expression de la société; si la majorité, si l'immensité même des lecteurs se nourrit de la lecture des productions licencieuses, impies et obscènes du jour, elle doutera elle-même, perdra ses croyances et ses mœurs. Or, qu'est-ce qu'un peuple sans croyances?

Il n'y a donc rien, Monsieur, de plus dangereux qu'un mauvais livre. Il est médité et réfléchi pendant les heures du jour et de la nuit; il s'empare du temps et de l'espace à la fois, de l'imagination et de la sensibilité. Il part de cette capitale, et se répand dans la province, et de la province il revient dans cette capitale: il va du centre à la circonférence, et de la circonférence au centre. Bien plus, les barrières rivales des nations tombent devant lui; il est traduit en diverses langues. Comme un sang gâté vicie une succession de générations au physique, un mauvais livre gâte toute une suite de générations moralement et spirituellement. L'auteur meurt, mais son œuvre ne meurt pas avec lui.

D'autres, plus mauvais encore, renchériront sur lui. Mais si les mauvais livres sont le dépôt des poisons de l'âme, n'est-il pas urgent de former des bibliothèques de bons livres, qui soient destinées à être comme son trésor et le dépôt des remèdes à tous ses maux? Les causes qui entraînent le peuple aux funestes lectures sont la curiosité, l'entraînement de l'imagination, l'ennui et l'oisiveté. Or, dans une bibliothèque paroissiale bien composée, et variée pour le choix des livres, les fidèles trouveront un aliment salutaire à ces divers besoins. Il faut accepter cette passion de la lecture comme un fait général de l'époque que l'on ne peut pas combattre, et lui donner une bonne impulsion, une sage direction, une satisfaction chrétienne. Il ne s'agit pas de refouler un fleuve vers sa source, mais de le discipliner. Qu'on ouvre une salle de lectures gratuites aux masses populaires, qu'on leur prête et qu'on leur fournisse des livres, avec garanties de retour et de conservation; et chaque bon livre sera comme un supplément du missionnaire, de l'ami pieux, de la mère chrétienne, et un moniteur et un conseiller fidèles sans importunité.

Je regarde donc, Monsieur, l'établissement d'une bibliothèque paroissiale comme une des œuvres les plus importantes et les plus dignes du zèle d'un bon curé. Mais quels sont les moyens de la fonder? Quels sont les livres qui correspondront le mieux au but que l'on se propose? quel est ce but lui-même? On veut opposer influence à influence, neutraliser l'action des mauvais livres, en mettant les bons livres à la disposition et à la portée du peuple. Il est donc à désirer que le lecteur populaire trouve dans la bibliothèque paroissiale à peu près tout ce qu'il trouvera dans un cabinet de lecture, moins les ouvrages dangereux, nuisibles ou mauvais, et, de plus, tous les bons ouvrages qui doivent intéresser son esprit, ajouter à ses connaissances, et développer dans son cœur les plus nobles sentiments. Il est bon que tous les livres soient modernes, actuels même, autant que possible, ou qu'au moins ils le soient devenus par la main de l'art. On a de nos jours la manie de rechercher dans les lectures des sensations, des émotions, des péripéties. Il faut tenir compte de cette disposition, et ne pas trop la heurter dans le choix des livres. Beaucoup d'auteurs pieux ayant compris cette tendance du siècle, ont eu la bonne pensée d'y donner satisfaction, en produisant et en mettant à la disposition de Messieurs les curés et des paroisses beaucoup d'ouvrages utiles, intéressants, captivants, écrits sous une forme dramatique ; ce qui est fort du goût du peuple. Vous comprenez mieux que je ne puis vous le dire, Monsieur, toutes les tendances, toutes les prédilections, tous les goûts du public en fait de livres et de lectures. Il est bien difficile et il a le goût bien gâté, surtout dans notre immense ville de Paris. Les choses trop sérieuses, trop graves, trop sévères même dans l'apparence et la forme, le rebutent et l'ennuient. Les ouvrages de longue haleine sont au-dessus de sa portée d'intelligence et d'instruction, et même de sa patience. Il est donc nécessaire de tenir compte de ces données et de ces symptômes dans la formation d'une bibliothèque paroissiale, dans le choix des livres, dans leur reliure même, leur format, pour que tout y flatte l'œil et l'imagination, et qu'il n'y paraisse aucun signe d'un gothisme suranné.

Quant à la question matérielle de la mise de fonds pour les frais de local, d'installation, d'entretien, de conservation, elle ne constitue pas, à mon avis, une difficulté sérieuse, eu égard aux abondantes ressources dont disposent les vénérables curés de la capitale. On peut même recourir au système de souscriptions volontaires, et le résultat ne peut manquer d'être satisfaisant. Le même mode peut être adopté pour l'achat des livres, leur conservation et leur augmentation. Les fidèles se montreront empressés spontanément à offrir eux-mêmes des livres et des ouvrages intéressants et précieux. En un mot, une bibliothèque paroissiale ou un cabinet de lecture catholique, où l'on prête des livres à domicile et gratuitement, n'offre pas d'immenses difficultés matérielles dans sa fondation.

Pour la direction personnelle de l'œuvre, il est convenable qu'elle soit confiée à celui des prêtres de la paroisse qui aurait le plus d'aptitude pour cette fonction. Il serait à désirer qu'il fût un peu bibliophile, et qu'il eût quelques-unes des qualités qui distinguent le bon bibliothécaire, comme le goût et la connaissance des livres, l'entente des ouvrages, de leurs classements, de leur numérotage, et qu'il tînt un catalogue exact et méthodiquement dressé de toute la bibliothèque. Il pourrait avoir sous ses ordres une ou deux personnes stylées *ad hoc*, et qui auraient une sorte de sous-intendance de la bibliothèque, et la charge de délivrer les livres demandés, d'inscrire les noms et les adresses des lecteurs et des ouvrages aussi bien que les dates, et de les recevoir, après lecture faite. La bibliothèque serait ouverte à des jours et à des heures déterminés, dans la semaine, et même les dimanches, où les ouvriers et les ouvrières sont plus libres de leur temps. Il est bien entendu qu'on ne prêtera des livres qu'à des conditions de garantie bien établies. Cette bibliothèque, comme toutes les choses de ce monde, sera soumise à toutes les phases de développement ordinaires aux bonnes œuvres. Elle s'organisera et se formera d'abord sur une petite échelle; puis elle s'enrichira chaque jour par des achats, des acquisitions, des dons volontaires de livres qui lui seront faits par les fidèles, qui ne manquent jamais d'élan généreux pour ces sortes de fondations. Le directeur aura soin de tenir une comptabilité bien régulière, et un état exact des dépenses et des recettes. On pourrait aussi, comme stimulant et comme moyen d'encouragement, inscrire les noms des donateurs sur un tableau qui serait exposé dans la salle de la bibliothèque même. Ce serait une petite satisfaction bien légitime donnée aux personnes qui se distingueront par quelque offrande généreuse, et une sorte d'invitation tacite à les imiter.

Quant au choix des livres dont j'ai déjà dit un mot plus haut, à leur nature, à leur couleur, à leur format, c'est une question dont la solution doit être renvoyée au directeur ou au conservateur de la bibliothèque, s'il y en a un. Les ouvrages purement et exclusivement théologiques ou philosophico-théologiques ne seront guère recherchés par la catégorie des lecteurs qui fréquenteront cette bibliothèque; les ouvrages même trop sérieux, ou dans les choses ou dans la forme, ne leur conviennent pas plus. Tous les livres anciens, trop ascétiques, trop gaulois, trop métaphysiques, trop surannés de style, de format, de papier, ne peuvent pas flatter l'œil du peuple, ni son imagination si capricieuse et si mobile. Il lui faut du jeune ou du rajeuni, du nouveau ou du renouvelé, des choses habillées à la moderne pour tout, impression, papier, format, style et rédaction. Il faut donc encore ici, Monsieur, appliquer notre principe, et prendre les moyens d'atteindre la fin qu'on se propose, et en éloigner les obstacles. Si j'avais la mission d'organiser et de fournir de livres une bibliothèque qui aurait une destination analogue à celle dont nous nous occupons, je voudrais que tout y parlât aux yeux du peuple et des lecteurs; que, pour les attirer, tout présentât un caractère moderne, et en harmonie avec l'esprit et les dispositions qui prédominent dans la société. Je bannirais toute physionomie sombre, trop grave dans l'appareil et les dispositions du local et du matériel de la bibliothèque. Je travaillerais à y rendre tout agréable à l'œil et à l'imagination, de sorte que la première impression fût heureuse, et que l'effet d'optique prévînt favorablement les visiteurs, qui goûteront un vrai plaisir à voir la salle convenablement ornée, et la bibliothèque parfaitement installée pour les dispositions et l'exposition des livres. Pour ceux-ci, je pencherais à les choisir dans un genre mixte, et parmi les nombreux ouvrages modernes dont le but, la pensée intime est d'améliorer, d'intéresser les classes populaires, de les détourner du vice et de leur inspirer l'amour de la vertu ; mais je voudrais que la forme, un peu dramatisée, en fût tellement captivante, qu'elle attachât et passionnât même salutairement les lecteurs. Personne n'ignore, Monsieur, que tout ce qui est drame, récit, histoire, fiction, a les prédilections du public. Ces sortes de livres ne demandent, pour être compris, ni une grande érudition, ni de grandes méditations, ni de grands efforts d'intelligence. Tout y est vraisemblable, et prend le caractère du vrai aux yeux de la simplicité du lecteur. Il en reste toujours quelque chose pour le peuple : la lecture de ces fictions pieuses, dont le fond peut être quelquefois historique, le police, le civilise, adoucit ses mœurs, l'initie à un ordre d'idées et de sentiments qu'il ignorait, lui enlève la rudesse du langage et des procédés, lui révèle les secrets du cœur, la beauté du bien, l'horreur du mal, porte sa pensée et sa vue sur les immenses bienfaits de la religion et le bonheur de ceux qui la pratiquent. Dans ces petits ouvrages fugitifs en apparence, que de leçons, que d'instructions admirables données en tableaux! que de préventions grossières y sont détruites! que d'objections absurdes y sont réfutées victorieusement!

Quand ces lectures, Monsieur, n'auraient pour avantages que d'empêcher les jeunes gens et les jeunes filles du peuple de se nourrir de ces livres empoisonnés, de tous les prix, de tous les formats, qui sont mis en circulation, en fournissant un aliment à leur curiosité, à leur imagination, à leur goût de lecture, ce serait un immense résultat. Mais les avantages qui en découlent ne sont pas seulement négatifs, ils sont réels et positifs. Une bibliothèque paroissiale doit être fournie aussi de beaucoup de vies, soit saintes, soit édifiantes, soit même intéressantes au point de vue littéraire, polémique, historique ou militaire. Il ne faut pas être exclusif dans la formation d'une bibliothèque, si ce n'est pour les choses dangereuses. Rien n'empêche d'y mettre toutes les bonnes brochures et productions du jour, les recueils périodiques composés dans un bon esprit; en un mot, il ne faut pas oublier que les livres qui plaisent le plus au peuple, un peu blasé sur tout, sont les livres nouveaux, pleins de charmes et palpitants d'intérêt, dans le genre religieux et catholique, et où les faits et les récits soient mis en scènes et dramatisés. Telles sont mes idées, Monsieur, sur l'utilité de l'établissement d'une bibliothèque paroissiale.

Telle est mon opinion sur la manière d'organiser et de fonder cette œuvre si importante. Vous voudrez bien, je l'espère, l'apprécier dans votre sagesse, avec votre bienveillance ordinaire.

Je suis, avec un très-profond respect,

Monsieur, ****.

LETTRE LII.

BONNES ŒUVRES. — PAUVRES.

Monsieur,

Dans une famille nombreuse, le père chrétien a une prédilection marquée pour celui de ses enfants qui souffre le plus, et qui est le plus disgracié du côté de la nature et des avantages du temps. Dieu, par un trait de sa providence ineffable, lui inspire pour lui plus de sollicitude, plus d'attention, plus d'indulgence et plus de tendresse. Il en est de même pour toute la grande famille humaine et ceux des enfants du Père céleste qui sont les moins bien partagés du côté des dons temporels. Il en est ainsi de tout le gouvernement providentiel de ce monde, où Dieu nous apparaît si sage, si équitable et si miséricordieux. En inspirant aux parents ces touchants sentiments pour leurs enfants plus affligés, il nous révèle son propre cœur et sa propre prédilection pour ce que le monde appelle les déshérités de la fortune, parmi toutes les créatures faites à son image et à sa ressemblance. Voilà pourquoi, Monsieur, nous voyons que chez tous les peuples, en dépit même des faits et de la violation des principes de la loi naturelle, le malheur a toujours été regardé comme quelque chose de sacré et d'auguste.

Mais si le respect dû à l'infortune était un sentiment universellement reçu chez tous les peuples, même sous la loi de nature, défigurée par les fables et les absurdités du paganisme, c'est sous la loi de grâce et d'amour que tout ce qui souffre acquiert des droits et une dignité toute nouvelle. Dans le code évangélique et le seul fraternel, les pauvres reçoivent des droits, des prérogatives, des priviléges, de la dignité, des protecteurs, des pères pleins de tendresse et de miséricorde : ces pères du pauvre, Monsieur, ses organes, ses serviteurs, ses amis, ce sont les pasteurs. Au point de vue évangélique, le pauvre est un sacrement et un symbole mystérieux de Notre-Seigneur lui-même. La dignité de Jésus-Christ est sa propre dignité, ses droits sont ses propres droits. Ce principe consacré, quelles conséquences faut-il en déduire? Il faut rigoureusement conclure que le pauvre mérite le dévouement le plus entier, le respect le plus profond, la miséricorde la plus tendre et la charité la plus parfaite : à l'exemple de cette illustre dame romaine montrant avec bonheur ses jeunes enfants à ceux qui demandaient à voir ses diamants et ses bijoux, les pauvres doivent aussi être la famille du pasteur, ses véritables joyaux. Il ne doit avoir d'autres richesses, d'autres trésors à présenter à ceux qui viennent lui demander son or, que ceux des Xiste et des Laurent. Son premier devoir est d'aimer les pauvres. Heureux le prêtre, heureux le pasteur qui aime les pauvres, et dont le cœur et les entrailles se dilatent à la vue de ces êtres disgraciés du côté du temps, et si puissants et si riches du côté de l'éternité! heureux celui qui, pendant sa vie, aura aimé à les voir, à entendre le douloureux récit de leurs peines, à les visiter sur le théâtre de leurs misères !

Il y a des œuvres si privilégiées, que le pasteur doit être jaloux de les remplir lui-même : malheur au prêtre, Monsieur, qui écarte le pauvre de sa demeure et de sa personne! malheur à celui qui est insensible à leurs souffrances et à leurs cris de détresse! malheur à celui qui leur interdit l'entrée de son église ou de sa sacristie! sa dureté serait réprouvée du peuple, réprouvée de l'opinion, réprouvée de l'humanité, réprouvée de Dieu.

Je n'ai jamais pu comprendre qu'on pût être pasteur, père d'un peuple nombreux, sans avoir des rapports directs et personnels avec les pauvres, les enfants les plus chers de la famille, et qu'on ne traitât avec eux que par intermédiaire, sans aucune raison plausible; il me semble, Monsieur, que c'est faire le plus grand outrage au sentiment pastoral, que de renoncer ainsi au plus beau rôle qu'un curé puisse remplir devant Dieu et devant les hommes. Je ne prétends pas qu'un bon pasteur ne puisse pas avoir ses agents, ses délégués auprès des pauvres pour les secourir et les consoler; mais il doit se réserver le bonheur de leur consacrer quelques heures chaque jour, de les voir par lui-même, de les entendre, de se laisser facilement aborder et toucher par eux, et d'enregistrer leurs noms, leurs demeures, la nature et la cause de leurs divers besoins. Je sais qu'il y a de la méthode en tout, et que la charité surtout ne doit pas en être privée. Elle doit procéder avec ordre, être régulièrement organisée dans son exercice; mais, quelle que soit l'organisation adoptée ou le système suivi, il faut qu'au fond de toutes choses on retrouve les entrailles du père et le cœur du pasteur. S'il comprend la beauté de sa mission, et se fait l'ami et le père du pauvre, il en sera aimé, vénéré et béni pendant sa vie, et regretté et pleuré à l'heure de sa mort. Vous connaissez, Monsieur, ce trait si touchant des Actes des Apôtres, où nous voyons saint Pierre rendre à la vie cette célèbre veuve de Joppé, à la prière des pauvres, qui lui racontaient en pleurant tous les prodiges de sa charité parmi eux. On ne peut lire sans attendrissement les bénédictions et les louanges dont ils comblaient sa mémoire, et les témoignages qu'ils présentaient tous de sa générosité pour eux. Quelle scène sublime, Monsieur! elle peut se renouveler tous les jours pour les pasteurs.

Mais si le curé se doit tout entier aux pauvres, doit se donner à eux personnellement, tous les jours et presque à toute heure, il a cependant des règles à suivre dans l'exercice de sa charité, afin d'éviter les abus, les détournements, les tromperies, et de faire le bien aux malheureux d'une manière éclairée et féconde. Voici donc quelques-unes de mes idées personnelles par rapport au meilleur système à suivre pour rendre sa charité féconde, et faire que la pauvreté soit soulagée dans le présent et dans l'avenir, et combattue dans son principe, si cela est possible.

Dans la charité il y a deux grandes choses, le principe, la loi, et son application pratique : les meilleurs cœurs sont souvent surpris et trompés par une pauvreté simulée, ou au moins honteuse dans son principe, et quelquefois par un noble élan de générosité. C'est le défaut glorieux des âmes compatissantes. Il faut que l'amour des pauvres soit éclairé, et cela est dans leurs propres intérêts. Il est telle personne qui, avec une somme donnée, soulagera plus d'infortunes qu'une autre avec une somme double. Si vous le permettez, Monsieur, nous ferons une petite exploration dans le champ des infortunes, et nous essayerons de comprendre comment on peut exercer la charité utilement pour soi et efficacement pour les autres.

Le premier moyen, à mon avis, Monsieur, pour bien faire la charité, c'est d'aller surprendre la misère sur son propre théâtre, de se donner le spectacle du malheur, d'aller le voir à domicile et face à face. L'assistance à domicile est la meilleure et la moins connue. Nous avons l'habitude peu chrétienne, ou pas assez chrétienne, d'attendre que notre charité soit éveillée par des sollicitations, des cris, des larmes ; elle s'émeut des premières impressions qui vienn... saisir; elle agit, enfin, quand elle est tourmentée ; mais les souffrances du pauvre retiré à l'écart, retiré au sein de la famille, restent pour elle un secret. Elle ne songe pas à soulager les maux qu'elle ignore : comment les soulager sans les découvrir, et comment les découvrir sans aller les chercher à domicile? La charité ne doit pas se borner à un rôle passif, ni attendre que le malheur l'implore à deux genoux; elle doit être active, spontanée, prévenante, et aller chercher l'infortune dans la profonde retraite où elle se cache et gémit. Elle doit aller au-devant d'elle, l'observer au foyer domestique, la prendre sur le fait, si l'on peut le dire, la saisir dans toute sa triste vérité, et joindre aux dons matériels ceux du cœur, les soins de la prévoyance et tous les ménagements de la délicatesse. Ce n'est plus alors l'indigence qui vient assiéger la richesse, mais c'est la richesse de la charité qui va assiéger l'indigence ; c'est la bonté qui accourt auprès de la détresse aux abois, pour l'étudier sous toutes ses faces, dans toutes ses causes et ses circonstances. Ce premier acte miséricordieux est comme le précurseur de tous les autres secours; il les prépare et les éclaire. Dans la visite à domicile, si l'on ne peut pas prévenir la misère, au moins on la connaît, on peut l'apprécier, et essayer de l'arrêter à sa naissance et d'en prévenir l'accroissement. On peut convenablement juger des ressources qui restent encore à l'indigent, les multiplier, les féconder par ses conseils et son encouragement. Lorsque sa situation n'est pas encore désespérée, on pourra lui indiquer mille industries pour en sortir, mesurer le secours sur le besoin, guérir les maux qui ne sont pas sans remède, et relever le pauvre après l'avoir sauvé. Si ce pauvre a encore un mobilier, s'il conserve encore quelques débris de son ancienne position, s'il a un état, la charité lui créera les moyens de l'exercer, lui ouvrira des relations, et parviendra à lui former une petite clientèle. De plus, Monsieur, la visite à domicile a quelque chose de plus intimement fraternel; elle établit une certaine adoption naturelle, un patronage salutaire entre le riche et le pauvre, qui répond bien au cœur de Notre-Seigneur et aux desseins de la Providence. Le protecteur chrétien s'y intéresse et s'y attache davantage. Parmi les mérites de la visite à domicile, il en est un que l'on ne peut taire, et qui a un prix bien élevé à mes yeux : il est donné par ce moyen à la charité de pouvoir pénétrer à fond le secret de ces grandes infortunes trop ignorées, aggravées par le contraste de la situation passée avec celle du présent, par les peines du cœur, qui se dérobent aux regards. Le secours peut être couvert alors du même voile que la détresse à laquelle il remédie.

La seconde manière de faire l'aumône avec succès, sagesse et efficacité, c'est d'approprier les secours aux infortunes. Faire à tous les pauvres la même part, est d'une exécution très-simple. L'uniformité dans la distribution est facile. Cependant ce système serait celui d'un médecin qui appliquerait le même remède à tous ses malades. C'est la lettre brute, morte, mais ce n'est pas l'esprit de Notre-Seigneur : aux aveugles, la vue; aux sourds, l'ouïe ; aux paralytiques, le mouvement... Tout le mérite et tout le prix du secours est dans sa convenance, et dans son rapport exact avec les besoins. L'appropriation comprend trois conditions principales, la *spécialité* du secours, sa *mesure*, son *opportunité*.

La *spécialité* du secours doit répondre au sexe, à l'âge, à l'état de santé, à la profession, au caractère même de la personne assistée, comme les vêtements doivent s'adapter à la taille. Quand on veut faire un don à quelqu'un, on s'informe de ses goûts, de ses besoins : or, ici, ce n'est rien moins qu'un don que l'on fait aux pauvres. *Au sexe :* il y a une sorte d'instinct qui indique la manière de faire l'aumône à une personne du sexe, et de l'approprier à ses besoins. Supposez, Monsieur, que l'on met devant soi le spectacle d'une jeune fille indigente : tout en elle inspire au plus haut point la compassion et l'intérêt; il faut approprier l'aumône à toute sa personne; à son corps, en le vêtant, en l'abritant; à son innocence, en la sauvegardant ; à son honneur, en la recueillant. Qui ne sait, Monsieur, que la faim est mauvaise conseillère : *malesuada fames?* Elle dévore souvent jusqu'à l'innocence et la vertu. Donner à cette enfant une position, c'est lui donner plus que du pain matériel, plus que de l'argent. *A l'âge :* on ne fait pas pour un vieillard ce que l'on fait pour un jeune homme, ni pour celui-ci ce que l'on fait à un enfant; pas à une femme âgée comme à une jeune fille, ni pour celle-ci comme à une petite enfant.

La *quantité* ou la *mesure*. Donner trop est aussi fâcheux que de donner trop peu : en donnant trop à l'un, on se condamne à ne pas donner assez à l'autre. On aura donc égard au nombre des membres de la famille, mais surtout à la détresse et à l'étendue des besoins. C'est une question d'appréciation. On doit faire de plus grands sacrifices quand ils ont pour but de relever toute une famille, de donner à des ouvriers bons et laborieux les instruments de travail, ou un emploi convenable à de dignes serviteurs. C'est le moyen d'anéantir l'indigence dans son principe.

L'*opportunité* est l'à-propos de l'aumône : le secours qui arrive trop tard est perdu, mais celui qui arrive trop tôt est perdu aussi. N'oublions pas, Monsieur, qu'ordinairement le trait dominant de l'indigent, c'est l'imprévoyance, et son imprévoyance se montre surtout à l'égard des choses qu'il reçoit gratuitement. Moins il possède, moins il sait posséder et conserver pour le lendemain. Par le même motif, il ne faut pas donner tout à la fois et d'avance ce qui ne doit être consommé que successivement. C'est aussi un principe généralement reconnu, quoique trop souvent oublié dans la pratique, que les secours à domicile doivent être donnés non en argent, mais en nature. Les distributions en nature offrent des avantages aussi nombreux qu'incontestables; elles vont directement au but, satisfont à la réalité des besoins, se plient à leur spécialité, se proportionnent à leur étendue : elles favorisent moins les tentations dangereuses, se prêtent moins aux abus; leur emploi, leur conservation sont plus facilement surveillés. Elles suppléent même quelquefois au défaut de discernement du pauvre et à son imprévoyance dans le choix des objets qu'il consomme : ce genre de secours présuppose dans ceux qui le distribuent une bienveillance plus active, une sollicitude plus éclairée. Le secours en argent est souvent plus funeste qu'utile aux indigents qui manquent d'ordre, à ceux qui sont atteints d'une sorte de débilité intellectuelle, d'infirmité morale. Alors il est facilement dissipé en pure perte, et, au lieu de soulager, il peut corrompre. Le pauvre sollicite-t-il un secours pécuniaire pour acquitter une dette, payer son loyer, pour retirer des objets mis en gage? il n'est pas nécessaire que la somme demandée soit mise entre ses mains, et qu'il reste chargé de l'emploi à en faire : le service qu'il sollicite lui sera rendu d'une manière plus sûre en appliquant soi-même l'aumône à l'obligation qu'il s'agit d'éteindre. Cette règle toutefois, comme toutes les règles, souffre des exceptions, et se modifie notablement à l'égard des pauvres estimables, sages, et dont l'honnêteté est bien avérée. Il est bon de donner à ceux-ci des témoignages d'encouragement et de confiance, en leur laissant la pleine disposition de ce que l'on peut leur donner.

Je vous demande pardon, Monsieur, d'être entré dans tous ces détails relativement à l'application de l'aumône;

je sens que j'ai déjà été bien long, et que je ne pouvais ne pas l'être : cependant je ne veux pas vous faire grâce de quelques règles pratiques qu'il nous reste encore à examiner, touchant les diverses espèces de secours qui sont l'objet des bonnes œuvres. Si vous le permettez, nous en causerons la prochaine fois.

Je suis, avec un très-profond respect,

Monsieur, ****.

LETTRE LIII.

SECOURS GÉNÉRAUX — ALIMENTS. — LOGEMENT. — MOYENS DE TRAVAIL.

Monsieur,

De tous les besoins, la faim est le plus cruel et le plus urgent. Il faut donc, avant tout, offrir du pain aux malheureux qui ont faim, et reposer leurs entrailles déchirées par de cruelles douleurs. Ici, pas de loi, pas de temporisation ni d'ajournement. Ce serait négativement commettre un crime contre l'humanité tout entière et méconnaître ses droits les plus sacrés : *Si non pavisti, occidisti.*

Les vêtements constituent aussi un des grands besoins du pauvre, sous le rapport hygiénique et sous le rapport moral. Le manque de linge et l'insuffisance des vêtements sont une des causes les plus ordinaires et les plus fréquentes de ses diverses maladies, en le condamnant à toutes les intempéries de l'air et à toutes les rigueurs des saisons. Il y a aussi, Monsieur, une question morale qui touche aux habitudes de propreté. L'habit ne fait pas l'homme, mais le recommande à ses propres yeux et aux yeux du public, en lui permettant de se présenter convenablement partout. Vous le savez, si l'on veut arriver à quelque chose ici-bas, il faut pouvoir se montrer dans une tenue honorable à ceux avec qui l'on a besoin de traiter, et que l'on veut intéresser à sa position malheureuse. Les vêtements des pauvres n'ont pas le privilége de ceux des Hébreux dans le désert; ils s'usent, il faut les renouveler, les renouveler souvent, l'été, l'hiver... Je ne dis rien ici, Monsieur, de ces honteux trafics de l'innocence, et de ces épouvantables échanges de la vertu contre quelques vils lambeaux dont le vice hideux se sert pour perdre les enfants du pauvre. L'aumône des vêtements a pour immense bienfait de déjouer les infâmes projets de la corruption. Je ne vous parle pas non plus du chauffage, du mobilier, base du ménage et de la famille.

Vous voyez, Monsieur, que les besoins du pauvre sont grands, de quelque côté que nous les envisagions. Après le pain du jour, le vêtement qui le couvre, il lui faut un toit hospitalier pour l'abriter. Le logement est un de ses plus grands embarras. Vous avez bien souvent, Monsieur, visité la demeure du pauvre dans Paris, vous avez pénétré dans cette ruelle étroite et obscure où l'on respire à peine, franchi le seuil de cette maison dégradée de vétusté, gravi cet escalier sombre, escarpé, pour arriver bien péniblement à ce réduit presque inaccessible où il cache sa profonde misère : quel spectacle s'est offert à vos regards? Une privation presque entière d'air respirable et de jour, une odeur infecte, un cabinet mal clos et ouvert à tous les vents, un espace tellement resserré que la famille y est comme entassée : tout y est sombre, tout tombe en ruine. C'est là que l'indigent vit, ou, mieux encore, meurt chaque jour. Quel refuge! Comment sa santé n'en souffrirait-elle pas? Comment la noire tristesse ne s'emparerait-elle pas de lui? Comment ses pauvres petits enfants s'élèveront-ils et s'ébattront-ils dans cette atmosphère de mort? Cependant, Monsieur, qui le croirait? le loyer de ces réduits obscurs est pour lui d'un prix exorbitant, une cause de ruine et d'angoisses périodiques, et constitue l'une des plus grandes difficultés de son existence. Les propriétaires sont peu compatissants, et inflexibles devant toutes les considérations. Que deviendra le pauvre sans asile? que deviendra sa famille? Il lui faudra donc la dissoudre, et livrer ses membres dispersés à tous les hasards et à toutes les aventures d'une vie nomade et vagabonde…. C'est donc une œuvre éminemment belle que de concourir à abriter une famille pauvre sous un petit toit hospitalier, avec toutes les conditions de salubrité et de convenances morales. Si cette œuvre est belle, elle n'est pas moins consolante : quelle jouissance de pouvoir ainsi reconstruire une famille, la réorganiser, lui ouvrir une carrière, lui frayer une route dans la vie! Voilà, Monsieur, ce que j'appelle l'aumône chrétienne dans sa plénitude et dans toute sa beauté.

Mais il en est de la pauvreté comme de toute maladie :

elle a son principe et sa racine quelque part. Parmi les causes assignables à la pauvreté, les unes, que l'on n'avoue pas, peuvent et doivent être détruites; les autres sont involontaires, et ne peuvent pas l'être. L'on est obligé de les subir, et de se borner à en adoucir les effets pénibles et les tristes conséquences.

On peut être réduit à la pauvreté par le refus de travail, par le manque de travail, ou par l'impuissance de travailler.

Le premier cas est le principe funeste de la misère et de la détresse de bien des familles : la force, la santé, l'âge, permettraient de vivre en travaillant. La Providence en fournit les premiers moyens, mais ils sont annulés par un mal honteux, la paresse, l'apathie, la fainéantise, la répugnance à la peine. Rien de plus fréquent, Monsieur, que de voir de nombreuses familles s'accroître, grandir, prospérer par l'activité et le travail, et d'autres tomber, s'épuiser, dégénérer par la paresse. Un père désœuvré, sans énergie, sans goût, sans activité, un consommateur paresseux, se présente à la charité du pasteur généreux. Il n'est pas seul; il a derrière lui une famille compromise, par sa paresse, dans son existence, dans sa fortune, dans sa dignité, dans son avenir. Faut-il le secourir, lui jeter un peu d'argent, un peu d'or? Mais ce ne serait que le soulagement d'un moment, le cercle vicieux de l'aumône. Le mal et le vice subsistent, la cause dévorante vit toujours, et produit son effet renaissant. Que faire? Une seule chose, Monsieur : combattre le principe; ne pas donner son aumône gratuitement, mais la faire acheter par le travail : il y a là toute une cure à opérer, et une nature engourdie à réconcilier avec l'activité et le mouvement. Voilà l'aumône et le service éclairés pour cette circonstance de la misère.

Si la détresse vient à s'abattre sur des hommes laborieux qui offrent leurs bras, leurs sueurs au premier venu, mais qui manquent d'occupation, d'emploi, que faire? Il faut vivre, se vêtir, payer un loyer, entretenir un mobilier. Il faut seconder la bonne volonté de ces hommes honnêtes, leur créer un travail productif, négocier pour eux, parlementer, établir des relations de patronage, afin de relever ainsi des familles tout entières, et souvent les plus recommandables. C'est là une des œuvres les plus excellentes que celle de procurer de l'ouvrage à des ouvriers courageux qui en manquent, surtout à ces jeunes ouvrières délicates et vertueuses, que l'inoccupation stérile et le désœuvrement dangereux peuvent jeter dans le désordre.

Si le principe de la pauvreté est indestructible, inhérent à l'âge, à l'invalidité et à l'impuissance physique, à la maladie même, la charité n'a plus qu'un devoir, qui est d'en adoucir les effets, d'en arrêter les progrès, de procurer aux malades et aux convalescents tous les soins qu'exige leur état, de fournir aux vieillards les objets de première nécessité, comme logement, vêtements, aliments... Je ne parle pas ici, Monsieur, de ces familles privilégiées frappées subitement des coups de l'infortune, et qui sont dignes du plus haut intérêt et de la plus vive compassion : c'est au cœur à inspirer tous les sentiments de zèle et de dévouement qu'elles méritent. En outre, nous ne devons pas nous borner à faire de la charité individuelle, mais il faut lui donner toute la puissance et toute la fécondité de l'association. Dans les cas d'impuissance personnelle, il faut recourir à toutes les inventions et toutes les industries du zèle, mais d'un zèle collectif et infatigable, et ne jamais s'isoler du malheur par indifférence ou insensibilité.

Voilà, Monsieur, quelques-unes de mes idées sur les rapports du pasteur avec les pauvres et les familles malheureuses de sa paroisse; il en est le père, et il en doit être le protecteur naturel sous toutes les formes et dans toutes les circonstances.

Je suis, avec un très-profond respect,

Monsieur, ****.

LETTRE LIV.

OUVROIRS.

Monsieur,

Qu'est-ce qu'un ouvroir? Les ouvroirs sont, comme vous le savez, des établissements de charité destinés à recueillir de pauvres jeunes filles orphelines de droit ou de fait, et à les élever avec tous les soins de la tendresse maternelle, et d'une manière assortie à leur condition future dans le monde. Leur éducation doit comprendre les ouvrages manuels, la science religieuse, et les petites connaissances d'instruction humaine qui doivent leur être utiles dans les diverses vicissitudes de la vie. Ces sortes d'institutions sont une des plus belles œuvres que la charité ait pu concevoir, présentent au monde étonné la religion ouvrant son sein maternel à tout ce qui est délaissé, et la font bénir et aimer par tout ce qui a un cœur. Il n'est guère de paroisse dans Paris qui n'ait le bonheur de posséder dans son sein quelqu'une de ces maisons bénies, où la jeune fille orpheline trouve une mère et toute la charité de la plus tendre affection. C'est l'œuvre du pasteur, l'œuvre de l'Église; c'est l'œuvre de la paroisse, l'œuvre commune du clergé et des fidèles. Malgré ce haut patronage public qui lui est accordé et les faveurs de l'intérêt général dont elle jouit, elle ne laisse pas que de présenter des embarras de détails, et des difficultés continuelles du côté de la direction religieuse et morale. Mon opinion, au sujet de ces établissements de charité appelés *ouvroirs*; n'est pas purement gratuite, Monsieur, plusieurs années de ministère et de direction m'ont mis à même de les connaître et de les étudier, et je ne fais qu'invoquer ici mon expérience et mes données pratiques.

Toutes les enfants admises dans les ouvroirs sortent ordinairement du milieu des classes pauvres, et ont eu le malheur d'être privées non-seulement des avantages de la naissance et de la fortune, mais, ce qui est mille fois plus regrettable encore, des soins, des caresses d'une mère tendre et affectueuse, et de cette éducation du cœur et des sentiments qu'elle seule sait comprendre et donner. Elles ont manqué, au moment pour ainsi dire d'éclore au soleil de la vie, de cette tendresse et de cette chaleur vivifiante du cœur maternel, dont elles ont tant besoin à leur âge. De là, Monsieur, comme on peut le remarquer facilement chez ces pauvres enfants, un fonds d'ennui, un fonds de tristesse, un fonds de chagrin, provenant de ce vide affreux que la première éducation a laissé dans leur cœur. De plus, au lieu de se remplir et de se combler à mesure qu'elles grandissent, il se creuse de plus en plus. Quand elles commencent à penser sérieusement, à raisonner leur existence, à la comparer à celle d'autres petites créatures de leur âge plus heureuses qu'elles, elles ne voient devant elles qu'un horizon bien obscur, un avenir bien incertain et bien précaire. Tel est leur horoscope, telle est leur atmosphère morale, telles sont leurs impressions intimes et permanentes.

Il faut donc, Monsieur, dans leur éducation, remédier à ce mal profond autant qu'une autre main que celle de la mère peut le faire, et en chercher les moyens. La direction doit tendre à leur rendre ces trois biens incomparables dont elles sont privées, *la vie du sentiment, la vie de l'affection maternelle, la vie de l'espérance dans l'avenir*, et couronner l'œuvre en formant leurs âmes à toutes les vertus chrétiennes. C'est une tâche magnifique, Monsieur, mais bien difficile, bien peu comprise, et rarement remplie avec succès.

La direction de ces jeunes orphelines est ordinairement confiée à des corporations religieuses. Il y a dans cette direction, qui est à coup sûr la seule acceptable et la meilleure, beaucoup d'imperfections, beaucoup de lacunes, beaucoup de défauts; elle est loin surtout de correspondre parfaitement à ce triple but de l'œuvre, dont j'ai parlé plus haut. Les religieuses ont les inconvénients et les torts de leurs qualités mêmes, et de leur aspiration à la vie angélique : elles tendent et doivent tendre constamment, par le but même de leur vocation, à l'anéantissement en elles-mêmes de cette vie de sentiments affectueux qui est un des grands besoins des enfants, et à s'abaisser continuellement. De plus, le principe de la perfection évangélique implique le renoncement à toutes les affections, même légitimes, d'une manière absolue, comme à tout ce qui pourrait alimenter une amitié naturelle et bien ordonnée. En troisième lieu, elles doivent avoir toujours les yeux de l'âme ouverts sur les beautés et les biens invisibles du monde futur, et les fermer constamment sur les choses périssables de celui-ci. Au lieu de préparer à ces enfants sans tuteurs une carrière temporelle et leur ouvrir un horizon d'espérance, de les encourager, dominées par l'influence de leurs habitudes des choses surnaturelles, elles sont presque indifférentes, ou au moins inintelligentes, sur la position future de leurs pauvres petites pupilles, et ne se préoccupent pas assez activement de leur avenir social, qui décide presque toujours de leur persévérance et de leur avenir éternel. Ajoutez à cette disposition presque générale des religieuses le manque d'expérience et d'étude du monde et de toutes ses difficultés. De là, Monsieur, contre-sens, errements, faux raisonnements dans les principes et dans la direction ; de là aussi, souffrance intime, sourde chez les enfants auxquels on applique un régime qui n'est et ne peut pas être le leur. Leur nature est comprimée, étouffée ; l'ennui, le dégoût, le désir du monde, s'emparent d'elles ; ce qui devait être pour elles un joug doux et léger leur devient à la longue un joug dur et insupportable; la suavité maternelle est remplacée par l'austérité religieuse : l'éducation n'est plus alors qu'une sèche et froide discipline.

Le système de piété participe au même vice et aux mêmes exagérations. Il sera presque toujours démesuré, exagéré; on devancera la nature et la grâce, et, sous prétexte d'amener ou d'entretenir la ferveur, on chargera les enfants, et cela bien imprudemment, de pratiques pieuses, d'exercices de dévotion qui pourraient convenir à un séminaire et à un noviciat de religieuses, et non à des enfants appelées à la vie normale et commune. Il en sera de même pour les communions, les confessions... La sagesse et la sobriété manqueront à tout.

Le système laïque, que je suis loin de mettre en parallèle avec celui des congrégations religieuses, présente des inconvénients et des défauts plus graves encore. Rien ne saurait remplacer le zèle, le dévouement, le désintéressement de la vie religieuse, malgré les imperfections que j'ai signalées; rien n'inspire aux enfants autant de vénération, de respect et de confiance. Aucune direction ne veille avec autant de soin sur les intérêts sacrés de leur piété, de leur honneur, de leur innocence. Si les pauvres enfants ont perdu leurs mères selon la nature, c'est à la religion à leur en donner d'autres toutes pleines de sa tendresse, de sa bonté et de sa charité. Voilà pourquoi, Monsieur, je pense qu'un pasteur qui aurait le bonheur de posséder un de ces asiles du malheur et de l'innocence sur sa paroisse ne saurait mieux confier les jeunes enfants orphelines qui y seraient recueillies qu'à des congrégations religieuses, en en conservant la haute direction, et en parant aux graves inconvénients que j'ai mentionnés plus haut.

Ce n'est pas le tout, Monsieur, de donner à ces jeunes filles une véritable vie de famille et toute la tendresse et les soins maternels; il faut, quand elles ont atteint l'âge d'entrer dans le monde et d'y choisir une vocation, que la même tendresse les accompagne partout, et qu'une sollicitude plus vive, plus grande encore, les suive au milieu de tous les périls, de tous les écueils, de toutes les peines de leurs jeunes années. C'est une sorte d'adoption viagère. Il y a entre les enfants d'un ouvroir, leurs maîtresses et leur bon pasteur, des liens qui ne doivent jamais se rompre ni se briser. Les enfants ainsi gardées à vue, protégées, patronnées, et surtout aimées de toute la tendresse maternelle, au milieu de toutes les vicissitudes de la vie, se respectent, se consolent, vivent par le cœur, et ne laissent jamais défaillir leur vertu ni tomber leur courage. Si, au contraire, elles étaient traitées avec indifférence, abandonnées au seuil de l'établissement, comme les petits oiseaux sur les bords de leur demeure aérienne, le découragement ne tarderait pas à s'en emparer, la tristesse viendrait assombrir leur horizon, et on verrait s'évanouir bientôt l'innocence et la vertu avec le courage et la piété. Ce n'est qu'à ces conditions, Monsieur, que l'œuvre s'accomplit d'une manière féconde, et qu'elle donne de consolants résultats.

Je suis, avec un très-profond respect,

Monsieur, ****.

LETTRE LV.

ÉCOLES ET INSTITUTIONS DE LA PAROISSE.

Monsieur,

S'il y a un lieu où la religion doive porter son influence, et le pasteur toute sa vigilance, son zèle et sa sollicitude, c'est dans ces petites académies, ces écoles élémentaires, ces institutions consacrées à l'éducation des enfants des deux sexes, qui couvrent sa paroisse. C'est là que se trouve son plus beau parterre et sa plus riche moisson; c'est là que s'élève toute la petite génération qui peuplera les rues et les maisons qui entourent son église, et formera la base et l'esprit de la société à venir.

L'homme, Monsieur, est toujours en raison de son éducation et des principes et des sentiments qu'il aura puisés dans sa première jeunesse. L'enfance, comme dit Quintilien, est une cire molle, susceptible de recevoir toutes les impressions. Dans les écoles du jeune âge se forment l'esprit, le cœur, les impressions, les amitiés, les connaissances, les affections. Il importe donc que la religion y mette son empreinte, qu'elle exerce sa douce influence sur ces jeunes intelligences, qu'elle pénètre et qu'elle domine dans les sanctuaires de leur éducation. Si elle s'y présente avec toute son autorité, mais surtout avec sa bonté, son amabilité ; si elle y déploie tous ses attraits et tous ses charmes, elle captivera à jamais tous ces jeunes cœurs souples, flexibles, et naturellement inclinés vers les idées pieuses, chrétiennes, quand ils ne sont pas dépravés ou pervertis. Qui ne sait, Monsieur, que l'éducation aujourd'hui est un beau sacerdoce, et la grande voie, la voie royale du bien ? Je crois avoir eu le plaisir de vous le dire déjà dans un de nos entretiens : il n'y a pas d'apostolat plus large ni plus fécond en résultats. Je ne vois même pas aujourd'hui un autre moyen d'évangéliser et de régénérer les peuples et les nations, qui ont tous plus ou moins corrompu leurs voies. Aussi, voyez les désirs de l'Église à ce sujet ; entendez la voix de ses pontifes et de ses pasteurs, recommandant partout le zèle de l'éducation, comme la seule ancre de salut au milieu de nos tempêtes, et des débordements de cette mer d'iniquités qui menace de tout engloutir. Je le sais bien, avec les systèmes étroits et les lois ombrageuses qui ont jusqu'ici régi notre instruction publique en France, il est bien difficile et moralement impossible aux pasteurs de s'immiscer dans nos grandes académies, ou lycées et collèges, et d'y faire pénétrer librement l'influence religieuse et catholique. Il y a des barrières insurmontables élevées devant leur ministère. Aussi, voyez, Monsieur, les conséquences de cette fatale et incompréhensible interdiction ; interrogez les faits, l'esprit public, les familles, l'histoire de ces établissements : quelles lamentables révélations viennent contrister une âme sacerdotale et les véritables amis de la religion et de sa morale! Mais il y a, sur chaque paroisse de Paris, des écoles populaires, des institutions, des pensions où le pasteur peut aller, dont les portes lui sont ouvertes, et dont il peut influencer salutairement la direction. Il peut les visiter et les faire visiter par ses prêtres, non pas officiellement et d'une manière odieuse et disciplinaire, mais en ami, en père plein d'intérêt et d'attachement pour ses enfants. Non-seulement sa présence n'y est pas pénible, mais elle y est même recherchée et désirée par les maîtres et les maîtresses. Les familles l'y voient avec joie et avec bonheur. Il y portera toujours un caractère conciliant, et ne laissera pas que d'encourager les maîtres et les enfants par des paroles paternelles qu'il aura toujours sur les lèvres. Il leur donnera à tous et à toutes les marques de bienveillance, de bonté et de tendresse les plus touchantes qu'il pourra ; en se produisant ainsi dans le véritable rôle et sous les véritables formes du pasteur, il sera aimé, et fera aimer la religion et l'Église avec lui par les enfants, les maîtres et les maîtresses, qui ne cesseront de le vénérer et de le bénir. Tous ses conseils, toutes ses paroles, seront goûtés et accueillis avec le plus grand respect. De plus, Monsieur, ces institutions, écoles et pensions, ont des relations obligées et nécessaires avec les catéchismes. Tout cela se relie admirablement, et un pasteur habile peut tirer le plus excellent parti de ces circonstances favorables.

Cependant, Monsieur, il ne faut pas se faire illusion, ni exagérer les choses. Sur ce terrain même, qui semble être le sien et lui appartenir, il est destiné à rencontrer quelques écueils, auxquels il échappera par une conduite prudente, sage et habile. Il n'aura pas à traverser des difficultés d'une nature grave ou trop compromettante ; presque tous les maîtres et maîtresses seront favorablement disposés à lui prêter leur concours, ou au moins à accepter le sien. Ils verront sa présence dans leurs classes et leurs maisons avec un plaisir réel ou feint ; plusieurs avec une joie sincère, et quelques-uns même avec bonheur et satisfaction. Les sentiments d'une vraie piété chez les uns, d'intérêt et de convenance chez les autres, se réuniront pour rendre un juste hommage à son caractère, à sa dignité et à sa position. Cependant les dispositions douteuses, équivoques de quelques maisons lui commandent une grande réserve et une grande prudence.

Un pasteur qui a la conscience de sa mission ne doit rien négliger pour se mettre en rapport avec les institutions, les écoles, les centres où se trouvent agglomérées l'enfance et la jeunesse de sa paroisse. Il doit, à tout prix, y étendre son influence d'une manière réelle et active, immédiatement et personnellement, ou au moins par l'intermédiaire de ses représentants et vicaires. Il doit saisir avec empressement toutes les occasions, toutes les circonstances, tous les moyens favorables pour y introduire et y propager les bons principes, et donner à la religion tout son ascendant et son empire légitime. Il ne peut manquer de réussir et de faire beaucoup de bien auprès de ces grandes agglomérations d'enfants, s'il a le bonheur de s'y prendre convenablement, de leur plaire et de s'en faire aimer. C'est dans ces réunions que naissent les premiers rapports du prêtre et de l'enfant, rapports qui ne doivent plus cesser, et qui ne feront que se resserrer par tous les événements de la vie chrétienne. C'est par cette voie que le prêtre concilie le sanctuaire et le sacerdoce avec la génération contemporaine, et établit entre eux les liens les plus intimes, et une sorte de communion ineffable qui doit durer toujours. Tous ces enfants sont la paroisse elle-même, en petit et en germe. Ils y rempliront plus tard un rôle plus ou moins important, et sont appelés à être, s'ils sont fidèles et vertueux, la gloire et la joie de la religion et de l'Église. Le pasteur peut, par sa bonté, son affection, sa tendresse paternelle, les conquérir, à tout jamais, à la cause sacrée du bien. Il est possible que la semence qu'il jettera dans les cœurs ne lève pas immédiatement, mais tôt ou tard elle germera, et donnera une moisson abondante. Il verra, dans tous les rangs de sa paroisse, de bons pères de famille, de bons citoyens, et surtout de fermes et généreux chrétiens. Dans ces jours tristement mémorables que la France vient de traverser, et dont elle n'est pas encore sortie; dans ces derniers événements dont elle éprouve encore comme des douleurs d'entrailles, qui n'a reconnu, Monsieur, dans le respect du peuple, des ouvriers, des jeunes gardes mobiles, pour tout ce qui porte un caractère sacré, l'influence de cette première éducation dont je parle et de l'amitié du prêtre? Qui n'a pas admiré les sympathies de ces jeunes soldats improvisés pour ce dernier, pour l'Église? C'était, Monsieur, la traduction touchante des premières leçons reçues auprès de ces frères des écoles chrétiennes, si dévoués à l'enfant du peuple; de cette bonté et de cette douce affection qu'ils ont trouvées auprès de leurs catéchistes ou des guides de leurs âmes.

Le prêtre, à tort ou à raison, est pour les enfants la personnification de la religion : il doit être conséquemment auprès d'eux la personnification la plus touchante de sa tendresse, de son intérêt, de ses charmes, de son indulgence et de sa miséricordieuse charité. La première impression reçue ne s'effacera plus. Les artisans d'impiété et les sophistes auront beau entasser objection sur objection, prévention sur prévention, calomnie sur calomnie, l'enfant conservera toujours le plus affectueux souvenir du prêtre ami de son enfance; il aimera à raconter ses aimables visites à sa pension, ses témoignages de bonté et d'encouragement; il le vénérera et l'aimera toujours, en dépit des systèmes; et puis, Monsieur, ces premiers liens religieux, formés entre l'enfant et la religion, représentée par son ministre, se développeront et se resserreront de plus en plus. Le cœur du prêtre ne varie pas dans ses affections et ses sentiments. Il suivra avec un intérêt et une sollicitude tout paternels chacun des enfants qu'il aura connus. Il les ralliera autour de lui, les protégera, et les aidera à persévérer par tous les moyens qui dépendront de lui ; il se posera comme leur meilleur ami, les laissera venir à lui, écoutera leurs peines, et y compatira de cœur et efficacement. On ne fait pas le bien autrement. Il n'y a rien de fécond comme la charité, rien de stérile comme l'égoïsme.

Un bon pasteur doit donc répandre son influence sur toutes les institutions, écoles et pensions de sa paroisse. C'est le moyen de conquérir et de conserver à Dieu la génération la plus aimable et la plus intéressante du peuple, dont les destinées spirituelles lui ont été confiées. C'est comme la fleur la plus belle de la vigne qu'il est chargé de cultiver ; ce sont les agneaux les plus tendres et les plus exposés de son troupeau. C'est comme une prise de possession apostolique des cœurs des enfants ; c'est faire le bien collectivement, jeter son filet sur une mer abondante en poissons, semer largement pour recueillir largement. J'ai toujours regardé les œuvres collectives, telles que celles dont je parle en ce moment, comme les plus dignes du zèle, du soin et de l'ambition d'un pasteur. On y gagne à Dieu, non pas une âme, mais un monde d'âmes, si l'on réussit à y introduire la sainte contagion de la piété et un esprit de prosélytisme mutuel. Une seule brebis, atteinte d'une maladie contagieuse, gâte tout un troupeau; mais une bonne brebis le préserve, et lui communique comme une partie de sa vie. Cette œuvre des écoles, soit gratuites, soit payantes, est donc bien digne de l'intérêt et de l'attention la plus paternelle d'un digne curé; son devoir, son zèle, sa charité, la lui recommandent comme une tâche privilégiée de son apostolat. Ce ministère, qui ne présente ni épines ni peines, est et doit être gracieux, consolant et plein de charmes pour son cœur.

Je suis avec un très-profond respect,

Monsieur, ****.

LETTRE LVI.

ATELIERS. — MAGASINS. — ŒUVRE DES JEUNES FILLES SANS PLACE.

Monsieur,

Il y a encore d'autres œuvres également précieuses, qui touchent de près à celle dont je viens de vous entretenir et ont avec elles beaucoup d'analogie, et, par la même raison, appellent aussi toute la sollicitude de la religion et du bon pasteur. Ce sont les ateliers et les magasins possédant un nombreux personnel d'enfants bien jeunes encore, et arrivés à cet âge critique du cœur et des passions naissantes. Que de misères profondes, Monsieur, dans ces centres et ces agglomérations de pauvres jeunes filles exposées, sans trop de défense, à toutes les séductions et à tous les entraînements du monde ! Que d'écueils pour leur piété et pour leur innocence ! Nous avons horreur des scènes épouvantables de nos sauvages anthropophages : il y a ici, dans l'ordre moral, quelque chose de semblable, et comme un carnage d'âmes, pour me servir de l'expression d'un Père.

Elles se dévorent, spirituellement, les unes les autres : les chansons, les lectures, les conversations, les conseils, les exemples, tout concourt à les perdre et à les empoisonner. Comment prévenir un mal si funeste? Quel remède assez puissant peut-on lui opposer?

Je me hâte de convenir avec vous, Monsieur, que, parmi les nombreux ateliers et les grands magasins qui couvrent les paroisses de cette capitale, il y en a plusieurs qui sont parfaitement dirigés pour la tenue et le choix du personnel, et où l'on sait honorer et respecter les bonnes mœurs, la piété, les convenances et les principes religieux ; mais ces maisons honorables, bénies et bien dignes de l'être, sont en minorité, et les ateliers et magasins de perdition se multiplient tous les jours avec une progression effrayante, et font d'innombrables victimes.

En présence de ces faits qu'on ne peut ne pas avouer, de cet épouvantable gouffre où tant d'âmes vont s'abîmer, un pasteur doit-il se croiser les bras, et rester spectateur impassible, indifférent et inerte? Oh! non, mille fois non, Monsieur. Que faire? qu'entreprendre? Il doit d'abord avoir une statistique exacte de tous les magasins et de tous les ateliers au moins les plus importants de sa paroisse, de leur esprit, de leur tenue, de leur direction; bien constater les faits existants, et mettre tout en œuvre pour les combattre et pour les réformer, s'ils sont d'une nature coupable et dangereuse, surtout pour empêcher la propagation du vice et de l'impiété. Personnellement, le pasteur est réduit à une sorte d'impuissance de faire pénétrer l'influence religieuse au milieu de ces établissements, au moins directement; mais il a mille moyens indirects à sa disposition, et mille ressorts à faire mouvoir. Il aura, s'il le veut, une armée de missionnaires, se ménagera des intelligences dans la place ennemie, et, par ses affidés et ses agents, il y fera arriver quelques bonnes influences de paroles, de bons livres, de bons exemples, de bons conseils. Ordinairement, dans les ateliers et les magasins nombreux, les moins bons, les moins recommandables, il y a quelques enfants fidèles, bien disposées. Si elles ont les dispositions voulues, on pourra se servir d'elles pour gagner les autres. On les dressera et on les formera à ce genre de prosélytisme. Elles acceptent presque toujours avec empressement cette mission de confiance, et la remplissent admirablement. Il faut les y intéresser, les en féliciter, les conseiller, les encourager : c'est le seul moyen possible pour le pasteur d'y arrêter la propagande du mal, et d'y exercer celle du bien d'une manière active, prudente et habile. Son zèle ne doit jamais s'alanguir, se déconcerter ni se lasser.

Quand j'avais le bonheur, que j'envie toujours, de remplir le ministère sacerdotal à Saint-Roch, cette paroisse centrale de Paris, j'avais pour règle et pour principe de donner des soins plus délicats, plus privilégiés à des établissements ou maisons où je voyais en jeu des intérêts spirituels collectifs : mon but final était d'introduire l'esprit et le goût de la piété, de l'y inaugurer et de l'y implanter; et je dois dire, Monsieur, que j'ai eu souvent la consolation d'y réussir, grâce à quelques enfants plus choisies qui devenaient, sous mes auspices et sous ma direction, les instruments de la miséricorde de Dieu auprès de leurs compagnes. J'ai eu le bonheur de rencontrer dans les ateliers, dans les magasins, une légion de jeunes filles pieuses qui se faisaient un bonheur d'être les courageux missionnaires de la religion auprès de leurs sœurs, de leurs frères, de leurs amies, de leurs compagnes, et dont le ministère de charité industrieuse était béni au delà de toute espérance. Ces enfants angéliques ont tout pour réussir dans ce sublime apostolat, et profitent de tout. Elles possèdent une adresse, un art de faire goûter les choses, un don de persuasion que le prêtre lui-même n'a pas. Leurs exemples, leur amitié, leur expansibilité, leur bonheur personnel dans la vertu, tout devient sur leurs lèvres argument, raison, motif, encouragement. Les cœurs les plus rebelles, les caractères les plus opiniâtres ne résistent pas longtemps à leurs pressantes sollicitations, ni à leur admirable logique; et ce qu'elles ont gagné, elles savent le conserver, et le confirmer par la persévérance.

Une recommandation bien importante à faire à l'occasion de ces sortes d'œuvres, c'est de créer de bonnes liaisons entre ces excellentes jeunes filles. Une enfant de cet âge, isolée, solitaire, surtout si elle n'a pas d'intérieur de famille ou quelque chose d'équivalent qui y supplée, est un roseau battu par tous les vents, une petite nacelle ballottée par tous les flots. C'est à la religion, au pasteur, au confesseur, à l'appuyer, à la soutenir, en l'associant à de bonnes compagnes, en la recommandant à leurs bons conseils, à leur charité. Elle ne tardera pas à en prendre les principes, les goûts, les allures et la direction. Se sentant moins isolée, moins abandonnée, moins ennuyée, son moral se relève, et on la voit avec bonheur marcher d'un pas ferme et assuré dans la voie du bien. Ainsi unies en faisceaux, ces phalanges de jeunes vierges se soutiennent réciproquement, et deviennent les unes pour les autres, dans tous les dangers, des monitrices et des anges gardiens. Combien, Monsieur, de pauvres jeunes ouvrières, demoiselles de magasins, qui ne se soutiennent et ne se conservent que par la force et le courage qu'elles puisent dans une bonne société d'amies vertueuses, dans laquelle on a eu le bonheur de les faire entrer ! Combien il nous est donné à nous, prêtres, d'en connaître qui ont trouvé leur salut et leur préservation dans une pure et sainte amitié chrétienne ! Une jeune fille isolée dans Paris a tout contre elle : son imagination, l'ennui, l'isolement, les préoccupations de l'avenir, les mauvaises suggestions et les mauvais instincts, et mille autres écueils semés sur ses pas. C'est bien d'elle que l'on peut dire : Malheur à celle qui est seule ! Il faut donc ne pas la laisser dans ce pernicieux isolement, mais lui créer, comme j'ai eu l'occasion de le dire, des relations de bonne protection et de société.

Mais, dira-t-on, c'est une responsabilité si grande que de recommander une jeune fille inconnue! c'est une chose si dangereuse qu'une liaison contractée sans garanties préalables! on y est si souvent trompé! Cela est vrai, Monsieur; et j'en conclus qu'il y a des règles de sagesse et de prudence à suivre dans cette œuvre de charité, mais qu'elle est excellente, nécessaire et urgente en elle-même. La solitude, l'isolement offrant à cette âme des dangers extrêmes, il faut les conjurer à tout prix et l'en arracher. Le prêtre a des données assez intimes sur les lieux et les personnes pour ne pas s'y tromper, et être moralement sûr de ses moyens, de leur opportunité et de leur succès. Ce genre de service et de charité sacerdotale demande beaucoup de tact, pour observer, dans les relations salutaires d'une amitié chrétienne que l'on veut créer à une enfant, la convenance de rangs, d'habitudes, d'âge, d'état, afin de ne rien faire qui puisse être trop disparate. Le digne pasteur ou confesseur peut même, pour ne pas se compromettre en agissant trop précipitamment, user provisoirement, et jusqu'à plus ample information, de l'intermédiaire de quelque personne sûre, expérimentée, pour instruire à fond la cause de la jeune personne que l'on se propose de sauver. Si elle est digne d'intérêt par ses antécédents, on continuerait à la patronner indirectement et moralement; si, au contraire, elle ne l'était pas, on essayerait de la rappeler à de bons sentiments, mais sans s'engager dans aucune démarche fâcheuse.

Il y a encore, Monsieur, une autre œuvre qui se présente à la charité du pasteur tous les jours, et qui est également bien digne de son intérêt : c'est celle de ces pauvres jeunes filles de province qui affluent à Paris pour s'y placer. Étrangères au monde et aux habitudes de la capitale, elles quittent leurs villages et leurs bons parents qui les pleurent, se confient à la garde de Dieu et de la sainte Vierge, et y arrivent pleines d'illusions et d'enthousiasme. Ces illusions ne tardent pas à se dissiper : à leur arrivée, les châteaux en Espagne tombent et s'écroulent, et la triste réalité apparaît. Pas de place, pas de protection, pas de retraite sûre et convenable, souvent pas d'argent! Que devenir, sans connaissance et sans expérience? C'est au prêtre et surtout au pasteur à aller au-devant de ces pauvres enfants, trésors de bonne foi, de candeur et d'innocence : après avoir bien constaté les faits qui les concernent, après une enquête judicieuse sur les causes de leur départ, leurs antécédents dans leur pays, leur conduite et leurs dispositions, il usera de toute son influence pour les arracher aux hasards de la rue, et aux mille écueils dont leur innocence serait menacée. Il pourra les confier provisoirement à la charité d'une personne sûre, qui leur accorderait d'urgence une hospitalité de quelques jours, jusqu'à ce qu'on pût leur trouver une place, ou les rendre saines et sauves à leur famille et à leur pays. Les premiers temps sont décisifs pour ces jeunes filles de province qui viennent se placer à Paris. Si le début est bon, si elles forment de bonnes connaissances, si elles sont adressées à un confesseur zélé, elles ont toutes les chances de succès et de persévérance.

Cette œuvre du placement des jeunes filles venues de province, et condamnées si souvent à changer de places ou à les perdre, est une des plus belles et des plus dignes du catholicisme et du sacerdoce que je connaisse. Tous doivent y concourir, pasteurs, prêtres, confesseurs : quel bien elle peut faire si elle était bien organisée, et si elle avait des établissements à sa disposition pour y ouvrir un asile provisoire et temporaire à toutes les jeunes enfants soumises à toutes les vicissitudes et à tous les changements fréquents du service! Ces sortes d'œuvres, qui ont pour but de défendre les intérêts les plus graves de l'ordre moral, de sauvegarder le plus beau trésor d'une enfant chrétienne, et de préserver toute une existence angélique de toute flétrissure, sont privilégiées, et doivent prévaloir sur celles qui ne sont que de l'ordre temporel. Elles sont, à mon avis, hors ligne, et doivent être préférées à tout. Permettez-moi de vous le dire encore en toute simplicité, Monsieur, non pas pour me citer en exemple, ce qui est toujours déplacé et odieux, mais pour encourager tous nos dignes confrères : toutes les fois que j'ai rencontré (et le cas s'est reproduit souvent) de ces jeunes enfants de province et même de notre cité, pleines de candeur et d'innocence, sans toit, sans protecteur, sans asile, courant tous les hasards et tous les dangers de nos places publiques et de tous les charlatans d'immoralité, sous l'influence de la plus mauvaise conseillère, la misère avec tout son hideux cortége, ce spectacle m'a toujours profondément contristé et navré de douleur; j'aurais voulu leur ouvrir un port de sûreté, pour les faire échapper à un naufrage à peu près certain. Dans l'impossibilité où j'étais de leur rendre cet immense service, mon âme inquiète s'élevait vers Dieu, pour le prier d'envoyer à ces timides vierges de nos classes laborieuses un ange de sa droite, pour guider leurs pas incertains et les préserver du plus affreux malheur. Dans ces terribles occasions, Monsieur, le prêtre peut souvent beaucoup, mais il ne peut pas tout ce que son zèle désirerait. Il doit au moins essayer et tenter quelque chose, et ne pas demeurer indifférent à une telle situation.

Pour détourner de l'intérêt qu'inspirent ces œuvres éminentes en mérite, on est ingénieux à alléguer des prétextes et des raisons sans valeur aucune : on a été, dit-on, tant de fois trompé! on y rencontre tant de désagréments! Mais, Monsieur, dans toutes les bonnes œuvres on est exposé à ces mécomptes : est-ce une raison pour ne pas faire le bien, et pour y renoncer? Qu'on se rappelle ce que saint François de Sales disait à ce sujet, et qui a son application ici : il aimait mieux obliger dix-neuf pauvres indignes, que de renvoyer un pauvre honnête et digne de charité. On y a tant de désagréments, tant d'ennui, si peu de satisfaction! Je le veux bien encore; mais toutes ces choses sont inhérentes à toutes les bonnes œuvres possibles. C'est même ce qui fait leur caractère propre, et le vrai mérite de ceux qui s'y dévouent.

Je résume, Monsieur, et termine toutes ces considérations sur les œuvres spirituelles et temporelles du gouvernement du pasteur de paroisse, en disant que son action ne doit pas se renfermer dans l'enceinte de son église : il faut que, par lui, la religion aille s'asseoir à tous les foyers et présider à toutes les destinées des familles. Son cœur et sa main doivent être à toutes les extrémités de sa paroisse. Il faut que son zèle anime tout et enflamme tout, et qu'ainsi un monde tout entier d'âmes remue et palpite sous sa main. Je voudrais, Monsieur, que, dans une grande paroisse, un curé saint organisât une propagande si habile et si active, qu'il eût un missionnaire dans chaque quartier, dans chaque maison, dans chaque centre, et, s'il était possible, dans chaque famille ; qu'il eût des agents de sa miséricorde et de sa charité partout. Il arrivera aux parents par les enfants, qui parleront de sa bonté, raconteront sa douceur, deviendront les échos de toutes ses paroles. Il devrait avoir, s'il était possible, des messagers spirituels, des courriers apostoliques sur toutes les lignes, des sentinelles vigilantes dans toutes les maisons, pour signaler les dangers des âmes, les cas de maladie grave, d'administration, et coopérer à l'intervention de la religion. Il serait à désirer qu'il ne vécût pas une personne, et surtout qu'il n'en mourût pas une seule, sans qu'il l'ait connue, sans qu'il ait fait un acte de charité pour elle, pour la réconcilier avec Dieu pendant sa vie, et surtout dans ses derniers moments. C'est lui qui reçoit chaque enfant de Dieu sur les frontières du temps ; et il semble, Monsieur, qu'il ne devrait être permis à personne de passer les frontières de l'éternité avant d'avoir été béni et sanctifié par lui.

Nos entretiens sont terminés, Monsieur : il me reste à vous remercier de toute la bienveillance avec laquelle vous avez bien voulu accueillir toutes les considérations que j'ai eu l'honneur de vous présenter sur les trois grandes organisations qui sont l'objet essentiel du gouvernement pastoral, à savoir : l'organisation matérielle, l'organisation personnelle, et l'organisation spirituelle. Ma tâche est finie : puissé-je, Monsieur, l'avoir remplie d'une manière digne de vous et de tout votre mérite, digne aussi de la grande cause du salut des âmes et de la gloire de Dieu, que nous devons chercher et désirer en tout !

Je suis, avec un très-profond respect,

Monsieur, ****.

FIN.

TABLE DES MATIÈRES.

	Page.
Avertissement.	5
Lettre I. — Du Prêtre.	7
Lettre II. — De la Cure. — Du Curé.	11
Lettre III. — Qualités qui forment le bon curé.	18
Lettre IV. — La Science.	21
Lettre V. — Le Jugement.	29
Lettre VI. — La Bonté.	35
Lettre VII. — La Piété.	46
Lettre VIII. — Bonne réputation.	61
Lettre IX. — Gouvernement pastoral. — Organisation matérielle.	71
Lettre X. — Les Finances.	77
Lettre XI. — Placement des fidèles.	84
Lettre XII. — Ornementation de l'église.	94
Lettre XIII. — Services des officiers et des diverses administrations de la paroisse. — Prêtre de garde.	104
Lettre XIV. — Administration des convois.	114
Lettre XV. — Administration des mariages.	125
Lettre XVI. — Organisation personnelle d'une paroisse.	136
Lettre XVII. — Le Personnel du clergé de la paroisse.	144
Lettre XVIII. — Les Employés de l'église.	157
Lettre XIX. — Les Sacristains.	164
Lettre XX. — Le Chant et les Chantres de nos églises.	168
Lettre XXI. — Les Servants de messe.	178
Lettre XXII. — Les Bedeaux et les Suisses.	185
Lettre XXIII. — Les Marchands de cierges et les Donneurs d'eau bénite.	194
Lettre XXIV. — Le Prêtre sacristain chargé des employés.	199
Lettre XXV. — Organisation spirituelle.	205
Lettre XXVI. — Enseignement religieux dans les paroisses.	208

	Page.
Lettre XXVII. — Catéchismes	217
Lettre XXVIII. — Catéchismes. — Suite	223
Lettre XXIX. — État des catéchismes sous le régime de MM. les Curés	229
Lettre XXX. — Catéchismes. — Suite. — Centralisation épiscopale	238
Lettre XXXI. — Méthode des catéchismes	250
Lettre XXXII. — Les Confessions des fidèles	261
Lettre XXXIII. — Les Confesseurs et la Confession	272
Lettre XXXIV. — Qualités du confesseur	280
Lettre XXXV. — Qualités pratiques du confesseur	290
Lettre XXXVI. — Confesseurs. — Défauts à éviter	297
Lettre XXXVII. — Confesseurs. — Défauts à éviter. — Suite.	305
Lettre XXXVIII. — Prédications	314
Lettre XXXIX. — Prédications. — Suite	326
Lettre XL. — Prédications. — Écueils à éviter	332
Lettre XLI. — Écueils du prédicateur. — Suite	343
Lettre XLII. — Prédications. — Écueils à éviter. — Suite.	349
Lettre XLIII. — Sacrements	357
Lettre XLIV. — Extrême-Onction. — Rapports du prêtre avec les malades et les mourants	367
Lettre XLV. — Extrême-Onction. — Règles pratiques	377
Lettre XLVI. — Extrême-Onction. — Défauts à éviter	386
Lettre XLVII. — Le Baptême	400
Lettre XLVIII. — Associations et Institutions	408
Lettre XLIX. — Conditions des associations dites confréries.	420
Lettre L. — Associations d'hommes	432
Lettre LI. — Bibliothèque paroissiale	440
Lettre LII. — Bonnes œuvres. — Pauvres	452
Lettre LIII. — Secours généraux. — Secours privilégiés	463
Lettre LIV. — Ouvroirs de paroisses	469
Lettre LV. — Écoles et institutions de la paroisse	476
Lettre LVI. — Ateliers et magasins de la paroisse. — OEuvre des jeunes filles sans place	484

FIN DE LA TABLE.

www.ingramcontent.com/pod-product-compliance
Lightning Source LLC
Chambersburg PA
CBHW060224230426
43664CB00011B/1548